全国高等职业教育“十二五”规划教材·连锁经营管理专业

U0813628

连锁企业促销技巧

（第2版）

张启杰　主　编
赵来望　石冬冬　副主编

電子工業出版社
Publishing House of Electronics Industry
北京·BEIJING

内 容 简 介

上战场的将军需要一件称手的兵器，上课堂的教师需要一本满意的教材，本书就是一本让教师满意的教材。工学结合、任务驱动等高职教育教学理念在本书中得到了充分体现。本书以工作过程设置教学篇章：认识促销、实施促销、促销应用；在教学篇章下以不同的工作任务和适宜的促销工具为教学任务，共设 27 个教学任务，系统介绍了 20 种促销工具及其应用。为了方便教学，在每一教学篇章中设置了篇章目标、篇章描述、篇章测试、篇章训练 4 个模块；在每一教学任务中设置了任务导入、相关知识、任务小结 3 个环节。“提升销量，立竿见影”，这是对促销的经典描述，也是对本书价值的准确表达。

本书可作为高等院校，尤其是高职高专院校连锁经营管理专业的教材，也可作为经管类其他相关专业的教材，还可作为连锁企业管理人员的参考用书和企业培训教材。

未经许可，不得以任何方式复制或抄袭本书之部分或全部内容。
版权所有，侵权必究。

图书在版编目（CIP）数据

连锁企业促销技巧/张启杰主编. —2 版. —北京：电子工业出版社，2013.2
全国高等职业教育“十二五”规划教材·连锁经营管理专业
ISBN 978-7-121-19674-4
Ⅰ. ①连… Ⅱ. ①张… Ⅲ. ①连锁企业－促销策略－高等职业教育－教材 Ⅳ. ①F717.6

中国版本图书馆 CIP 数据核字（2013）第 036311 号

策划编辑：刘元婷
责任编辑：郝黎明
印　　刷：涿州市京南印刷厂
装　　订：涿州市京南印刷厂
出版发行：电子工业出版社
　　　　　北京市海淀区万寿路 173 信箱　邮编 100036
开　　本：787×1 092　1/16　印张：13　字数：332.8 千字
版　　次：2007 年 8 月第 1 版
　　　　　2013 年 2 月第 2 版
印　　次：2014 年 12 月第 2 次印刷
印　　数：2 000 册　定价：26.00 元

凡所购买电子工业出版社图书有缺损问题，请向购买书店调换。若书店售缺，请与本社发行部联系，联系及邮购电话：（010）88254888。

质量投诉请发邮件至 zlts@phei.com.cn，盗版侵权举报请发邮件至 dbqq@phei.com.cn。
服务热线：（010）88258888。

前　言

打折，打折，还是打折，打折成了众多企业争夺市场份额、争夺顾客的唯一手段，难道我们就没有别的出路了吗？有，打折不是促销的唯一。如何做好促销和如何让促销发挥更大的作用，达到“提升销量，立竿见影”之功效，是连锁企业普遍面临的课题。

在正确的时间、正确的地点做正确的事情。本书强调把连锁企业的促销行为纳入整体营销行为之中，在企业整体的营销战略指导下，从策略层面和操作层面做好促销的计划与管理工作，不仅能迅速提升连锁企业的销售量，更能提升连锁企业的品牌形象。

因此，在本书的编写过程中，全面贯彻落实“工学结合”的职业教育教学理念，基于工作过程教学模式的要求，形成了本书“篇章引领、任务驱动”型教材的特点。本书以工作过程设置教学篇章：认识促销、实施促销、促销应用；在教学篇章下以不同的工作任务和适宜的促销工具为教学任务，共设 27 个教学任务，系统介绍了 20 种促销工具及其应用。为了方便教学，在每一教学篇章中设置了篇章目标、篇章描述、篇章测试、篇章训练 4 个模块；在每一教学任务中设置了任务导入、相关知识、任务小结 3 个环节。“提升销量，立竿见影”，这是对促销的经典描述，也是对本书价值的准确表达。

本书由唐山职业技术学院张启杰任主编，负责全书的体系设计和总纂定稿。唐山鹏润国美电器有限公司店长赵来望，在编写过程中对各个篇章和任务进行了逐一审阅，提出了许多有价值的意见，并提供了资源支持。参加本书编写的有：唐山职业技术学院张启杰、张秀芳，广东海洋大学经济管理学院陈文汉，广东工业大学石冬冬，辽宁商贸职业学院张凤珍、关博，山东商务职业学院王波涛。其中，张启杰负责编写任务一～六、任务十七、任务十八、任务二十四～二十七，陈文汉负责编写任务十，石冬冬负责编写任务七、任务八、任务十四，关博负责编写任务九、任务十五，张秀芳负责编写任务十一～十三、任务十六～二十三。在全书的构思与编写过程中，浙江丽水职业技术学院胡德华，唐山职业技术学院钟立群，齐齐哈尔大学应用技术学院臧良运，吉林农业科技学院代海涛，湖南科技职业学院范征等，对本书的编写提出了很多宝贵意见和建议，在此一并表示感谢。同时，书中参考和引用了大量文献，在此向原作译者致以诚挚的谢意。

由于水平所限，书中难免不当之处，敬请读者批评指正。

编　者

2013 年 1 月

出 版 说 明

高等职业教育是我国高等教育和职业教育的重要组成部分，在我国现代化建设中具有重要的战略地位。近年来，我国高等职业教育迅速发展，为社会培养了大批高等应用型专门人才，满足了社会和经济发展的需要。

为了适应我国职业教育改革的需要，突出职业教育特色，满足高等职业院校对实用教材的需求，电子工业出版社在对相关专业的教学和课程设置进行了广泛调查研究的基础上，于2006年10月组织全国数十所高等职业院校，在上海召开了“全国高等职业教育连锁经营管理专业规划教材研讨会”，确定了专业主干教材和基础课教材十多种。与会代表多是所在学校的领导和业务骨干，其中不乏国家级和省、市级科研或教研项目的负责人和参与者，全国性或地区性专业学会会员及既有丰富教学经验又有丰富实践经验的“双师型”教师。教材推出后，获得了相关院校师生的广泛认可和一致好评。

为了进一步提升教材品质，反映近年来我国高等职业教育改革的成果和经验，电子工业出版社特邀请学校、企业、行业组织的各位专家，于2012年5月在北京召开了“全国高职院校连锁经营管理专业建设及教学改革研讨会”暨“连锁经营管理专业教材修订编写研讨会”，结合各高校使用第1版教材后的反馈意见、连锁企业提出的建议、高等职业教育的改革经验与成果，以及高职学生接纳习惯，对第1版教材进行了全面修订。修订后的教材具有以下特点。

1. 坚持知识、能力、素质协调发展，突出对专业操作能力的培养。教材在内容和课时两方面都力求适应高等职业教育改革的要求，理论以够用为度，加强实际操作训练，注重对高职学生职业技术能力和管理素质的培养。

2. 坚持产教结合，理实接轨。本次修订在编写队伍上进行了调整，邀请了零售、物流等大型连锁企业的相关人员参与审阅与编写，为教材注入了活力。

3. 兼顾学历课程内容与职业资格应试内容，提升高职学生的岗位竞争能力。教材内容结合高等职业学历教育和相关职业资格考试所要求的内容，力求适合实际岗位的变化和新的要求。因此大多数教材既可以作为高等职业学历教育教材，也可以作为成人高校、自学考试以及职业资格培训的教学用书和自学用书。

4. 关注相关法律、法规的颁布和修订，力求教材内容与时俱进，充分体现相关法律、法规的新规定和新内容。

5. 配套教学参考资料，为高职师生的教和学提供方便和帮助。教学参考资料主要包括配套的习题参考答案、电子教案、课程教学建议等，可为课程教学安排提出指导性意见，减轻教师的备课负担，解决教师在组织实训资料方面遇到的困难；精美、形象的电子教案既有利于学生更好地理解教材内容，又可提高学生的学习兴趣。

我们相信，该套教材的出版对于高等职业教育的改革与发展和高等职业专业人才的培养将起到积极的推动作用。对于教材中的一些不尽如人意之处，我们将通过今后的教学实践不断地进行修订、完善和充实，以便更好地服务于我国的高等职业教育。

电子工业出版社

职业教育分社

2013年1月

目　　录

上篇　认识促销 …… (1)
【篇章目标】 …… (1)
【篇章描述】 …… (2)
任务一　初识促销 …… (2)
1.1　定义促销 …… (2)
1.2　企业促销特点 …… (4)
1.3　企业促销的作用 …… (5)
1.4　企业促销时应注意的问题 …… (5)
任务二　对不同的人采取不同的促销方式 …… (8)
2.1　对忠诚顾客促销 …… (9)
2.2　对竞争者的忠诚顾客促销 …… (10)
2.3　对游离者的促销 …… (11)
2.4　对价格敏感的顾客促销 …… (12)
2.5　对非顾客的促销 …… (13)
任务三　制订促销方案 …… (13)
3.1　建立促销目标 …… (14)
3.2　选择促销工具 …… (15)
3.3　策划促销方案 …… (19)
3.4　检验、实施和控制促销方案 …… (24)
3.5　评估促销效果 …… (24)
任务四　撰写促销文案 …… (26)
4.1　写作促销文案 …… (27)
4.2　格式化促销文案 …… (28)
4.3　美化促销文案 …… (28)
【篇章测试】 …… (29)
【篇章训练】 …… (30)
中篇　实施促销 …… (32)
【篇章目标】 …… (32)
【篇章描述】 …… (33)
任务五　样品赠送 …… (36)
5.1　认识样品赠送 …… (37)
5.2　样品赠送方式 …… (38)
5.3　实施样品赠送 …… (44)
任务六　包装促销 …… (48)
6.1　认识包装促销 …… (48)
6.2　促销包装的种类 …… (49)

6.3 实施包装促销 ……（54）
任务七 竞赛与抽奖 ……（59）
7.1 认识竞赛与抽奖 ……（60）
7.2 竞赛与抽奖的类型 ……（61）
7.3 实施竞赛与抽奖 ……（64）
任务八 折价优惠 ……（69）
8.1 认识折价优惠 ……（70）
8.2 折价促销的特点 ……（72）
8.3 折价优惠的方式 ……（74）
8.4 实施折价优惠 ……（77）
任务九 有奖积分促销 ……（81）
9.1 认识有奖积分 ……（82）
9.2 有奖积分的分类 ……（83）
9.3 实施有奖积分 ……（85）
任务十 POP 促销 ……（89）
10.1 认识 POP ……（89）
10.2 POP 的分类 ……（91）
10.3 实施 POP 促销 ……（93）
任务十一 以旧换新 ……（95）
11.1 认识以旧换新 ……（95）
11.2 实施以旧换新 ……（96）
任务十二 联合促销 ……（97）
12.1 认识联合促销 ……（98）
12.2 联合促销的类型 ……（99）
12.3 实施联合促销 ……（99）
任务十三 特价促销 ……（102）
13.1 认识特价促销 ……（103）
13.2 实施特价促销 ……（103）
任务十四 折价券促销 ……（105）
14.1 认识折价券促销 ……（106）
14.2 折价券的适用范围 ……（107）
14.3 实施折价券促销 ……（108）
任务十五 主题促销 ……（115）
15.1 认识主题促销 ……（116）
15.2 主题促销的分类 ……（117）
15.3 实施主题促销 ……（122）
任务十六 会员卡促销 ……（124）
16.1 认识会员卡促销 ……（125）
16.2 实施会员卡促销 ……（129）
任务十七 网络促销 ……（130）

17.1 认识网络促销 …… (130)
17.2 网络促销方式 …… (131)
17.3 实施网络促销 …… (134)
任务十八 文化促销 …… (135)
18.1 认识文化促销 …… (135)
18.2 文化促销的内容 …… (136)
18.3 实施文化促销 …… (138)
任务十九 现场演示 …… (140)
19.1 认识现场演示 …… (140)
19.2 实施现场演示 …… (141)
任务二十 付费赠送 …… (143)
20.1 认识付费赠送 …… (143)
20.2 实施付费赠送 …… (144)
任务二十一 DM 促销 …… (146)
21.1 认识 DM …… (147)
21.2 实施 DM 促销 …… (149)
任务二十二 广告单促销 …… (151)
22.1 认识广告单 …… (151)
22.2 实施广告单促销 …… (152)
任务二十三 公益促销 …… (153)
23.1 认识公益促销 …… (154)
23.2 公益促销的种类 …… (154)
23.3 实施公益促销 …… (155)
任务二十四 电话促销 …… (157)
24.1 认识电话促销 …… (158)
24.2 电话促销的三种形式 …… (158)
24.3 实施电话促销 …… (159)
24.4 电话促销技巧 …… (160)
【篇章测试】 …… (161)
【篇章训练】 …… (162)
下篇 促销应用 …… (174)
【篇章目标】 …… (174)
【篇章描述】 …… (175)
任务二十五 连锁零售业促销与分析 …… (175)
25.1 促销背景 …… (175)
25.2 促销方案 …… (176)
25.3 方案分析 …… (184)
任务二十六 连锁餐饮业促销与分析 …… (188)
26.1 促销背景 …… (188)
26.2 促销方案 …… (188)

26.3 方案分析……（190）
任务二十七　连锁服务业促销与分析……（192）
27.1 活动背景……（193）
27.2 活动方案……（193）
27.3 活动分析……（194）
【篇章测试】……（196）
【篇章训练】……（196）
参考文献……（198）

上篇

认识促销

篇章目标

“提升销量，立竿见影”，所以促销成为众多企业参与市场竞争的杀手锏。但促销是一把双刃剑，它的好处和坏处都同样明显，只是它的坏处往往表现在后面，不易被人看到。如何做好促销和如何让促销发挥更大作用，是连锁企业普遍面临的课题。通过对促销基本知识的学习，试图达到以下目标。

知识目标：

- 掌握促销（Sales Promotion，SP）的基本含义，将促销与营销区别开来。
- 清楚促销的对象，对促销进行准确定位。
- 促销是手段不是目的，一定要衡量促销的成本与效果。

技能目标：

- 能够针对不同的对象采取不同的促销方式，确保促销效果。
- 能够根据促销的目的设计促销主题，设计促销方案。
- 能够独立运作促销方案，并在执行过程中不断完善，保证促销目标实现。

情感目标：

- 在教学过程中，培养学生的学习兴趣，引导学生深入思考问题。
- 在教学过程中，培养学生自主学习、自觉学习的热情，充分利用课余时间和网络资源。
- 在教学过程中，培养学生合作学习、互相学习的能力，在合作中完成学习项目。
- 学生是学习的主体，让学生正确认识学习过程与学习结果的关系，并能够公平、公正地评价学习结果。

篇章描述

在市场营销理论中，促销有广义和狭义之分。狭义的促销指的是销售促进（Sales Promotion，SP），又称为营业推广；而广义的促销则包括销售促进、广告（Advertising）、人员推销（Personal Selling）和公共关系（Public Relations）四大促销组合（Promotion Mix）工具。这里的促销，是指狭义的促销，是市场营销活动的一个关键要素。

促销是一种战术性的营销工具；促销对冲动性购买最为有效；促销是在价格杠杆上跳动的芭蕾舞，尽管千姿百态，但离不开价格利益；促销就是为了扩大销量而使用的方法；促销的目的不是为了提高产品知名度，而是为了让顾客接受产品；促销的最高目标是使它自己成为购买首因，基本目标是至少成为购买的一个促动因素。

任务一　初识促销

任务导入

促销，企业可以有多种方式选择：无偿促销（如附赠、试用）、惠赠促销（如买赠、换赠）、折扣促销（优惠券、优惠卡、打折等）、竞赛促销（智力性竞赛、有奖问答、广告语征集等）、活动促销（如新闻发布会、商品展示会、抽奖与摸奖、娱乐与游戏等）、双赢促销（两个或几个企业合作的促销）、直效促销（挂海报、发传单、商品堆头陈列等）、服务促销（如售后服务、订购订做、送货上门等）、组合促销（将两种或以上方式组合在一起进行促销）等。

厂家也好，商家也罢，每逢周末、节假日，必有促销。消费者已经见怪不怪了，落得个轻松实惠，买东西必问“有促销吗？”这可难为了众多的商家，采取什么样的促销方式呢？什么样的促销方式更好呢？消费者最认可的是什么方式呢？

相关知识

1.1　定义促销

促销，也称为销售促进，指企业运用各种短期诱因，鼓励消费者购买的一种销售活动。美国市场营销协会定义委员会认为，销售促进是指除了人员推销、广告、公共宣传以外的，刺激消费者购买和经销商效益的各种市场销售活动，如陈列、演出、展览会、示范表演及其他推销活动。该委员会还指出，在美国零售业，销售促进被理解为零售企业刺激顾客的一种方法，常被视为促销的同义语。

促销最早出现在美国。1853 年，美国一家帽子店以买帽子者可享受免费拍摄一张戴帽子照片的优惠，招徕了大批顾客，取得了满意的销售效果。这种促销实质上就是以附带赠送或给以价格优惠的方式，激起消费者的兴趣，并促使其产生购买行为，从而达到扩大销售的目的。如今的促销已衍生出范围广泛、形式多样、富有技巧、颇具成效的促销方式，如样品赠送、折价券、包装促销、竞赛与抽奖、有奖积分、POP、现场演示等，几乎包含了广告、人员推销、公共宣传以外的所有能在短期内刺激需求和鼓励购买的各种促销手段。因此，我们可以这样界定促销的含义：促销是在特定时间内，连锁企业以某种实惠、某种利益或某种机会作为短期诱因，诱导和鼓励消费者购买的销售促进活动。

如果广告提供了购买的理由，那么促销则提供了购买的刺激。目前绝大多数企业都在运用销售促进工具进行促销，无论是制造商、分销商还是零售商。由于连锁企业经营品牌数量不断增加，品牌竞争激烈，于是竞争者之间频繁地使用促销工具，加上不同品牌产品的同质化，使得品牌之间的促销竞争异常惨烈。品牌之间促销的竞争给连锁企业带来了巨大的商机，因为连锁企业直接面对消费者，消费者又最易受促销利益的诱惑，连锁企业已经将促销发挥到了极致。当然，连锁企业促销受益最大的是消费者。

相关信息 1.1

终端促销之怪圈

在品牌的成长发展过程中，促销与广告、公关活动等营销措施一样，在企业的营销策略组合中占有举足轻重的地位。当企业推出新产品、产品改良、增加分销渠道、产品强销期、转化竞争对手顾客、配合整合的营销策略时，促销都以各种形式大显身手，为企业实现营销目标功不可没。但要小心进入终端促销的怪圈。

怪圈一：促销方案，去年用了今年用

一些企业的营销管理者常常这样认为，虽然时间已经过去一年了，但是我们的目标顾客群没变，他们对产品的需求和喜好也没变，所以我们在今年还可以继续使用去年促销时执行的促销方案。因为它已经执行过，从策划人员到执行人员都很熟悉，大家都有过不错的配合，所以我们将不会再浪费精力和时间去制订新的方案。其不知，促销策略要紧随消费者需求的变化而演变，虽然有时因循守旧、墨守成规有时也侥幸能够有一些效果，但是，其效果会逐渐衰减，也就是说当你第二次或第三次再使用时，就难以保证你的营销目标了。

怪圈二：花钱赚吆喝——图热闹

这是在许多企业的促销活动中都能看到的现象，促销现场的确热闹，台上莺歌燕舞，台下吆喝不断，可是顾客来了一批走一批，驻足的时间很短，没有仔细听听促销的宣传，没有踊跃参与活动的热情，走的时候也没有带走热卖区的产品。现场派发的宣传单拿到顾客手里几分种就化作满天飞舞的“蝴蝶”。试问，这样的热闹会有用吗？其不知，现场热热闹闹，有效的聚集人群的确是很重要的，但是使顾客在活动中获得良好的体验，充分地理解品牌个性，并获得共鸣，继而产生初次购买和重复购买的欲望与行动才是促销的根本目的所在。

怪圈三：赠品没章法——白搭

在很多促销活动中，为了有效激发顾客的购买欲望，通常都会准备一些赠品，消费者在购买产品的同时还能获得超值收获。但是如果赠品策划没有章法，你可能就算送了东西也没有多大效果，甚至还会适得其反。

（1）廉价的赠品不如不送。一些产品在促销时准备了大量的赠品，在宣传上也非常诱人："购买我们的产品您一定会有超值的收获，买就送！"可是，当顾客兴冲冲地赶到现场时大失所望，原来所谓的超值就是一大堆廉价品。

（2）赠品难拿。一些企业的促销宣传上看起来同样是非常诱人："购买我们的产品您一定会有超值的收获，买一份产品你就有可能得到价值20元的超值回报礼品，买就有机会！"于是顾客兴冲冲地赶到现场掏钱购买，准备获得一点额外收获，结果当顾客买了产品后，叫他们拿着购物小票在那里等，又游戏、又抽奖把顾客折腾了一遍，最后仅有为数不多的顾客拿到了赠品，令顾客大呼上当！

（3）没关联白送。在赠品设计中有一个基本的原则，那就是尽量送与产品有关联的赠品，例如买牙膏送小塑料杯、买西服送滚刷等。这样能够使消费者在使用这些赠品时随时能够产生对品牌的联想。但是有一些企业却闭眼瞎送，人家买洗发水他送钥匙扣，人家买电视机他送插笔架，由于赠品没有关联，结果东西送了，人家在用时也早就忘了你，白送！

（4）夸大价值。有的厂家为了招徕顾客，常常把赠品的价值故意夸大，于是一个价值3元的小手巾就成了价值10元，一个价值5元的塑料相架摇身一变成了价值20元。消费者兴冲冲把产品买回家后一琢磨，这不就值两三块钱吗？嗨，结果买货的价格还加了5元，讨厌！如此一折腾，消费者对品牌还能有什么好印象呢？

怪圈四：队伍太"专业"——白瞎

由于企业促销的项目多，正规的促销队伍显然忙不过来，于是促销游击队应运而生。这些队伍有的连促销的常识都是稀里糊涂的，在他们看来，促销很简单嘛，唱唱歌、跳跳舞、搞搞游戏、造造气氛就行了，哪有那么多规矩！这些非专业的促销队伍中，一些酒吧歌手、跑场的艺人摇身一变成了促销策划人，接到促销单后拉几个唱歌的，扯几个跳舞的，把酒吧里玩剩下的游戏拿几个来，七拼八凑就开工。有没有效果不管，销量增不增加不清楚，只要现场热闹！

（资料来源：百度百科）

1.2 企业促销特点

促销备受企业的青睐，尤其是连锁企业，企业看重的正是促销无可比拟的特点。

（1）促销效果的直接性。与其他营销活动相比，促销的效果更直接，每进行一次促销活动，通常会导致连锁企业销售量的剧增，因为消费者希望利用这样的短期优惠。另一方面，营销人员也会从促销活动中得到更多更直接的现金收益。

（2）促销效果的即期性。广告和公共关系等沟通工具通常被认为是一项投资，对销售的影响发生在未来某个不确定的时间。促销不同，它能够在一个确定的时间内产生作用，通常在几天甚至几个小时内就可以产生效果。因此，无论对管理层，还是对一线营销人员，促销都具有极大的诱惑力。

（3）促销效果的可衡量性。因为促销对销售的影响是迅速而显著的，它的结果是容易观察和测量的。因此，在营销组合中促销通常被视为最科学的工具，甚至可以建立数学模型去正确预测不同种类和不同数量的促销如何影响各种产品的销售情况。

（4）促销活动容易设计和执行，并且执行成本较低。以某次特定促销活动的结果为基础，营销人员可以相当准确地估算出这次促销活动会对某个品牌或某个零售店以及竞争对手的销售情况产生了怎样的影响。这使得在很多情况下促销活动很容易设计和执行，并且使连锁企业能够将设计促销活动的工作交给较低的管理层去做。另外，基于成本效果的比较分析，对于到达同一个受众而言，促销要比制作和传播商业广告的成本低得多，特别是在近几年大众媒体广告的费用大幅度上涨的情况下。

1.3 企业促销的作用

促销有强烈的刺激效应和特殊的激励效果，具有其他营销行为不可替代的作用，如图 1.1 所示。

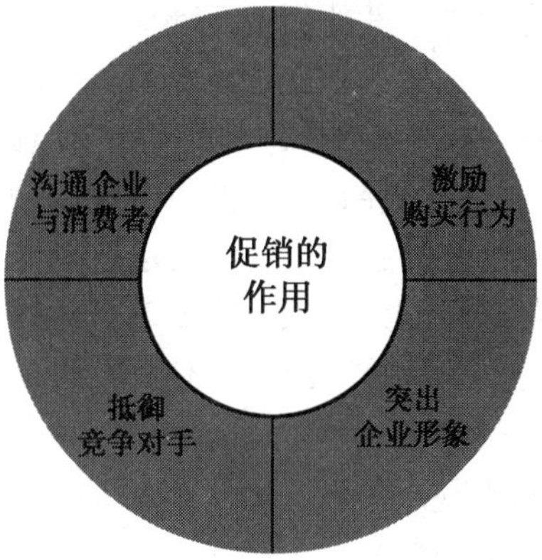

图 1.1 促销的作用

（1）沟通企业与消费者。在商品花色品种繁多、规格形式多样、消费者选择余地增大的买方市场条件下，促销可以使消费者强烈感受到在搞促销的连锁店购物的好处，从而对促销的企业和商品发生兴趣，实现企业与消费者之间的沟通。

（2）激励购买行为。一般情况下，消费者的购买行为除受自身消费需求影响外，还会受到外界因素的诱导。促销正是利用可以向消费者提供额外利益的优势，不但能够鼓励和回报现实消费者的重复购买和大量购买，而且还可以吸引潜在消费者，激发其购买欲望，促成其购买行为。

（3）突出企业形象。在激烈竞争的市场环境中，企业经营的许多商品呈现同质化现象。这时，连锁企业运用促销工具既可以宣传自己，还可以帮助消费者认识到来本连锁店购买商品所获得的特殊利益，从而在市场上树立连锁企业以诚待客、优惠让利的独特形象。

（4）抵御竞争对手。当竞争者大规模地开展促销活动时，连锁企业通过采取针锋相对的促销措施，可以有效地抵御和击败竞争对手。

1.4 企业促销时应注意的问题

对于连锁企业而言，促销已经成为越来越重要的营销工具，并且开始依赖于这种促销工具，这正是连锁企业促销需要注意的问题。

（1）促销并非培养顾客忠诚度的有效工具。

与广告或者其他形式的营销工具不同，很多促销活动几乎不影响人们对产品的态度，这主要是由于促销活动的直接性和即期性决定的。因此，很多促销活动并不能产生“剩余价值”，即顾客未来的重复购买或企业的重复销售，也就是说促销并非培养顾客忠诚度的有效工具。

（2）促销活动的滥用可能导致消费者对产品的负面印象。

如果一个连锁店过度促销，消费者会认为该连锁店已经没有能力以全价销售自己的商品，商品的质量肯定不高，特别是消费者很难通过其他方式判断商品质量的种类，如药品、化妆品等。

（3）很多促销活动在增加销售量的同时盈利在下降。

消费者在以促销价购买商品的同时，带来了连锁企业销售量的提高，但如果销售不能达到足够的量，必然影响到连锁企业的盈利性。另外，消费者对于促销已经变得不屑，通常仅对具有真正实惠的促销活动有所回应，这就更使得连锁企业促销的盈利性受到挑战。

（4）促销通常要求充足的执行成本。

促销在一定时间内创造不平衡的商品需求，增加销售额，这就要求连锁企业要增加库存成本。其他促销活动如竞赛和抽奖，如果促销计划在执行中出现差错或者实际执行的结果不如原计划有效，也要求连锁企业承担促销执行中的风险。

（5）促销倾向于让营销经理把目标集中在短期效果上。

由于促销效果的直接性，使营销经理很容易通过使用促销计划实现销售实绩的增长，从而使其忽视了其他创建品牌形象的活动，这些活动虽然在短期内产生的销售效果不明显，但却可能为连锁企业创造更多的利润。

解决这一问题的有效方法是尝试使用战略性促销。战略性促销又称为品牌增值型促销，在提高商品销售量的同时，还要在促销中建立和提升连锁企业的品牌形象，从而使商品的销售额在促销后跃升到一个新的高位，并能持续地保持下去。

相关信息 1.2

零售商促销行为管理办法

第一条　为了规范零售商的促销行为，保障消费者的合法权益，维护公平竞争秩序和社会公共利益，促进零售行业健康有序发展，根据有关法律法规，制定本办法。

第二条　零售商在中华人民共和国境内开展的促销活动适用本办法。

第三条　本办法所称零售商是指依法在工商行政管理部门登记注册，直接向消费者销售商品的企业及其分支机构、个体工商户。

本办法所称促销是指零售商为吸引消费者、扩大销售而开展的营销活动。

第四条　零售商开展促销活动应当遵循合法、公平、诚实信用的原则，遵守商业道德，不得开展违反社会公德的促销活动，不得扰乱市场竞争秩序和社会公共秩序，不得侵害消费者和其他经营者的合法权益。

第五条　零售商开展促销活动应当具备相应的安全设备和管理措施，确保消防安全通道的畅通。对开业、节庆、店庆等规模较大的促销活动，零售商应当制定安全应急预案，保证良好的购物秩序，防止因促销活动造成交通拥堵、秩序混乱、疾病传播、人身伤害和财产损失。

第六条　零售商促销活动的广告和其他宣传，其内容应当真实、合法、清晰、易懂，不得使用含糊、易引起误解的语言、文字、图片或影像。不得以保留最终解释权为由，损害消费者的合法权益。

第七条　零售商开展促销活动，应当在经营场所的显著位置明示促销内容，促销内容应当包括促销原因、促销方式、促销规则、促销期限、促销商品的范围，以及相关限制性条件等。

对不参加促销活动的柜台或商品，应当明示，并不得宣称全场促销；明示例外商品、含有限制性条件、附加条件的促销规则时，其文字、图片应当醒目明确。

零售商开展促销活动后在明示期限内不得变更促销内容，因不可抗力而导致的变更除外。

第八条　零售商开展促销活动，其促销商品（包括有奖销售的奖品、赠品）应当依法纳税。

第九条　零售商开展促销活动应当建立健全内部价格管理档案，如实、准确、完整记录促销活动前、促销活动中的价格资料，妥善保存并依法接受监督检查。

第十条　零售商开展促销活动应当明码标价，价签价目齐全、标价内容真实明确、字迹清晰、货签对位、标识醒目。不得在标价之外加价出售商品，不得收取任何未予明示的费用。

第十一条　零售商开展促销活动，不得利用虚构原价打折或者使人误解的标价形式或价格手段欺骗、诱导消费者购买商品。

第十二条　零售商开展促销活动，不得降低促销商品（包括有奖销售的奖品、赠品）的质量和售后服务水平，不得将质量不合格的物品作为奖品、赠品。

第十三条　零售商开展有奖销售活动，应当展示奖品、赠品，不得以虚构的奖品、赠品价值额或含糊的语言文字误导消费者。

第十四条　零售商开展限时促销活动的，应当保证商品在促销时段内的充足供应。

零售商开展限量促销活动的，应当明示促销商品的具体数量。连锁企业所属多家店铺同时开展限量促销活动的，应当明示各店铺促销商品的具体数量。限量促销的，促销商品售完后应及时明示。

第十五条　零售商开展积分优惠卡促销活动的，应当事先明示获得积分的方式、积分有效时间、可以获得的购物优惠等相关内容。

消费者办理积分优惠卡后，零售商不得变更已明示的前款事项；增加消费者权益的变更除外。

第十六条　零售商不得虚构清仓、拆迁、停业、歇业、转行等事由开展促销活动。

第十七条　消费者要求提供促销商品发票或购物凭证的，零售商应当即时开具，并不得要求消费者负担额外的费用。

第十八条　零售商不得以促销为由拒绝退换货或者为消费者退换货设置障碍。

第十九条　鼓励行业协会建立商业零售企业信用档案，加强自律，引导零售商开展合法、公平、诚实信用的促销活动。

第二十条　单店营业面积在3 000平方米以上的零售商，以新店开业、节庆、店庆等名义开展促销活动，应当在促销活动结束后十五日内，将其明示的促销内容，向经营场所所在地的县级以上（含县级）商务主管部门备案。

第二十一条　各地商务、价格、税务、工商等部门依照法律法规及有关规定，在各自职责范围内对促销行为进行监督管理。对涉嫌犯罪的，由公安机关依法予以查处。

第二十二条　对违反本办法规定的行为任何单位和个人均可向上述单位举报，相关单位接到举报后，应当依法予以查处。

第二十三条　零售商违反本办法规定，法律法规有规定的，服从其规定；没有规定的，责令改正，有违法所得的，可处违法所得三倍以下罚款，但最高不超过三万元；没有违法所得的，可处一万元以下罚款；并可予以公告。

第二十四条　各省、自治区、直辖市可结合本地实际，制定规范促销行为的有关规定。

第二十五条　本办法由商务部、发展改革委、公安部、税务总局、工商总局负责解释。

第二十六条　本办法自 2006 年 10 月 15 日起施行。

（资料来源：http://www.gov.cn/ziliao/flfg/2006-09/15/content_389504.htm）

任务小结

在市场营销理论中，促销有广义和狭义之分。狭义的促销指的是销售促进，又称为营业推广；而广义的促销则包括销售促进、广告（Advertising）、人员推销（Personal Selling）和公共关系（Public Relations）四大促销组合（Promotion Mix）工具。这里的促销，是指狭义的促销，指企业运用各种短期诱因，鼓励消费者购买的一种销售活动。

促销备受企业的青睐，尤其是连锁企业，企业看重的正是促销无可比拟的特点：促销效果的直接性、即期性、可衡量性。促销正是因为其有着强烈的刺激效应和特殊的激励效果，具有其他营销行为不可替代的作用：沟通企业与消费者、激励购买行为、突出企业形象、抵御竞争对手。

对于连锁企业而言，促销已经成为越来越重要的营销工具，并且开始依赖于这种促销工具，这正是连锁企业需要注意的问题：促销并非培养顾客忠诚度的有效工具、促销活动的滥用可能导致消费者对产品的负面印象、很多促销活动在增加销售量的同时盈利在下降、促销通常要求充足的执行成本、促销倾向于让营销经理把目标集中在短期效果上。

任务二　对不同的人采取不同的促销方式

任务导入

两个人以同一种方式行事，并不意味着他们这样做的原因是一致的。例如，某人很早离开舞会，可能是因为他觉得枯燥，或者因为他很害羞，或者因为他不喜欢嘈杂的音乐，或者因为他头痛，或者因为他另有约会。为了劝说他留下来，有必要了解他为什么离开，然后我们才能采取合适的行动，如给他一片阿司匹林，或者把音响的声音放小，或者干脆让他离开。

同样的原则也适用于促销，顾客选择购买或者不购买某种商品的原因是多样的。例如，顾客之所以购买某一特定品牌，可能是因为他们相信这是市场上最好的，也可能是因为它比其他竞争品牌便宜，还可能是因为习惯，等等。

理解在市场上发生了什么是使用促销赢得目标顾客的第一步；第二步是尝试着理解为什么顾客会这样行动；第三步是确定竞争者已经开始或者计划的促销活动类型，以及可能对市场带来的影响；第四步是确定自己的促销目标，即确定企业促销要实现的短期或长期的销售或利润目标，以及所针对的顾客类型。营销人员必须确定主要针对何种类型的顾客以及哪些类型的促销工具能够更好地实现所期望的目标。

相关知识

根据消费者的购买行为特征，我们把其分成五种类型：忠诚顾客、竞争者的忠诚顾客、游离者、对价格敏感的顾客、非顾客，企业促销应该根据不同顾客群的特点有针对性地采取不同的促销方式。

2.1　对忠诚顾客促销

忠诚顾客是持续光顾本连锁店的顾客，他们是连锁店商品的主要购买者并且总是购买。但并不是说忠诚顾客在购买商品时只选择某一家连锁店，最忠诚的顾客也只有 60%或者更小的概率选择某一特定连锁店。

对于忠诚顾客的促销，目的不是让他们改变行为，而是要强化他们的购买行为，增加对商品的使用，或者扩大目前商品的使用范围。

（1）强化现有行为。顾客很少会无条件地忠诚于某个特定连锁店。相反，他们往往因为某种具体的原因而做出经常光顾的决策，他们可能认为某一连锁店在当地是最好的，也可能认为到某连锁店购买很实惠，也可能是由于一种习惯，使他们一次又一次地惠顾某一连锁店。

通过促销强化忠诚顾客的现有行为，是因为连锁企业要防止他们被竞争对手的促销活动所引诱。企业的促销，给那些忠诚的顾客某个特殊的原因，使他们认识到保持自己的忠诚是非常必要的。

达到这一目的的方法之一是通过持续性的促销计划。既然忠诚的顾客倾向于未来继续光顾某一连锁店，他们可能会乐意签约参加持续性的促销活动，如成为某连锁企业的会员。一旦签约，他们可能会更加抵制其他零售店的促销活动。关联促销可能使一些忠诚顾客在购买商品时感觉良好。“附加物”如附加赠送、抽奖、特惠包装或者礼品，都可能被用于提升对连锁店的认知度，并且使顾客相信那是一个好的选择。

在强化忠诚顾客的购买行为时，价格促销的价值是有限的。忠诚顾客当然乐意利用折价券或折扣，但是这些活动不太可能增加将来的顾客忠诚度。事实上，太过频繁的打折甚至会损害其在忠诚顾客心目中的良好形象。不过，为了应对竞争并且防止忠诚顾客被其他零售店所引诱，在有些情况下一些价格促销手段还是必需的。

（2）增加使用。利用顾客忠诚度增加销售的有效办法之一是劝说他们购买额外的商品。当然，这一商品必须能够被立即消费也能够被储藏以备将来之用。这一商品是否可以被立即使用取决于一系列因素，如商品的类型，有多少已经被消费了，以及这一商品是否可以取代现在被使用的其他商品。例如，巧克力可以很容易被爱吃零食的消费者消费，而牙膏的消费可能没有增加的潜力。

有些情况下，简单地将购买时间转移到现在可能是有益的，可以帮助连锁企业实现在特定阶段取得盈利或销售额的目标，另外让顾客购买额外商品意味着他们不太可能在近期购买竞争者的商品。

大多数的促销技巧经常能够成功地劝说现有的顾客增加购买的数量，最直接的方法是通过附加赠送，这样让顾客有积极性去储存商品。价格促销有时可以成功地让顾客比平时购买更多的商品。

持续的促销计划也会导致顾客购买的增加，因为顾客努力获得足够的“积分”以获取所希望得到的奖励。但是，在商品价格较高或者不是经常需要的情况下，这也并非总是有效的工具，如对耐用消费品的促销。

产生利益的促销活动，如附加赠送、特惠包装、奖金等可能在将额外商品卖给现有顾客方面取得成功。抽奖或者竞赛可能在一定情况下是成功的，特别是参加的条件与商品的使用相关联时。例如，随着麦当劳举办抽奖促销活动，其销售量大增，这一活动要求顾客光顾麦当劳餐厅以获得一枚游戏硬币。

（3）交叉销售。交叉销售是一种发现顾客多种需求，并满足其多种需求的营销方式，是从横向角度开发市场的一种营销策略。交叉销售的核心是向一位顾客销售多种相关的商品或服务，如一个做蛋糕的商店可以尝试着鼓励顾客在购买蛋糕的同时购买咖啡。

交叉销售可以成为某些类型的促销活动。例如，将某一商品的折价券放到其他商品的包装中，或附加赠送可能提供辅助作用的免费赠品，或让两个或者更多的相关商品用抽奖或者礼品联系起来。

2.2　对竞争者的忠诚顾客促销

竞争者的忠诚顾客是那些经常光顾竞争者的顾客。竞争者的忠诚顾客通常有三种情况：铁杆忠诚者、价值寻求者和习惯顾客。

竞争者的忠诚顾客显然是很难争取的一个消费群体。在很多情况下，这些顾客特别偏向于他们现在光顾的连锁店，而且他们也不愿意考虑其他零售店。另外，这些人肯定曾经被其他竞争者争取过，但不为所动。因此，一般的促销措施可能会失败。

（1）对铁杆忠诚者促销。对于那些真正相信某零售店并且在心理上完全依赖某零售店的顾客，使其转移对竞争者的忠诚是个大问题。对于这些顾客而言，其他零售店似乎不存在，因此他们对于促销活动有很好的免疫能力。样品可能是一个例外，它可以把一些铁杆忠诚者引导到本连锁店这边来。但是，仅当这一样品以前没有被顾客试用过，并且与现在被使用的商品相比，它确实存在一些可以看得见的优点时，这一促销才可能是有效的。

（2）对价值寻求者促销。消费者之所以忠诚于某零售店是因为这一零售店所提供商品的性价比最高，即使它在市场上不是最好的。也就是说，当某一零售店销售的商品质量相对较好，并且价格合理时，它会赢得顾客的忠诚，因为他相信这一连锁店是市场上最值得惠顾的。

价值寻求者并不像铁杆忠诚者那样抵制连锁企业促销，但是他们也不太可能成为连锁企业的忠诚者。最好的促销工具可能是样品，但是只针对那些没有被试用过的商品，并且这一商品比现在被使用的商品有明显的优势。其他促销工具，如折价券、抽奖、特惠包装、附加赠送等可能在一定情况下发生作用，这取决于顾客对被促销商品的态度。这里的主要问题是让竞争者的忠诚顾客注意并且思考连锁企业的促销活动，因为他们通常不注意这些促销信息。

（3）对习惯顾客促销。有些消费者之所以总是光顾某一零售店，并不是因为他们把对这一零售店的认知价值和价格与市场上其他零售店进行了认真的比较，而是因为这已经成为了他们的购买习惯。

这种心理通常适用于介入程度相对较低的商品，在时间上更为宝贵的顾客那里更为多见，因为它使购买过程更加简单化。按照习惯购买的顾客创建了一个简单化的决策规律，减少了过多思考的过程。例如，“如果洗衣粉用完了，就去某超市”。问题的关键是消费者在开始选择目前所习惯光顾的零售店时是如何进行的。可能消费者开始偶然光顾了某个零售店，继续光顾是因为他们确实感觉这一零售店比其他零售店好。如果起初的原因可能很难被确定，那么预测他们对其他零售店的促销反应就显得非常重要了。

对竞争者的习惯顾客，如果连锁企业促销的商品质量高并且优势明显，在说服购买方面，样品可能更有效，其他激发顾客兴趣的促销活动有抽奖、附加赠送、特惠包装等。但价格促销所起的作用通常不大，因为习惯性的顾客不太关注价格，尽管提供高价值的折价券可能会使他们关注一些。

如果顾客是因为惰性而成为忠诚者，则向他们传递连锁企业的促销信息和实施促销是非常重要的。因为有一些按照习惯光顾某一零售店的顾客，如果被说服，他们可能在将来因为习惯而忠诚于本连锁店。

2.3 对游离者的促销

游离者，也称为摇摆不定的顾客，是在购买商品时，可能光顾所有零售店的消费者，他们光顾企业也光顾企业的竞争者。企业的忠诚者近年来逐渐减少，游离的顾客已经成为消费人群中的大多数。因此，游离者成为连锁企业促销的重点。

人们之所以在零售店之间游离，是由于各种各样的原因。或者是由于可获得性，或者是由于商品的价值，或者是由于对商品多样性的寻求。

（1）可获得性。在某些情况下，消费者转换零售店是因为他们所偏爱的品牌在某一零售店找不到。这时，适当的促销活动是留住顾客的好办法，如折价券、样品、抽奖、现金返还、附加赠送等，因为这些活动不仅可以创造顾客的需求，更主要的是引起顾客的注意，向顾客传递商品的销售信息。

（2）价值。通常顾客之所以在不同零售店之间转换是因为他们并不特别偏爱任何一个零售店，只是选择在特定时间内购买最划算的商品，或者尽管他们偏爱于一些零售店，但在某些时候总是不如价格重要。

由于这些顾客对于价值很感兴趣，降低商品价格的促销活动在短期内对增加销售额会非常有效，如折价券、折扣、减价以及附加赠送等。为顾客带来某种附加价值的促销活动可能也是有效的，这取决于这些活动受欢迎的程度，这种类型的促销活动包括抽奖、附加赠送、特惠包装以及礼品等。

销售时点材料可能也是有效的，特别是针对冲动型购买的顾客，这些材料唤起了顾客对于某商品的注意。但是由于顾客仍然寻找价值，将销售时点材料与减价、特惠包装等促销活动配套，效果会更好。

（3）不同需要。有时顾客会在不同零售店中购买不同的商品以满足其不同需要。如某一顾客可能在蒙牛专卖店购买蒙牛袋装奶，而到超市去购买牙膏。如果这样的选择是持续不断的，那么这些顾客也可以视为忠诚者，或者竞争者的忠诚顾客。

（4）多样化的寻求者。在不同零售店之间转换的消费者可能将多样化作为一个目标，同时与价值结合。多样化在很多食品类商品中是一个特别重要的议题，因为人们对于总是吃同样的东西感到厌倦。

多样化的寻求者从不同零售店的购买中受益，因此促销计划必须是给顾客以激励，在某个时候或者在某个特别的时候光顾某连锁店，给予其利益。因为这些人对于连锁店的选择很有兴趣，他们可以很容易被促销的力量动摇而青睐于某连锁店。同样道理，他们也可能很容易受到竞争者促销活动的影响，并且在某个促销活动结束以后，他们也可能不会忠诚于任何一个连锁店。

多样化的寻求者可能对大部分促销项目都有积极的反应。价格促销活动可能会从那些对价格敏感的多样化寻求者中得到相当数量的销售额。为某一商品增加额外价值，并使之显得更有趣味性的促销活动，如抽奖、竞赛以及礼品，对多样化寻求者是非常有效的。

2.4　对价格敏感的顾客促销

对价格敏感的顾客是购买市场上最低价商品的人，因为他们在选购商品时仅仅以价格为标准。同时，这也意味着如果某一零售店总是最低价的话，他们会总是光顾该零售店，但当价格变化时他们会在零售店之间转换。沃尔玛就成功地运用了“天天低价”策略，吸引了大批顾客的光临。

对价格敏感的顾客可能会受到价格促销的影响，但是只在促销活动降低了某商品的价格，如通过折价券、减价、现金返还等来实现。增加价值的促销活动，如附加赠送、特惠包装、礼品等在赢得这些顾客时可能有时候是有效的，但通常不那么成功，因为这些顾客只注重价格，他们只在促销的时候购买这个商品，促销活动结束以后，他们通常会回归到最便宜的其他商品。

2.5 对非顾客的促销

非顾客是那些从不光顾本连锁店的人。他们不光顾本连锁店的原因，可能是价格问题，也可能是价值问题，或者是缺乏需求。

（1）商品太贵。在有些情况下，由于连锁店的高价定位，非顾客可能想从本连锁店购买某商品但是发现价格太贵。此时，使用价格促销很有可能增加销售额，但是仅在价格折扣充足的情况下。例如，如果“好利来”糕点的价格从 5 元/个降到 3 元/个，会吸引大量的中低收入者以及年轻人购买，但如果仅提供 9.5 折的折价优惠，是无法吸引非顾客的。

（2）不值得购买。有些人可能买得起某一商品，但是他认为不值得，并非物有所值。如果人们以前没有尝试过某一特定品牌，使用样品有时候会使他们重新考虑原有商品的价值。在特定情况下，他们也可能会对大量的价格折扣或者特别有吸引力的、辅助性的活动，如抽奖、特惠包装、礼品等感兴趣。但是，既然这些人过去没有使用过这一商品，他们也有可能对于促销活动无动于衷。

（3）缺乏需求。有些非顾客认为他们确实不需要某一商品或者认为这一商品毫无用处。认为某一特定商品没有价值的顾客可能有时候会被说服使用样品，但是这种情况极为少见，而且当人们确实认为某一商品毫无用处时，他们也不会受到任何形式促销活动的影响。

任务小结

寻求有效的促销方式是一个营销工作者的追求，何为有效的促销？针对不同顾客群的特点，综合考虑购物环境、竞争策略、营销战略、商品特点等因素，采取不同的促销方式或其组合，才能收到良好的效果。根据消费者的购买行为特征，我们把其分成五种类型：忠诚顾客、竞争者的忠诚顾客、游离者、对价格敏感的顾客、非顾客。对忠诚顾客的促销，VIP 会员促销、礼品、优惠券等比较有效；对竞争者的忠诚顾客促销，样品赠送、折价券、特惠包装、附加赠送等比较有效；对游离者的促销，折价券、样品、抽奖、现金返还、附加赠送等往往比较有效；对价格敏感的顾客促销，折价券、减价、现金返还、附加赠送、特惠包装都比较有效；对非顾客的促销，需要加大价格的折扣以吸引其注意力。

任务三　制订促销方案

任务导入

咚咚咚，圣诞元旦双节将至，人们纷纷穿上盛装，做好护理，以最美的状态迎接佳节的到来。近年节日经济所蕴藏的商机引起了大家的重视，美容院、美发店如何根据自身的情况和资源，突破原有的促销模式，充分利用节日消费特点来提升销售业绩、巩固顾客忠诚度、开拓新客源呢？大部分商家第一个念头就是打折。的确，打折促销是吸引人眼球、拉拢客户最快最直接的方法。可是，你想过没有？你在打折，他也在打折，全都在打折，你的优势是什么？比人家价钱更低吗？这显然是不明智的，因为这样会造成恶性循环，把价钱压得越来越低，甚至亏本去做。这样划算吗？

促销需要创意，需要精心策划。

相关知识

促销决策是一项系统工程，需要对促销活动的每一个环节进行一系列的策划。根据专家的研究及连锁企业的经验，促销决策一般按照以下程序进行，如图 3.1 所示。

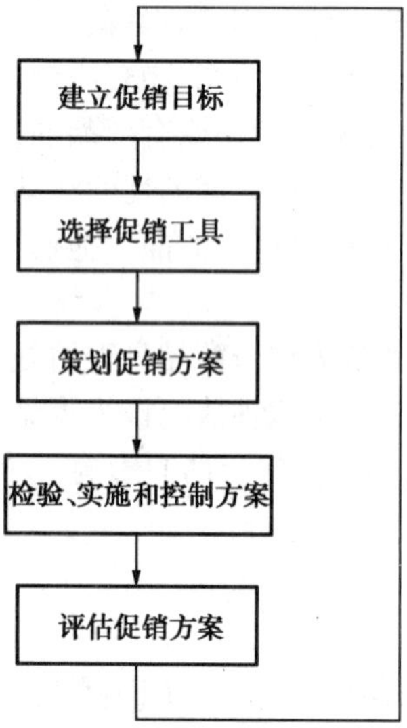

图 3.1　促销决策示意图

3.1　建立促销目标

一项促销活动的决策一般是从目标的确立开始的，而且应与企业在该时期的市场营销目标相配合。

3.1.1　店铺目标

连锁企业基于店铺的促销目标是提高客流量、提升形象和知名度等。

（1）提升店铺客流量，活跃店铺气氛，此乃连锁企业促销的最大目标。因为客流量是零售商运营成败的主要因素，顾客不上门，即使店铺规模再大，商品再好也无济于事。相反，若是顾客盈门，必然有一部分顾客会购买商品，满足自己的购买欲望。

（2）提升店铺的形象和知名度。为了使店铺能够持续经营，企业在做促销时不仅要考虑提升业绩，而且要注意树立店铺形象，做好战略意义上的促销。

3.1.2　商品目标

连锁企业基于商品的促销目标可以是告知顾客消费季节的到来，也可以是增加商品的销售。

（1）利用商品应景，再配合现场的陈列布置来告知和提醒顾客，季节的更换或节庆即将到来，刺激顾客购买。

（2）介绍新产品。企业在利用促销推广新产品的同时，顺势将因故未能销售完的商品与一些换季商品、滞销品销售出去，以降低库存，减少资金占用。

3.1.3　顾客目标

连锁企业基于顾客的促销目标有以下几种。

（1）留住现有顾客。

（2）开发新的顾客。

（3）提高顾客对连锁企业的忠诚度。

3.1.4 业绩目标

连锁企业基于业绩的促销目标有以下几种。

（1）提高资金周转率。

（2）提高销售业绩。

（3）将延时销售转变为即期销售。

这些是连锁企业对消费者促销的一些最基本的目标。由于促销目标要服从于企业长远的营销目标，同时还要解决连锁企业眼前面临的问题或抓住眼前有利的机会，因此，连锁企业必须在这些基本目标中做出选择，在不同的时期确定不同的目标，每个时期有所侧重，以确保企业总体营销目标得以顺利实现。

3.2 选择促销工具

所谓选择促销工具，就是指企业为了达到促销目标而选择最恰当的促销方式。促销工具选择得当，可收到事半功倍的效果。相反，若促销工具选择不当，很可能与促销目标南辕北辙。

3.2.1 促销工具的种类

连锁企业对消费者促销的工具多种多样，现举例如下。

（1）样品。样品是指免费提供给消费者供其试用的商品。样品可以挨家挨户地送货上门，或邮寄发送，或在店内提供，或与其他商品一起附送，或作为广告品。

（2）包装促销。包装促销是在消费者购物时，在包装内、包装上或包装外随货赠送商品、赠品的促销方式，希望借助这种特殊的包装在卖场陈列上作突出展示。

（3）竞赛与抽奖。竞赛和抽奖是连锁企业吸引顾客注意或营造卖场气氛的常用促销工具，竞赛与抽奖经常配套使用。

（4）折价券。折价券又称为优惠券，它是一个证明，证明持有者在购买某特定商品时可凭此券按规定少付若干的价款。折价券可以邮寄、附在商品包装内，也可以刊登在杂志和报纸广告上。

（5）折价优惠。折价优惠是连锁企业通过降低商品售价以优惠消费者的促销方式。一般在商品的销售旺季进行，可提高消费者对企业整体商品的关注度，对短期销售量的提高具有立竿见影的效果。

（6）有奖积分。消费者连续几次购买或收集促销商品的包装或标贴，即可获得一定的优惠或奖励。有奖积分能有效地吸引顾客重复购买，对培养顾客的忠诚度很有帮助。

（7）POP 广告。POP 是英语 Point of Purchase 的缩写形式，意为购买地点，常译为售点或卖点。因此，POP 广告常被称为售点广告，指企业在销售现场宣传商品、刺激顾客购买欲望所设置的特殊广告物，如悬挂物、张贴宣传画等。

（8）主题促销。企业根据促销目标，设定一个促销主题，根据该主题把相关商品一次收集齐全，表现丰富，供消费者一次购足所需。

（9）现场展示表演。在销售现场，企业派出专业人员对特定商品进行特殊的现场表演或示范，以及向顾客提供咨询服务。

连锁企业开展促销活动，可采取的形式多种多样，不同的促销工具，所产生的促销效果也大不相同，如开展“商业积分”活动、向消费者发放会员卡等，对鼓励消费者连续地、反复地购买具有显著效果，而“附加赠送”则对鼓励消费者一次性大量购买更为有效。所以，在确立了促销目标之后，慎重地选择促销工具十分重要。

3.2.2 促销工具的选择

连锁企业选择促销工具时，主要受三类因素的制约，即促销目标、商品和企业自身因素。

（1）促销目标。连锁企业在选择促销工具时，首先要遵守的原则是所选择的促销工具必须有利于达到企业所制定的促销目标，因为不同的促销工具适用于不同的促销目标，各种促销目标与促销工具的对应关系如表 3.1 所示。

表 3.1 促销目标与促销工具对应关系表

促销目标 \ 促销工具		POP 广告	折价券	样品赠送	折价优惠	抽　奖	赠　品	包装促销
短期目标	引起尝试		√	√	√		√	
	改变购买习惯	√			√			√
	增加每次购买量		√		√		√	√
	刺激潜在顾客	√	√	√		√		√
长期目标	提高企业形象	√				√		
	巩固企业形象	√				√	√	

（2）商品生命周期。一种商品开展促销，其促销工具的选择还必须考虑到该商品在市场上处于生命周期的哪一阶段。在商品生命周期的不同阶段，由于企业的营销重点和营销目标都有所不同，故促销目标也不一样。因此，应分别选择不同的促销工具。对于商品生命周期的不同阶段，其促销工具的选择如表 3.2 所示。

表 3.2 商品生命周期阶段与促销工具对应关系表

促销工具 \ 商品生命周期	介绍期	成长期	成熟期	衰退期
折价券			√	
现场展示	√	√		
样品赠送	√			
赠品	√		√	
抽奖		√	√	

续表

促销工具 \ 商品生命周期	介绍期	成长期	成熟期	衰退期
POP 广告	√	√		
折价优惠			√	√
主题促销		√	√	

（3）商品类型。连锁企业经营的商品一般分为日用品、选购品、特殊品。

日用品是指消费者在日常生活中需要经常购买的商品，如食品、饮料、洗涤用品、日用杂货等。这类商品的特点：单位价值低、消费快，消费者购买的频率高；消费者要求就近购买；消费者没有过多的品牌偏好，品牌之间可以互相代替；消费者的购买受价格和广告的影响较大，冲动性购买行为较多。日用品促销工具选择如表 3.3 所示。

表 3.3　日用品促销工具选择表

促销工具 \ 促销效果	良好	一般	较差
样品赠送	√		
抽奖	√		
折价券	√		
POP 广告		√	
包装促销	√		
有奖积分	√		
折价优惠	√		
主题促销		√	
现场展示表演		√	

选购品是指消费者需经过多家挑选，反复比较其设计、品质和价格之后才购买的商品，如服装、家电。选购品的特点：单位价格较高；使用时间较长；消费者需求差异大，购买时注意商品的质量和外观；消费者购买时主要考虑商品自身的品质，而对广告或促销的依赖性不大。对选购品促销工具的选择如表 3.4 所示。

表 3.4　选购品促销工具选择表

促销工具 \ 促销效果	良好	一般	较差
样品赠送			√
抽奖	√		
折价券	√		
POP 广告		√	

续表

促销效果 促销工具	良　好	一　般	较　差
包装促销	√		
有奖积分		√	
折价优惠	√		
主题促销		√	
现场展示表演	√		

特殊品是指消费者在购买时会特别对其品质、性能或品牌高度重视的商品，如古玩字画、音响、计算机、钢琴、汽车等。这类商品的特点：单位价格高；消费者购买时需要收集较多的商品信息，多为理性购买；消费者十分注重商品的品牌和零售店的信誉，需求弹性小；要求销售人员具备较多的专业知识。特殊品的促销，实行财务激励（分期付款）和提供良好的售后服务是最有效的促销工具。对特殊品促销工具的选择如表 3.5 所示。

表 3.5　特殊品促销工具选择表

促销效果 促销工具	良　好	一　般	较　差
分期付款	√		
服务促销	√		
样品赠送			√
抽奖		√	
折价券		√	
POP 广告		√	
包装促销		√	
有奖积分			√
折价优惠	√		
主题促销		√	
现场展示表演	√		

（4）企业在竞争中的地位。在竞争中，有实力雄厚的强势企业，也有实力一般或较差的弱势企业。不同地位的企业，在选择促销工具时，所考虑的出发点和目标不一样。因此，所运用的促销工具也自然不同。

强势企业是指在同行业中，不仅营业额大，市场占有率高，而且拥有种种无形的或有形的资产，如连锁企业在消费者心目中具有良好的形象，拥有较高的品牌价值。强势企业在选择促销工具时，应着重考虑能产生长期效果的工具，而尽量少运用即效性工具，如表 3.6 所示。

表 3.6　强势企业促销工具选择表

促销工具 \ 促销效果	良　好	一　般	较　差
样品赠送		√	
抽奖		√	
折价券	√		
POP 广告		√	
包装促销		√	
有奖积分	√		
折价优惠		√	
主题促销	√		
现场展示表演	√		

对弱势企业来讲，强势企业不仅有经济实力，而且社会公众形象也居优越地位。弱势企业在促销工具的选择上，要以能为消费者提供更多的价格实惠为原则，可利用 POP 广告来吸引注意力，利用样品派送和附赠奖品进行有效的促销，如表 3.7 所示。

表 3.7　弱势企业促销工具选择表

促销工具 \ 促销效果	良　好	一　般	较　差
样品赠送	√		
抽奖	√		
折价券	√		
POP 广告	√		
包装促销		√	
有奖积分	√		
折价优惠	√		
主题促销		√	
现场展示表演		√	

3.3　策划促销方案

促销实践 3.1

××珠宝浙江嵊州专柜国庆促销方案

一、活动目标

1. 提高卖场人气，达到活动期间销售额的大幅提高；

2. 提高××珠宝品牌在当地知名度，达到抢占市场份额的目的；

3. 塑造××珠宝的品牌形象和提高美誉度，达到长期销售的目的。

二、活动主题

以“喜从天降”、“拍档射箭”、“婚礼进行时”、“数字柜台”等活动丰富国庆的文化生活，活跃市民文化氛围。

三、活动时间:

9月28日至10月7日。

四、活动内容

活动一:“喜从天降”活动

1. 准备心形可爆气球，内置心形彩色花瓣或彩纸和中奖卡，在店内空地或店门口或人流聚集区放飞气球，最好和模特秀在同一位置进行；

2. 当气球升到一定高度爆炸，或从高空（二楼）撒下后在空中爆炸，或是让非可爆气球从高空下落由观众捡到后自行拍破，每天撒下100个气球；

3. 气球中在空中爆出彩色花瓣和彩纸，装点活动气氛，观众从气球中取出中奖卡（每个气球都有奖），之后到嵊州店的××专柜兑换奖品；

4. 奖品设置：每日3枚价值200元的女式手提包、法国香水、翡翠吊坠或手镯。

活动二:“拍档射箭”活动

1. 凡购买××珠宝专柜任一款首饰者即可参加“拍档射箭”活动，一男一女为一组拍档射箭，女握弓，男射箭，每日可分数组先后游戏（如果顾客只有一个人购买则可以一个人独自射箭），每组共射10箭；

2. 返利说明：射中红心n次者即返还百分之n的现金。例如：某顾客购买××首饰3 000元，参加射箭返还结果如下:

射中红心10次者即返还3 000×10%=300（元）;

射中红心4次者即返还3 000×4%=120（元）;

以此类推。

活动三:“婚礼进行时”抽奖

凡在××珠宝专柜购买首饰2 800元以上的新人凭购物发票即可参加“婚礼进行时”抽奖活动，本次抽奖活动的奖品是现场展示的流行婚纱和新娘中式礼服各一套，10月7日由参与活动的新人现场抽取，然后由中奖的幸运新人现场展示婚纱，扩大活动的宣传效果。

活动四:“数字柜台”促销

依钻石分数的不同将柜台分为25~30分柜台，并赋予特殊的情感含义，从情感上吸引顾客，25～30分的钻石柜台名称：十分爱你+十分爱我+十月新婚。

五、活动宣传推广策略

1. 活动的举办和宣传可联合商场一起进行，但不能联合本商场的其他珠宝专柜一起进行;

2. 在报纸、电视、广播等媒体详细介绍本次活动参与细则和奖励、奖品，提起消费者的参与热情；推荐的广告宣传媒介为在当地日报或发行量最大的报纸上做广告及电视广告，电视广告以多个频道每晚黄金时段8:00~10:00在屏幕下方同时播放移动字幕的广告形式进行，详述活动细则，因为移动字幕的广告费比其他广告便宜且效果较好;

3. 在店前做好活动宣传海报，在柜台安排活动咨询员（如有条件可设立咨询电话）；

4. 在活动前印制活动宣传单在店前派发（有条件还可在人流汇集区及社区派发），扩大活动影响力和宣传力度；

5. 后期印制 50 元或 100 元的现金优惠券，通过与其他强势非珠宝类品牌经销商（如同商场的家电销售商）、酒楼、歌厅等合作，顾客在以上店面消费时即可赠送现金券，以多方扩大顾客源。

六、活动控制与评估

1. 在活动中做好顾客咨询人数、活动参加人数、购买人数、销售额等的详细记录；

2. 活动后期将以上数据及媒体投放频次、代理商反馈意见等收集至××珠宝推广总部品牌规划部做好活动评估、总结，以便提供更好的营销服务给加盟商。

七、活动经费预算

1. “喜从天降”活动奖品费用：200 元 × 3 × 10 = 6 000 元；

2. “婚姻进行时”抽奖婚纱及礼服：3 000 元；

3. 易拉宝：65 元/个 × 2 = 130 元；POP：80 元；条幅：40 元；

4. 宣传单：2 元/张 × 1 000 份 = 2 000 元；

5. 总计：11 250 元。

（资料来源：http://www.globrand.com/2006/05/14/）

在确定了促销目标和工具之后，接下来就要制订具体的促销方案。一个完整的促销方案中应包括以下几方面的内容：促销范围、诱因大小、传播媒体、参与条件、促销时间、促销费用预算等。

3.3.1 促销范围

促销范围可按商品范围和市场范围进行分类。

（1）商品范围。连锁企业进行促销决策，首先要确定促销商品的范围，主要涉及两个问题：第一，促销活动是针对整体卖场的商品，还是仅对某一品牌的商品，还是仅对某一品种的商品；第二，针对目前市场上正在销售的商品进行促销，还是针对有特别设计包装的商品促销。如果是为增进顾客对新产品的试用，采用样品赠送方式，则促销活动必须额外设计专门的样品包装。

（2）市场范围。一次促销活动涉及的市场范围多大，也是必须慎重考虑的问题。决策时主要应考虑两个因素：第一，连锁企业财务的支付能力。如果连锁企业同时在更大范围的市场展开促销活动，需要支出一大笔预算，这要看企业是否能承受得了。第二，不同地区的销售状况。一般来讲，一项促销的市场范围只限于同质市场，便于操作和控制。

3.3.2 诱因大小

所谓诱因，是指在促销活动期间，商品的价格相对平时价格的折扣率。促销按照给消费者提供利益的方式来划分，包括两类：一类是直接降价，如折价券、折价优惠，消费者可以以较少的价格购买和平时相同数量的商品；另一类是间接增值，如附加赠送，可以以平时的价格购买更多的商品。不论是直接降价还是间接增值，促销活动都能给消费者提供一定的实际利益。这就形成了刺激消费者购买的诱惑，称为诱因。

一般来讲，促销效果随着诱因大小而增减，诱因增大时，消费者反应也会随之增强。但促销效果和诱因大小的函数关系并不呈直线形。例如，同一种商品，一个 1.5 元的折价券将比 0.5 元的折价券能吸引更多的消费试用，但前者的消费试用人数并不一定是后者的 3 倍。事实上，促销效果函数一般呈 S 形。当诱因很小时，消费者反应也很小，促销效果几乎为零。只有达到一定的最小诱因量时，才足以使消费者开始注意这项促销活动。当诱因超过一定点时，促销反应又呈递减趋势，如图 3.2 所示。

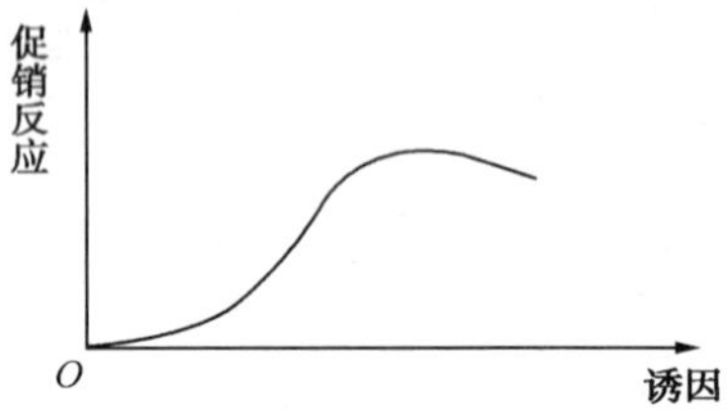

图 3.2　诱因与促销反应图

3.3.3　传播媒体

连锁企业促销还需要决策通过何种媒介将促销信息传递给消费者。例如，连锁企业对部分商品进行促销，方式是向消费者提供价值 1.5 元的折价券，消费者凭此券购买该单位商品时可比平时少付 1.5 元。那么，这种折价券至少可以通过四种媒体到达消费者手中，即折价券置于商品包装内、在店内发放、邮寄、刊登在广告媒体上。每一种媒体都具有不同的传达率和成本，促销效果也不一样。例如，通过商品包装发放折价券，成本较低，但送达的对象主要是经常购买该商品的人；而通过邮寄成本较高，却可以送达非使用者。

3.3.4　参与条件

哪些人能够参加促销活动，或者说哪些人有资格获取这些诱因，这也是连锁企业促销必须决策的内容。例如，折价券是对某一地区所有的消费者发放，还是只发给购买该商品的消费者，或只发给购买额达到一定量的消费者。

促销活动中参与条件的确定，要根据具体促销目标而定。若为了吸引新的消费者加入购买行列，则促销活动的消费者范围要大一些，参与条件相对要低；如果促销目标仅仅是为了维持品牌忠诚度，则参加促销的消费者范围要小，参与条件也就要高一些。除此之外，参加促销活动的消费者条件还要根据企业的促销预算、促销工具的选择来确定。

3.3.5　促销时间

促销时间的决策具体包括促销时机、活动期限和促销频率三方面内容。

（1）促销时机。连锁企业在什么时间举行促销活动，对其促销效果影响很大。例如，在盛夏到来之际，举办空调促销会得到消费者的强烈反响。相反，若在冬季举办空调促销活动，促销效果就会大打折扣。因此，促销活动要选择最佳的时机。

连锁企业举办促销活动的时机，可以从以下三条途径获得。

第一，企业营销状况。当连锁企业营销出现以下情况时，是举办促销的良好时机：购买商品的新顾客人数减少时；新产品拓展市场的速度需要加快时；消费者对某商品的购买频率或购买量较低时；某一地区或某一特定时期，市场竞争特别激烈时；竞争对手频频举办促销活动时；企业需要获得更多的市场情报时，等等。

第二，消费需求的特点。首先是消费的季节性，对应季或过季商品举行促销活动，既可增加顾客的购买兴趣，又不会降低商品的身价。其次是购买的时机，如对耐用消费品，因为人们一般在节假日、周末等时间宽裕的情况下去选购，所以在这些时间举办促销活动，效果较好。

第三，社会活动的影响。对全社会影响较大的重要活动，如申办奥运会、世界杯足球赛、庆祝香港回归等，都是企业开展促销活动的好时机。另外，重要节日，如我国传统的春节、中秋节，从国外引进的情人节、母亲节等都是促销良机，在“六·一”儿童节、“三·八”妇女节等对特定的顾客群实施促销也会别有洞天。

第四，企业自身的活动。围绕连锁企业本身，也可找到开展促销活动的良机，比如连锁店开业酬宾活动；连锁店开业周年庆典活动；年末回报消费者活动等。在这些活动期间举办丰富多彩的促销活动，既展示了企业的实力，又联络了与消费者的感情，对提高连锁企业形象颇有益处。

（2）活动期限。任何一项促销活动，都有一定的时间期限。时间期限的长短，也是促销方案中需要决策的内容。若活动持续的时间太短，则很有可能使目标顾客中的许多人来不及接受促销活动所要传达的信息及享受促销的利益；若促销持续时间过长，则消费者可能会认为是长期降价，不会有兴趣及时惠顾。按照国外惯用的做法，节日促销以半月为宜，节前 4 天为推动期，节中 7 天为重点期，节后 3 天为修补期，促销活动最佳的时间长度是平均购买周期。

（3）促销频率。如果促销活动过于频繁，其促销效果就会受到影响。例如，一个连锁店在短期内连续推出两项促销活动，即使第二次活动的优惠条件大大高于第一次，但由于在第一次活动期间，消费者的存货已达到饱和，还未来得及消化，因此对第二次优惠只能是望洋兴叹，那么第二次促销活动的效果会大打折扣。除此之外，过于频繁的促销活动，也会导致消费者对促销活动的麻木。因此，要科学地确定促销活动的频度。

3.3.6 促销费用预算

促销费用预算的决策，包括两项内容：单项促销预算和整体促销预算。

（1）单项促销预算。一项具体的促销活动成本包括三项：管理费用、宣传费用（印刷费、邮寄费）、诱因费用（赠品费、减价费、兑奖等费用）。由于促销活动要花费促销成本，所以促销期间每销售一个商品其边际利润就会下降。对决策者来说，要考虑的一个关键问题就是企业的销售量至少达到多大时，才能使企业做到收支平衡。可用以下公式计算。

最低销量=非促销期的正常销售量×正常边际利润÷促销期的边际利润

例如，某商品在非促销期的边际利润为 5 元，每天正常的销量为 1 000 瓶。如果在促销活动期间每瓶的平均促销费用为 2.75 元，在促销期间每天需达到什么样的销售水平才能补偿促销活动的成本呢?

根据公式：

最低销量=1 000×5÷（5−2.75）=2 223（瓶）

即在促销期间，每天销量必须达到 2 223 瓶，才能达到收支平衡。

通过这种测算，决策者就会做到心中有数。如果估计促销期间的销量很难达到要求的最低销量，说明促销活动的成本费用太高，举办此活动得不偿失，这样的话，就需要考虑降低诱因量，或者选择其他促销工具。

（2）整体促销预算。对连锁企业来说，不仅需要考虑某次具体活动的促销预算，还要对企业全年的所有促销费用进行预算。这类预算的方法有以下两种。

第一种，由连锁企业明确全年所要举办的所有促销活动，再具体估计每项活动的成本，最后予以加总，即得出全年的促销总预算。

第二种，连锁企业先确定全年所有的促销预算为多少，然后再按比例分摊给不同的促销工具，便可得到促销工具的全年总预算。

对于连锁企业来讲，要注意各连锁店之间、促销商品及品牌之间预算的协调，因为相互协调能够节省费用预算，如一次给消费者邮寄多种商品或品牌的折价券，就比多次分别邮寄要节省费用，从而使连锁企业从促销活动中获得较大的收益。

3.3.7 其他条款

除了以上内容之外，为保证促销活动顺利开展，还必须制定其他一些条款，如确定奖品兑换的具体时间和办法、折价券的有效期限、竞赛与抽奖活动的游戏规则等。

3.4 检验、实施和控制促销方案

由于一项促销活动不仅要花费可观的费用，而且还是连锁企业的一项公开的社会性活动，因此，一旦出现失误，不仅会使连锁企业蒙受财务上的损失，而且还会造成严重的负面效应，损害企业的形象。所以，制订了促销方案之后，为确保方案的科学性、效益性和可行性，在付诸实施之前，首先必须对其进行检验。检验的内容主要有：促销工具的选择是否最佳？诱因的大小是否合适？信息传递方式是否有效？创意能否为目标顾客群所理解？整体促销内容和形式有无违反法律和政策规定？

实施和控制促销方案。对促销方案进行检验和修订之后，就可以按照方案开展促销活动了，活动必须严格按照具体操作计划来实施，而且连锁企业必须配有相应的组织与控制小组，负责组织实施方案。对于方案执行中的各种问题应注意收集、分析和汇报，以便及时管理和控制。

3.5 评估促销效果

促销效果的评估，是对每一次促销活动总结经验，寻找不足，为今后的促销工作提供宝贵经验。连锁企业评估促销效果，主要有以下三种方法。

3.5.1 比较促销前后销售量的变化幅度

这是连锁企业最常用的促销评估方法。促销前、促销期间和促销后商品的销售量变化会呈现几种不同的情况，在其他条件不变的情况下，这就意味着促销活动产生了不同的效果。

第一种情况，在促销前，连锁企业的日销量为 6 万元，在促销期间，则上升为 10 万元，这增加的 4 万元是由于促销而导致顾客增加的购买。促销活动一结束，消费者因需要消耗存货而使连锁企业的日销量跌至 5 万元，等到过了存货消耗期，连锁企业的日销量回升至 7 万元，比促销前增加了 1 万元，这是连锁企业最理想的促销效果，促销效果示意图（一）如图 3.3 所示。

第二种情况，企业的日销售量在促销期间升至 10 万元，促销过后立刻跌至 2 万元，经过一段时间后再回升至 6 万元，即促销后的销售量水平与促销前相当，促销效果示意图（二）如图 3.4 所示。这种情况说明在促销期间，主要的顾客仍是现有顾客，他们受诱因刺激而储备商品，待促销期一过，即慢慢消耗存货，经过一段时间后，又回到原来正常的购买量。从促销效果角度分析，这种促销活动并没有改变消费者长期的购买量，而只是改变了消费者的购买时间。但是，这种促销效果并非一定是得不偿失，关键看企业促销目标如何，如果企业存货过多，想尽早清理存货，这种促销还是有效的。

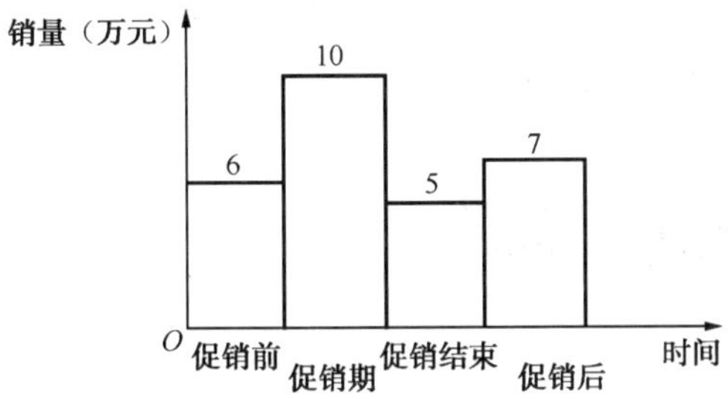

图 3.3　促销效果示意图（一）

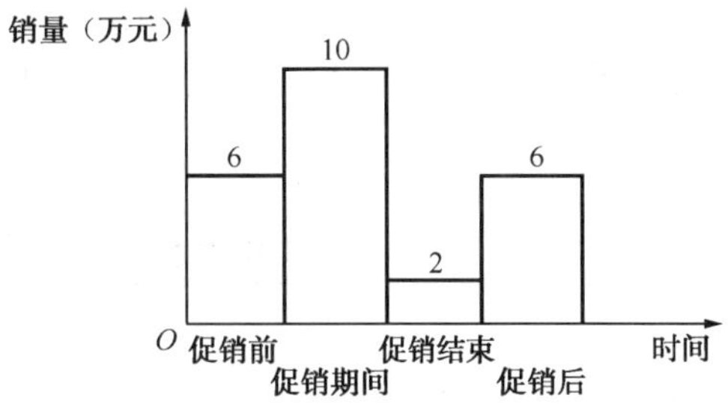

图 3.4　促销效果示意图（二）

第三种情况，企业的日销售量在促销期间上升很少或基本没有改变，但促销期一过，销售量就跌回并且停留在低于原来销量的水平上，促销效果示意图（三）如图 3.5 所示。这种情况说明企业促销的品种或品牌基本上处于衰退期，即将被市场所淘汰，促销只能使衰退速度减缓，但却无法扼制其衰退趋势。这种促销，从长期效果来看，意义不大。但从短期来看，要根据促销活动所花费的成本费用、促销前后的利润比较来具体分析。促销费用较高，显然是得不偿失的。

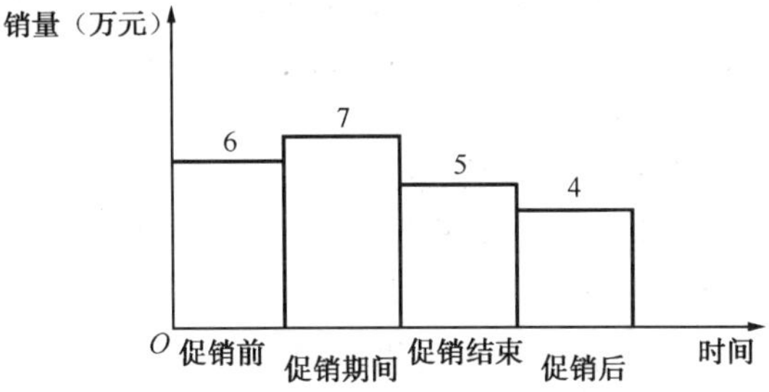

图 3.5　促销效果示意图（三）

3.5.2　直接观察消费者对促销活动的反应

这种方法操作起来简便易行，当促销前后的销售量不易测量，第一种方法无法使用时，可采取此方法代替。当然，连锁企业也可将此方法作为第一种方法的补充，二者结合应用。

观察消费者对活动的反应，主要是对参加促销活动的人数、企业发放折价券的回馈率、赠品的偿付情况等加以测量，从中即可得出结论。

3.5.3 对消费者实行抽样调查

这种方法尤其适合于评估促销活动的长期效果。具体做法是，在促销活动结束后，寻找一组消费者样本，和他们面谈，了解有多少消费者还记得此次促销活动，他们对促销的印象如何，有多少人从中获得利益，对他们今后的购买选择有何影响等。通过分析这些问题的答案，就可以了解连锁企业促销活动的效果。

任务小结

促销决策是一项系统工程，需要对促销活动的每一个环节进行一系列的策划。根据专家的研究及连锁企业的经验，促销决策一般按照以下程序进行：建立促销目标，选择促销工具，制订促销方案，检验、实施和控制促销方案，评估促销效果。

任务四　撰写促销文案

任务导入

在一座古老的城堡里，生活着一群快乐的老鼠。他们在这里谈情说爱，安居乐业，过着神仙一样无忧无虑的日子。一只有学问的老鼠感叹说，这里简直就是老鼠的天堂。

忽然有一天，尖利的猫叫打破了老鼠天堂的宁静。一只流浪的黑猫来到这里，给老鼠们带来了朝不保夕的恐惧。

于是，老鼠们聚在一起召开动脑会议，商量怎样对付这只可恶的黑猫。老鼠们纷纷哭诉对黑猫的恐惧，要找一个有效的办法来逃避猫的魔爪。那只有学问的老鼠摸了摸胡须，说："我有一个主意，只要在猫的脖子上挂一个铃铛，就万事大吉了。这样，每当猫儿走近，我们就能听到铃铛的响声，及时逃之夭夭。"

"这个主意太好了！"全体老鼠欢声雷动。

"可是，怎样才能将铃铛挂到猫的脖子上去呢？"有一只老鼠疑惑地问道。

刹那间，所有的老鼠都闭了嘴。

这个故事并不可笑，它给了我们很多可思考的东西：

1．策划需要创意，但什么样的创意才是好的创意？

2．怎样看待促销策划与执行的关系？

3．怎样保证一个促销策划方案的执行，从而达到预期效果？

相关知识

4.1 写作促销文案

一份完整的促销文案，大致包括以下内容。

（1）促销目的。说明开展这次促销的目的是什么：处理库存？提升销量？打击竞争对手？推动新品上市？提升品牌认知度及美誉度？只有目的明确，才能使活动有的放矢。

（2）促销对象。说明促销的主要目标，活动控制在多大范围内？促销对象的选择正确与否会直接影响到促销的最终效果。

（3）促销主题。每一项活动都要有一个明确的主题，主题是促销方案的核心。需要说明的是，在确定了主题之后要尽可能艺术化地“扯虎皮做大旗”，淡化促销的商业目的，使活动更接近于消费者，更能打动消费者。所以促销主题应该力求创新，使活动具有震撼力和排他性。

（4）促销工具的选择。选择有效的促销工具。有两个问题需要考虑：一是刺激程度，要使促销取得成功，必须使活动具有刺激力，能刺激目标对象参与。刺激程度越高，促销的反应越大。但这种刺激也存在边际效应。因此必须根据促销实践进行分析和总结，并结合客观市场环境确定适当的刺激程度和相应的费用投入。二是尽量寻求合作伙伴，如果活动有一定的社会效应，可以拉上政府或媒体做后盾，挂“羊头”卖“狗肉”。

（5）促销时间和地点。在时间上尽量让消费者有空闲参与，在地点上也要让消费者方便，而且要事前与城管、工商等部门沟通好。

（6）广告配合方式。一个成功的促销活动，需要广告的配合。选择什么样的广告创意及表现手法？选择什么样的媒体？这些都意味着不同的受众抵达率和费用投入。

（7）前期准备。前期准备分三块：人员安排、物资准备、试验方案。在人员安排方面要“人人有事做，事事有人管”，无空白点，也无交叉点。谁负责与政府、媒体的沟通？谁负责现场管理？谁负责礼品发放？谁负责顾客投诉？各个环节协调配合。在物资准备方面，要事无巨细，大到车辆，小到螺丝钉，都要罗列出来，然后按单清点，确保万无一失，否则必然导致现场的忙乱。最后，促销工具的选择是否正确？刺激程度是否合适？要通过必要的试验来进行判断。

（8）中期操作。中期操作主要是活动纪律和现场控制。临时促销人员的管理是一件比较困难的事情，活动前的人员物色、培训、排练、过程管理、及时奖励，一个都不能少。

（9）后期延续。后期延续主要是媒体宣传的问题，对这次活动将采取何种方式在哪些媒体进行后续宣传？

（10）促销预算。一个好的促销活动，仅靠一个好的点子是不够的。无论媒体广告投放还是终端 POP 投放，都要因地制宜，借力打力。统一主题、统一色彩、统一口号，整合营销传播是节约费用的好方法，消费者反复听、反复看才能记得住。

（11）意外防范。每次活动都有可能出现一些意外。例如，政府部门的干预、消费者的投诉，甚至天气突变导致户外的促销活动无法继续进行等。必须对各个可能出现的意外事件做必要的人力、物力、财力方面的准备。

（12）效果预测。预测这次活动会达到什么样的效果，以利于活动结束后与实际情况进行比较，从刺激程度、促销时机、促销媒介等各方面总结成功点和失败点。投入产出比是老板最为关心的。一场促销活动销售多少产品，产生多少利润，投入多少费用，得到多少回报，是有据可依的，也是可以事前预测的。只有小投入大产出的促销活动，才是可以持续的。

有了一份有说服力和操作性强的的活动方案，才能让公司支持你的方案，也才能确保方案得到完美的执行，使促销活动达到四两拨千斤的效果。

4.2　格式化促销文案

根据促销策划文案的内容要点，参照许多促销策划者在实践中总结出来的促销策划书的格式，促销策划文案的一般格式如下。

（1）封面。一份完整的促销策划书文本应该包括一个版面精美、要素齐备的封面，以给阅读者以良好的第一印象。策划书的封面可撰写以下信息：方案的名称、客户的名称、策划人的名称、策划完成的日期。

（2）目录。在促销策划书目录中，应该列举促销策划书各个部分的标题，必要时还应该将各个部分的联系以简明的图表体现出来。一方面可以使策划文本显得正式、规范，另一方面也可以使阅读者能够根据目录方便地找到想要阅读的内容。

（3）前言。在前言中，应该概述促销策划的目的、促销的主题、使用的促销工具、活动过程等，以使客户可以对促销策划书有大致的了解。

（4）正文。这部分应该包括促销策划方案的全部内容，包括促销目的、促销对象、促销主题、促销工具的选择、促销时间与地点、广告配合方式、前期准备、中期操作、后期延续、促销预算、意外防范、效果预测等。

（5）封底。

4.3　美化促销文案

在100份促销方案中，有近20份不同程度地存在“没有有效地使用颜色”、“格式不统一”、“说明和资料的关联性不明确”等问题，这是许多促销策划文本写作中常见的问题。因此，如何将促销创意以对方容易理解的方式表达出来，并且在形式和内容上都产生吸引力，成为促销策划书文本写作的最大课题。下面介绍一些在策划书文本写作时常用的技巧。

（1）信息组织的技巧。一要明确信息的属性和文本的结构。在开始写作文本之前，文本的撰写者首先应该对要在策划文本中传达的信息有总体的把握，并且分清各种信息的不同属性，然后按照已经拟订的结构，将信息分门别类。这样，复杂的信息就可以显示出初步的条理性。二要把握重点。在众多信息中区分出最重要的信息，并且将它们做突出的传达，这样就可以避免文本中信息繁杂，主次难分的问题。三要进行信息的层次化。在策划文本中，要明确信息的层次和彼此的联系，使信息传达层次分明。

（2）行文的技巧。一要使用明确的标题。在策划书文本中，应该包括不同层次的大小标题，标题应该明确，并且提示出重点内容。二要使用短小的段落。在策划书文本中，大段的文字很难吸引人阅读，因此要使用比较短小的段落，并且在一个段落中只传达一个重点信息。三要使用明确的序号。明确的序号不但可以使信息脉络清楚，层次分明，还可以给阅读者以明确的阅读提示。四要语句简短、避免冗长。五要在分析之后要有简短的摘要或者结论。六要说明资讯来源以增加信息的可信程度。

（3）接近读者的技巧。要了解接受者，包括人数、地位、年龄、理解能力。其中接受者的理解能力最为重要。接受者的理解能力随着接受者本身的专业领域、经验、知识而异。在撰写促销策划书时常常会遇到经验、知识、理解能力不足的人成为决定是否接受促销方案的关键人物的情况，针对不同的接受者，撰写促销方案的方式也应该有所变化。

（4）情报视觉化的技巧。促销策划中的情报以详细取胜，但是详细的情报却存在如何有效传达的问题。为了使接受者易于理解并产生深刻印象，对情报进行视觉化处理是非常必要而且有效的方法。因此，使用图表来传达数据是促销策划书常用的一种方法。

（5）提升文本整体形象的技巧。促销策划书要注意整体形象的统一，如果形象不统一，即使内容十分精彩，也会降低说服接受者的效果。一般而言，文本应该有正式的封面、封底和简明的目录。对于版面的设计，版心的大小一般占纸张面积的 60%～70%为宜，70%面积的版心最易于阅读，版心与页缘的上下左右要等距。使用的图表与文字应该具有平衡感，在视觉上不别扭、不突兀。装订时不论是穿孔式装订还是螺旋式装订，都要以易于翻阅、不遮挡版面为首要原则，所以应该保留 15～25mm 的空白作为装订线。策划书文本中文字体的大小应该根据内容的重要程度而有所区别，各级标题应该使用比正文稍大的字体，但是字体的级别也不应该超过 3 种。

任务小结

一份完整的促销策划文案，大致包括以下内容：促销目的、促销对象、促销主题、促销工具的选择、促销时间与地点、广告配合方式、前期准备、中期操作、后期延续、促销预算、意外防范、效果预测等。

如此复杂的内容，要求促销策划人员具备一定的文本写作功底，不仅要注意文案的格式化，更要注意文案写作的一些基本技巧：信息组织的技巧、行文的技巧、接近读者的技巧、情报视觉化的技巧、提升文本整体形象的技巧。

篇章测试

1. 什么是促销？如何理解促销的特点？
2. 连锁企业在促销中应注意哪些问题？
3. 连锁企业应如何针对不同顾客促销？

4．如何制订促销方案？

5．在促销文案的写作中如何提升文本质量？

篇章训练

1．百丽集团创建于1992年3月8日，是中国著名的鞋业品牌连锁经营公司，拥有中国鞋业第一自营连锁销售网络，年营业额超过40亿元，销售网络覆盖130多个主要城市，自营连锁店铺达2 000余间，自主经营4个著名鞋类品牌：BELLE（百丽）、STACCATO（思加图）、TEENMIX（天美意）、TATA（他她），代理经营6个著名品牌——香港鞋类名牌JOY&PEACE（真美诗）、美国著名运动品牌NIKE（耐克）、欧洲著名运动品牌ADIDAS（阿迪达斯）、美国著名运动休闲品牌NEW BALANCE（新百伦）、美国休闲名牌Levi's（李维斯），独家代理全球分布最广泛的鞋业品牌之一BATA。百丽人遵循“用做人的方式做生意”的企业文化，信奉“勤奋换得成功，科学争得领先，合作赢得辉煌”的企业精神，倡导“以人为本”的人性化管理方式，弘扬平等合作、共同发展、追求卓越的企业团队精神。百丽集团将在新的制高点上，顺应国内外市场经济发展的时代潮流，进一步巩固国内市场的领先地位，倾力打造中国鞋业第一自营连锁网络。

（资料来源：http：//xabelle.com/belle/index.asp）

【问题】

“三·八”节快到了，请为百丽策划一主题促销活动，写出促销文案。

2．传统折价战在令人眼花缭乱的SP浪潮中已难以打动消费者的芳心。消费者在商家每次推出降价折扣时，都难免犹豫徘徊，期盼能有更低的价格，而且在众多商家纷纷推出减价行动的情况下，预期促销结果总与实际成效有极大的差距。

在我国台湾，屈臣氏却以独特的“加一元多一件”促销手法，创造了惊人的成绩。这是一次令人耳目一新的创举，它借“加一元多一件”的变相降价，吸引了消费者的注意和光临。在活动名称上也跳出了传统框架，使整个促销再添特色，在极具震撼力的低价引导下，在短短一个月的促销期内，便创造了骄人的成绩，营业额增长20%，客流量提升20%。

屈臣氏以独特的促销手法，轻易地留住了消费者关注的眼光。那么屈臣氏是如何以颇具创意的促销手法，赢得消费者青睐的呢？

首先，促销活动的内容新颖。屈臣氏从所有商品中挑出160多种商品作为促销，只要消费者在购买这类商品时，多加一元即可再拿一件。其中最受消费者欢迎的商品是食品类，在顾客知道该项促销信息之后，再购买率高达90%。

其次，“加一元多一件”的数字化诉求，很清楚地传达了该SP最具吸引力的地方，这也是屈臣氏独特的促销手法。

另外，屈臣氏联合采购的低成本经营方式，以及以往成功促销积累的良好形象，成为支持促销活动得以顺利推行的重要因素。

【问题】

1．屈臣氏“加一元多一件”的促销活动属于（　　）。

A．赠品促销　　B．折价优惠　　C．联合促销　　D．POP广告

2. 屈臣氏选择的 160 多种促销品是（　　）。
   A. 促销范围　B. 促销诱因　C. 参与条件　D. 其他条款
3. 从屈臣氏的成功可以看出促销的作用是（　　）。
   A. 沟通顾客　B. 激励购买　C. 突出形象　D. 抵御竞争
4. 屈臣氏成功促销利用了人们的（　　）心理。
   A. 趋利　B. 趋同　C. 比照　D. 关联
5. 从屈臣氏促销的案例中可以看出促销决策的程序如何？

中篇
实施促销

篇章目标

面对激烈的市场竞争形势，形形色色的促销活动硝烟弥漫，充斥着经济生活的各个角落，促销已成为众多连锁企业争抢客源的重要营销手段之一。然而，促销活动是一把双刃剑，有的促销活动能使企业销量急剧上升，品牌一鸣惊人，家喻户晓，成为行业的佼佼者，如肯德基实施的“赠券优惠”活动，使其成为行业的第一品牌；有的企业开展的促销活动却差强人意，与企业的期望南辕北辙，不但浪费了促销资源，还损害了企业的声誉，甚至丢失了客源。影响促销活动效果的因素很多，其中促销活动的执行力是最关键的。通过本篇章知识的学习，将使学生达成以下目标。

知识目标：

- 在掌握连锁经营特点的基础上，了解不同促销方式的含义、特点。
- 掌握不同促销方式的操作要点。
- 注意不同促销方式的运用环境。

技能目标：

- 在掌握不同促销方式操作要点的基础上，能够进行不同的促销策划与操作。
- 能够撰写各种促销方案。
- 能够实际操作与掌控具体促销方式的运作过程。
- 善于对促销活动进行总结与评估，从而不断完善促销方案。

情感目标：

- 在教学过程中，培养学生的学习兴趣，引导学生深入思考问题。
- 在教学过程中，培养学生自主学习、自觉学习的热情，充分利用课余时间和网络资源。

- 在教学过程中，培养学生合作学习、互相学习的能力，在合作中完成学习项目。
- 学生是学习的主体，让学生正确认识学习过程与学习结果的关系，并能够公平、公正地评价学习结果。

篇章描述

连锁企业以标准化、规范化为基本特征，具体表现为“七个统一”，即统一采购、统一配送、统一标识、统一经营方针、统一服务规范、统一广告宣传、统一零售价格，目的是使连锁企业的店名、店貌、商品、服务标准化；采购、送货、销售、决策、经营专业化；商品购销、信息汇集、广告宣传、员工培训、管理决策规范化。目前比较成熟的连锁经营业态主要涉及连锁零售业、连锁餐饮业、连锁服务业等，如表 5.1 所示。适合连锁企业促销的手段，本篇章中列举了赠品促销、包装促销、折价优惠、竞赛与抽奖、有奖积分、POP 促销、以旧换新、联合促销等 20 个。连锁企业实施促销活动，应根据企业性质、企业背景、促销目标等，选择不同的促销方式，或其组合。这里需要强调一个执行力的问题，无论实施何种促销，执行是关键。

表 5.1　2011 中国连锁百强榜单

序号	企 业 名 称	销售规模（万元）	门店总数（个）	业 态 类 型
1	百联集团有限公司	11820757	5604	百货、超市
2	苏宁电器股份有限公司 ①	11000000	1724	家电
3	国美电器有限公司 ②	11000000	1737	家电
4	华润万家有限公司	8270000	3977	超市
	其中：苏果超市有限公司	3300800	2001	超市
5	康成投资（中国）有限公司（大润发）	6156700	185	超市
6	重庆商社（集团）有限公司	4780262	325	百货、超市
	其中：重庆百货大楼股份有限公司	2995631	263	百货
7	家乐福（中国）管理咨询服务有限公司	4519581	203	超市
8	百胜餐饮集团中国事业部 ③	4340000	4450	餐饮
9	沃尔玛（中国）投资有限公司	4300000	271	超市
10	物美控股集团有限公司	4107499	2609	超市、百货
11	大商股份有限公司 ④	3560000	170	百货、超市
12	山东银座商城股份有限公司	3067037	93	百货、超市
13	农工商超市（集团）有限公司	3024551	3374	超市
14	江苏五星电器有限公司（百思买）	2748330	279	家电
15	海航商业控股有限公司	2340000	468	百货、超市
16	宏图三胞高科技术有限公司	2321435	251	电子
17	中百控股集团股份有限公司	2305342	838	百货
	其中：武汉中百连锁仓储超市有限公司	1468969	203	超市

续表

序号	企业名称	销售规模（万元）	门店总数（个）	业态类型
18	石家庄北国人百集团有限责任公司	2187276	133	百货、超市
19	武汉武商集团股份有限公司	2064129	92	百货、超市
	其中：武汉武商量贩连锁有限公司	1070940	85	超市
20	永辉超市股份有限公司	2038000	204	超市
21	北京王府井百货（集团）股份有限公司	2009393	25	百货
22	长春欧亚集团股份有限公司	1990319	50	百货、超市
23	文峰大世界连锁发展股份有限公司	1945371	990	百货、超市
24	利群集团股份有限公司	1905687	838	百货、超市
25	天虹商场股份有限公司	1895938	51	百货
26	特易购（ TESCO ）	1800000	121	超市
27	烟台市振华百货集团股份有限公司 ⑤	1788360	106	百货
28	新一佳超市有限公司	1753400	116	超市
29	金鹰国际商贸集团（中国）有限公司	1642767	26	百货、超市
30	百盛商业集团有限公司	1642617	52	百货
31	山东家家悦集团有限公司	1624500	573	超市
32	新世界百货中国有限公司	1550000	39	百货
33	乐天玛特	1541077	75	超市
34	安徽省徽商集团有限公司 ⑥	1509734	2998	百货、超市
35	合肥百货大楼集团股份有限公司 ⑦	1480000	186	百货
36	北京首商集团股份有限公司 ⑧	1402992	18	百货、超市
37	人人乐连锁商业集团股份有限公司	1384204	126	超市
38	锦江麦德龙现购自运有限公司	1380000	54	百货
39	银泰百货（集团）有限公司	1367318	29	百货
40	好又多管理咨询服务（上海）有限公司	1300000	99	超市
41	欧尚（中国）投资有限公司	1269626	45	超市
42	山东新星集团有限公司	1239079	652	百货、超市
43	北京京客隆商业集团股份有限公司	1221200	251	超市
44	山东潍坊百货集团股份有限公司	1213215	417	百货
45	北京菜市口百货股份有限公司	1166196	12	百货
46	武汉中商集团股份有限公司	1150060	46	百货、超市
47	辽宁兴隆大家庭商业集团	1126076	30	超市
48	福建新华都购物广场股份有限公司	1099757	112	百货、超市
49	郑州丹尼斯百货有限公司	1080000	27	百货
50	茂业国际控股有限公司	1042986	38	百货

续表

序号	企 业 名 称	销售规模（万元）	门店总数（个）	业 态 类 型
51	华地国际控股集团有限公司 江苏	1017578	34	百货
52	卜蜂莲花	1001900	52	超市
53	广州屈臣氏个人用品商店有限公司	1000000	1100	超市
54	广州市广百股份有限公司	930900	29	百货
55	步步高商业连锁股份有限公司	843919	186	超市
56	北京迪信通商贸有限公司	813912	1320	电子
57	麦当劳（中国）有限公司	810000	1400	餐饮
58	伊藤洋华堂	748588	13	超市、百货
59	永旺	666170	30	百货、超市
60	成都红旗连锁股份有限公司	662388	1129	超市
61	湖南友谊阿波罗控股股份有限公司	623351	11	百货
62	宜家家居	571513	9	家居
63	三江购物俱乐部股份有限公司	567143	151	超市
64	济南华联商厦集团股份有限公司	550493	24	百货
	其中：济南华联超市有限公司	311029	19	超市
65	南京中央商场股份有限公司	550000	8	百货
66	北京翠微大厦股份有限公司	540000	5	百货
67	四川省互惠商业有限责任公司	520000	1270	超市
68	广州友谊集团股份有限公司	500000	6	百货
69	阜阳华联集团股份有限公司	482158	603	百货
70	中国春天百货集团	481000	17	百货
71	卓展集团控股有限公司	480000	3	百货
72	邯郸市阳光百货集团总公司	461000	121	百货
73	山东威海百货大楼集团股份有限公司	456000	36	百货
74	北京市顺义国泰商业大厦	450891	14	百货
75	长沙通程控股股份有限公司	434952	69	家电、百货
76	百佳超市（中国内地）	429853	46	超市
77	青岛维客集团股份有限公司	421713	13	百货
78	山东全福元商业集团有限责任公司	409200	125	百货
79	上海如家酒店管理有限公司	396000	1426	餐饮
80	东方家园家居建材商业有限公司	396000	27	家居
81	北京超市发连锁股份有限公司	389824	119	超市
82	山西美特好连锁超市股份有限公司	387772	58	超市
83	浙江人本超市有限公司	377076	1028	超市
84	湖南佳惠百货有限责任公司（集团）	370920	231	百货

续表

序号	企业名称	销售规模（万元）	门店总数（个）	业态类型
85	广东大参林连锁药店有限公司	367000	1100	药店
86	老百姓大药房连锁有限公司	366000	590	药店
87	深圳市海王星辰医药有限公司	362000	2883	药店
88	加贝物流股份有限公司	348000	314	超市
89	山西省太原唐久超市有限公司	307360	1106	超市
90	中国全聚德（集团）股份有限公司	301743	87	餐饮
91	广西南城百货股份有限公司	300353	27	百货
92	浙江华联商厦有限公司	296500	73	百货
93	中山市壹加壹商业连锁有限公司	289652	44	超市
94	雄风集团有限公司	286528	129	家电、百货
95	重庆和平药房连锁有限责任公司	285000	2520	药店
96	内蒙古民族商场有限责任公司	280783	4	百货
97	汇银家电（控股）有限公司	280000	164	家电
98	青岛利客来商贸集团股份有限公司	270080	401	百货、超市
99	南宁百货大楼股份有限公司	265907	9	百货
100	心连心集团有限公司	252093	54	百货、超市
	合 计	165073982	55407	

（资料来源：http://www.phb168.com/list438/271886.htm）

任务五　样品赠送

任务导入

一家生产袋装熟食的厂家为了推广其新出的熟食产品，在好又多超市开展免费试吃促销活动。工作人员将促销台放在了超市入口处的显要位置，促销台设计得很精致，颜色也很醒目，很远就能引起人们的注意。一名促销小姐把该熟食切成很多小块，放在一个小盘子中，为方便顾客食用，在盘子边上摆着几根牙签。当时是周末，超市门口人来人往，该公司的促销小姐也始终热情地招呼顾客来试吃，围过来看一看的人不少，但除了几个孩子凑热闹试吃外，其他试吃者寥寥无几。显然，这是一次失败的试吃活动。

新产品上市给消费者赠送样品试吃、试用是大众化的消费品经常使用的一种促销技巧，把样品赠送出去倒不是一件很难的事，如何使这些有限的赠品发挥最大的效用却不是一件很容易的事。样品赠送有三高特性，即高试用率、高品牌转换率和高成本开支，三高特性使样品赠送这一促销技巧独具魅力，但又不宜轻易尝试，需谨慎决策。

相关知识

5.1 认识样品赠送

样品赠送是将商品直接送达消费者的一种最便捷的促销方式。

连锁企业在运用其他促销方式时，消费者一般要支付一定的价款，完成某些动作，或符合某些条件，才可拿到商品或获得赠品，如折价券必须在连锁店购物时才能享受一定的优惠。而样品赠送方式，消费者无须付出任何代价，因此样品赠送是诱导消费者试用的妙方，尤其当新产品进入市场时，经常运用样品赠送方式会收到良好的效果。

5.1.1 样品赠送的优点

（1）最容易获得消费者参与。由于样品赠送是无条件的参与，不需要消费者支付费用，或采取某种行动，消费者可以无条件地得到商品，因此，样品赠送方式最能吸引消费者的参与，引起消费者的兴趣。如 20 世纪 90 年代，吉列剃须刀通过赠送的方式，在全国范围内送出了上百万份样品，取得了理想的效果，吉列剃须刀在短期内席卷全国市场。

（2）最充分地向顾客展示商品特性。样品赠送，让消费者亲自试用产品，可以调动消费者多种感官，是保证消费者充分感受商品、认知商品的最有效途径。如在零售店的化妆品柜台，几乎每种化妆品都有试用装，当顾客选择的时候，服务人员会请顾客试用一下，从而选择适合自己的一款，这是连锁店促销的有效手段，也是搞好顾客关系的一项有利措施。

（3）运用弹性大，对象可选择性高。样品赠送促销，可根据需要，规划符合某特定对象的促销，也可扩大到全面分送。顶新国际集团武汉顶益食品有限公司生产的“超级福满多”香辣牛肉面，是一种经过改进后重新上市的产品。由于消费者对这种新上市的产品不了解，加之吃惯了康师傅、统一、面霸等老牌子方便面，谁都不愿花钱做第一个“吃螃蟹”的人，因此“超级福满多”方便面刚上市时，销售状况不佳。为使消费者了解这种改进后的新产品，顶益公司于 1998 年 12 月中下旬在武汉地区的多所高校学生中开展了一次较大规模的“超级福满多”方便面样品派送活动，取得了预期的效果。

（4）提供快速的商品信息，并在连锁店产生购买的立即反应。免费样品直接将商品送到消费者手中，以刺激他们立即采取购买行动，不像广告那样需要反复诉求，才能产生行动。因此，样品赠送深受连锁店欢迎。

（5）使品牌忠诚者转换品牌的唯一方式。当消费者的品牌忠诚度较高时，运用免费样品是刺激他们转换新品牌的唯一妙方。

5.1.2 样品赠送的缺点

（1）费用昂贵。样品赠送，由于是无偿向顾客提供产品样品，因此尽管产品的试用率很高，但企业的各项成本费用也是很高的，包括样品成本、分送处理费、相关的广告辅助物等费用，必须取得厂商的密切配合。

（2）样品的送达效果较难控制。样品在向消费者送达的过程中，常常受制于许多外界因素，从而影响样品及时、可靠地送达消费者手中。例如，采用邮寄方式发送样品时，完全受制于邮递公司，邮递时间过长或对邮寄的商品品种的限制，会影响样品的发送。采用零售点发送或挨门挨户发送，也存在样品被发送人私吞的弊端。

（3）范围有限。样品赠送方式促销，仅适用于大众化的消费品，对于服装、家具等差异性较大的商品以及耐用消费品，因为很难把握顾客群，或者成本费用太高，就不适用于样品赠送。

5.2 样品赠送方式

目前市场上经常采用的样品赠送方式可分为 7 种，直接邮寄、逐户分送、定点分发及展示、联合分送、媒体分送、凭折价券兑换样品和包装分送样品。

5.2.1 直接邮寄

直接邮寄，即将样品通过邮寄服务公司邮寄，送到消费者手中。这种方式除了邮寄费用昂贵以外，还会受到其他的限制，主要是邮寄的对象不容易确认，其效果也不易评估。还有，产品可否邮寄或者运输，也是重要的制约因素。这种方式比较适用于已经有相对稳定的顾客群，并有一定知名度的公司在新品上市时，将新产品寄送给潜在顾客。美国通用制粉公司新推出一种谷类食品——脆麦片加葡萄干，以直接邮寄方式分送免费样品，一个 1.5 盎司装的样品内附 77 美分优待券，分别依名录寄给消费者，消费者试吃后极易在连锁店内认购，效果甚佳。

这种方法局限性也很大，常面临邮资上涨，寄达时效无法掌握，以及邮寄条件的限制等困难，样品是否完整、准确、及时地送至消费者手中，完全取决于邮递公司，连锁企业及厂商很难控制。而且，不论分送的方式或样品的价值如何，在运送过程中丢失的现象仍时有发生，很难防范。

除了上述问题外，运用直接邮寄可称得上是样品发送的最佳方式，其效果之卓越胜过优待券 3～4 倍。在以户为对象的赠送中，可以达到 70%～80%的尝试购买率。尽管如此，此种以重量为计价的邮寄方式，其耗费的成本还是昂贵了些。

5.2.2 逐户分送

逐户分送，即将样品以专人方式送到消费者家中的促销方式。一般是将样品放在门外、客户信箱内，或交给应答的消费者。尽管逐户分送样品的费用高昂，却可将样品准确无误地送到潜在消费者手中，即使多费一点费用也是值得的。

逐户分送的样品赠送方式，在西方国家曾兴盛一时、备受喜爱，但现在已逐渐退位。这主要是由于随着都市区域的逐渐扩大，住宅区过于分散，要想充分掌握目标对象，势必增加样品分送工资及运费，再加上职业妇女日渐增多，信息接触频繁，已逐渐将对逐户分送样品的热情转移至其他较新鲜的促销技巧上，因而盛况不再。对中国而言，都市住户还比较集中，对这种促销方式来说，前程似锦，目前已被一些食品、日用品公司所采用。图 5.1 是玉兰油多效呵护沐浴液的试用品，清爽配方，冲洗更容易，让你的肌肤与世界之间，只有柔滑，没有负担。

（资料来源：http://www.0759.tv/Html/ppzq/155741371）

对这一方式运用得最出色的范例当属汤玛英式小饼，按地址逐户挂在门把上。运用此种分送方式，汤玛士公司既可直接递送讲究保鲜的食品，又能快速有效地掌握样品已确实送至消费者家中，的确令人赞叹。该公司为强化促销效果，更在样品袋内附赠了 15 美分的折价券，让消费者于下次购买时享受折价优待，吸引力当然更上一层。

图 5.1 玉兰油多效呵护沐浴液（试用品）

直接登堂入室，深入消费者，是逐户分送的最大优点，其他分送方式无法比拟，只是花费偏高，是所有发送方式中花费最高的一种。这种方式明显的一个局限性是，它只适用于按照地理区域来确定目标顾客的方法，因为只有在某个特定的小区挨家挨户分发样品时，这样的支出才是有效的，而且仅对具有一定密集度的社区或者个体家庭适用，在农村地区的分送成本就太高了。

相关信息 5.1

入户派发手册

1. 活动目的：直接实现消费者对新产品的初次尝试

2. 活动适用范围和前提

（1）新产品有“创新性”，容易被消费者接受，如产品有新用途、特殊目标消费群、全新的品牌等，上市铺货时就应考虑进行样品派发。

（2）要有足够的促销费用支持。

3. 操作要点

（1）制订详细派发计划，典型的派发计划内容如下。

- 目标（为什么要进行派样活动）。
- 产品（确定直接用产品还是专门制作“派样包”）。
- 方式（确定是“入户派发”还是“街头拦截式”派发）。
- 对象（派送消费者特征，如“高教育、高收入的成年男性”）。
- 时间（派发活动持续的时间）。
- 制作派发计划管控表（派发场次、数量、时间的计划）。
- 预算。

（2）典型的“派发管控”，如下表所示。

派发计划管控表

时间 数量 家属区	5/1	5/2	5/3	5/4	5/5	5/6	5/7	5/8	5/9	……	小计
向阳小区	100	100	100								300
建丰小区			200								200
友谊小区	50										50
福乐小区		100									100
金华小区			50								50
合计	150	200	350								700

（3）在派发计划获准执行后具体的工作流程如下。

- 招聘促销员。
- 培训促销员（务必统一服装、统一派发语言）。
- 实地确认派样地点与时间（与居委会、学校、物业最终确认，公关）。
- 对派送小区进行提前铺货、陈列示范布置并张贴派发告知海报。
- 联络配合单位（确认时间、地点，提前准备）。
- 商品到位。
- 促销员到位。
- 分发样品。
- 协同派样（陪同促销员一道，观察其派样过程）。
- 流动稽查（以随机抽查的方式检查已经派过样品的住户，确认促销员派样的真实性、规范性）。
- 与派发同步进行强力铺货，确保该小区售点新品的铺货率100%。
- 清点物品。
- 活动总结。
- 感谢配合单位。
- 结束。

4. 控制要点

（1）“入户”不一定只是到居民区，根据上市产品的不同，它还可以是学校、宿舍楼、写字间甚至餐厅、酒吧、网吧等各种场所。最重要的就是，在样品派发之前先锁定目标消费者群，有针对性的使用促销资源。比如对儿童食品的派发就应该选择小学内或门口，而诸如洗衣粉等日用品的派发则选择居民区比较适合。

（2）在入户派发中“确认派发地点”最为重要。样品派发的对象必须符合目标消费者群的特征，否则将失去意义。如不同社区的人口结构会有不同，甚至同一社区中每栋楼的居民平均收入、职业背景都有明显差异。

通常可以通过以下几种方法判断社区或某一栋居民楼是否符合派样标准：

- 隶属单位判断法。家属区一般都是所在单位职工的集中居住区，可通过对这些"单位"的判断确定是否符合派样标准。例如，金融系统、电信系统、电力系统的家属区就比厂矿单位、学校的家属区要富裕得多，高档商品的派样在那里就比较适合。
- 询问法。一些商品房的社区也是由一些公司或机构集体购买的，所以可以向物业公司或其他知情者询问每一栋楼住户的基本情况。
- 垃圾观察法。在没有任何背景资料的情况下了解住户收入状况的常用方法，是垃圾观察法，即观察其生活用品的"档次"如何，高收入者较为集中的社区，其垃圾中高档商品的外包装就比较多。

（3）必须征得管理部门的许可，提前"拜码头"，这一点要万无一失。公关礼品要在活动开始之前就给物业公司或居委会，否则在样品派发进行中会被没收、罚款。

（4）派样前要在社区选择位置醒目的零售店，协商做成陈列示范店，提示居民某新品上市了，在派发前2～3天要在社区贴海报告知派发信息，要保证样品派发结束的同时，该小区附近零售店的新品铺货率达到100%（派发有效期为24小时，消费者品尝或试用派发的样品觉得不错，下楼在零售店里买不到，很快就会忘掉）。

（5）严格的现场监督是样品派发活动成功的关键。样品派发活动不像"特卖会"等可用销售数字考核促销人员，促销人员究竟派发了没有以及派给谁了其实很难确认。因此，督导人员必须加强巡视。协同派发和流动稽查非常重要，并且警告促销人员"一旦发现将扣发所有劳务费"，使促销人员始终保持紧张和压力。

（6）入户派发最好从一栋楼的最高一层开始，向底层派发。这样会使促销人员的"感觉"比较轻松一些，避免爬到三楼就半途而废。

（7）在做派发规划时，千万注意，没有一定规模就不可能产生效果。理论上应该覆盖符合派发消费群标准的所有社区，如每个城市进行50～100个社区，每个社区5～10栋楼，总数1万到10万份是一个可以参考的指标。

（8）当新产品单价较高，就必须考虑制作专门用于派发的"试用装"，以降低成本。

（资料来源：http://hi.baidu.com/free369）

5.2.3 定点分发及展示

定点分发，即选择在零售店、购物中心、重要街头、转运站或其他人流汇集的公共场所，将样品直接交到消费者手中的促销方式。

在连锁店分发样品，是厂商制作商品的小包装并且提供给连锁店，连锁店再把样品分发给顾客，这是一种以非常低的成本获得试用者的有效方法。另外，厂商和连锁店也可以把这种小包装的样品销售给顾客，从销售这些样品中得到利润。事实上，连锁店可能特别喜欢这种分发样品的方法，因为这种方法让他们从本来会被免费赠送的样品中得到利润。在连锁店内分发样品近年来变得越来越重要，因为顾客的大部分购买决策是在店内做出的。不过，有一些超市或连锁店不允许或者限制样品的数量，理由是分发样品可能造成混乱并且在购物的高峰期阻碍店内交通。

另外一种有效的分发方式，是在连锁店、超市、交通站点等地，由演示者把样品放到顾客手中，并且可以吸引顾客高度加入。例如，在连锁店内，化妆品销售人员可以将化妆品涂抹在顾客的皮肤上，让顾客充分感觉化妆品的效果。

定点分发样品的方式，一般在食品或营养保健品、化妆品公司推出新产品、新品牌时运用。“太阳牌”锅巴在20世纪90年代初产品上市时就是采用赠送品尝的办法，为其日后通行全国市场立下了汗马功劳。

此法若再搭配送折价券或其他购买奖励，则效果更加明显。

5.2.4 联合分送

联合分送由专业的营销服务公司来规划，将数家公司的不同样品集中在一起，以有效的方式送到各个选中的目标消费者手中。例如，对新娘群、中学生群、新妈妈群或其他特定的消费群等，根据其特殊的需要将具有相关性却是非竞争性的商品集成一个样品袋送给他们，特别能博得受赠对象的喜爱。典型的例子是庄臣公司与金百利公司联手将庄臣公司的雅姬洗发精、金百利公司的靠得住卫生棉垫以及庄臣公司的Edge刮胡膏折价券置于一个样品袋中，寄送给目标消费者，其费用由两家公司的三个品牌均摊。

此法构思巧妙，样品袋组合精致，送得贴切自然，所以特别受到受赠者的喜爱。另外，此法是针对特定对象分送组合样品，其最大的优点在于既迅速又直接地接触目标顾客。最后，各品牌分摊费用，使成本无形中降低许多。

5.2.5 媒体分送

一些消费品可经由大众媒体如报纸、杂志，将免费样品送给消费者。如果样品体积小且薄，就可附在或放入媒体内分送给特定的顾客群。北京卡迪亚精品店开业之际，将其印刷精美的宣传单和折价券随北京晚报送入千家万户，使首都的消费者及时得知其开业的信息和经营商品的目录，取得了良好效果。

此法最大的好处在于它能送到消费者家庭和机构内部，准确传播商品信息。但是，此种方法制作成本较高，因此并不经济实用，尤其是分送样品的媒体在我国主要是集体订阅，对家庭引起的尝试购买率较低，所以并不是一种较理想的样品分送方式。

5.2.6 凭折价券兑换样品

消费者凭邮寄或媒体分送的折价券可到连锁店兑换免费样品。佳格公司推出的Mima奶煎饼上市活动是一个范例，其运用的方式为：消费者只要剪下报纸上的折价券，凭券至任何销售佳格商品之连锁店即可兑换3.25磅的Mima奶煎饼样品包。

此法虽然花费高，却是足以引诱消费者立即行动的良策，尤其对体积大（如纸巾）或者易腐产品（如酸奶）以及那些特别难用其他方式分送的商品特别有效。其中必须提出的是，在运用凭券兑换样品的活动之前，务必全面铺货，以免造成换不到样品或兑换不方便的困扰。

5.2.7 包装分送样品

用包装分送样品，即选择非竞争性商品包装来附送免费样品。Alka药品公司想将一种感冒药做免费样品促销，但限于经费仅够支付样品费，而无力应付分送费，因此寻求专业的促销服务公司协助，在它们的协助下，选择了Bike刮胡刀配合推动，将Alka公司的感冒药样品装入 Bike 刮胡刀包装内，分送总数多达 500 万份。随着 Bike 刮胡刀在市场上的销售，Alka 感冒药样品得以顺利进入家庭，面对消费者，Bike 及 Alka 相得益彰，各享其利。

运用此法，赠送的样品通常被认为是包装商品的赠品，该商品的消费对象的购买及尝试意愿往往不能充分体现，所以此法的运用效果往往偏低，但费用也较低。

总之，免费样品对促销经理而言，的确是投资极高的一种促销活动，却又是一个卓越的促销技巧，既能鼓舞销售人员的士气，使其全力投入新产品销售中，又能激励消费者尝试购买的意愿，更可增加企业销售业绩，成果显而易见。

促销实践5.1

TOWER 曲奇，送出好开局

TOWER 曲奇在上海的市场，确切地说是送出来的。那是在 10 多年前了，TOWER 曲奇在刚刚进入上海市场时并不顺利。作为一个新产品，经销商并不接受；作为外地的企业，要打开上海市场更不容易，因为无论是经销商还是消费者都不大接受外地品牌，除非你是洋品牌。即使有经销商接受了，开出的经销条件也太高，而且这些经销商实力相对较弱，不是 TOWER 真正想合作的伙伴。

为了打开上海市场，实在没有办法的 TOWER 动用了近万人次，总共送出价值 60 万元的产品。TOWER 曲奇的上市策略极其简单，就是赠送，在没有任何其他广告支持的情况下，在短短的不到一个月的时间，就形成了 TOWER 曲奇上海市场热卖景象，当年就实现销售额 3 000 余万元。

在当时，TOWER 曲奇的赠送力度不可谓不大，取得的业绩对于一个小小的饼干产品也不可谓不辉煌。现简述如下：

（1）有重点地选择了一批超市、连锁店作为赠送点；

（2）对选择的零售点实行产品代销，卖完了再回款；

（3）为了降低成本，选择了在校学生作为赠送人员；

（4）印制了极为简单的产品宣传册，产品宣传册上除了介绍产品，还有售点说明；

（5）赠送人员在铺货的零售点见人就送。

很多消费者打开送到手里的 TOWER 曲奇一咬，很快就被 TOWER 曲奇的“香、脆、甜”所折服，不少消费者就在就近的超市和连锁店购买，甚至成箱购买。

终端迅速启动，并形成热卖，原本还拿腔拿调的经销商反过头来追着要产品。TOWER 曲奇通过赠送，顺利实现产品上市，至少有以下玄机，值得我们借鉴：

（1）强大的产品力。“香、脆、甜”是 TOWER 曲奇的三大特色，这是区别于市场上其他饼干的独特之处，在口感上绝对与其他产品相区别。当时的消费者对饼干的第一需求是好吃，TOWER 曲奇满足了消费者对饼干的核心需求。同时，甜味和奶香更符合上海消费者的口味，这些因素构成了 TOWER 曲奇在当时市场环境下的强大产品力。

（2）产品同质化程度不高。不可否认，在当时的市场环境之下，产品同质化程度较低，相对竞争不是很激烈，产品一旦具备特色，很容易在众多品牌中凸显出来。

（3）必要的促销准备。选择人流量较大的黄金商圈的零售点作为赠送点，并且形成赠送点的网络化，有选择地覆盖上海市场，如此准备是为了既有重点又有选择地打动消费者，让消费者尽量在区域上分布合理。

（4）渠道的“围魏救赵”策略。TOWER曲奇最终的目的还是要让经销商经营该产品，在经销商门槛过高的情况下，先沉到经销商下层——售终端，形成零售终端要货的局面，让企业在经销商面前由被动变主动，最终利用了经销商网络，实现快速上市。

（5）在赠送过程中，TOWER曲奇并不是一送了之，而是有了铺货准备，并通过产品宣传册对消费者详细介绍产品特色，并把消费者引到零售点，形成真正购买。同时，赠送的目的显然不是单纯地打动消费者，而是形成消费者对终端的拉动，最终打动经销商，从而达到快速开拓市场的目的。

（资料来源：http://www.mie168.com/manage/2003-07/）

5.3　实施样品赠送

连锁企业做好样品赠送促销，关键是要取得厂商的密切配合，在厂商的密切配合下，全面运筹样品促销计划。

5.3.1　费用控制

为了有效核算样品赠送促销活动的成本支出，依实际执行时可能发生的费用项目，列举如下。

（1）样品费。

（2）邮寄直送的名单查寻费。

（3）邮资或分送费。

（4）活动处理费，如通过专业邮递公司或直销公司必需的处理费。

（5）广告费及其他促销辅助物的费用，含样品包装上的宣传广告物。

（6）样品的包装费，包括纸盒、纸箱、袋子或分送所需的其他包装材料费。

（7）优待券折价面值及零售点和促销公司的优待券兑换处理费。

（8）样品置于包装内或附于包装上的处置费。

5.3.2　商品的选择

某些商品运用单纯的样品赠送促销时，常创佳绩。一般而言，以新产品或改良后的产品最具代表性、表现最佳，而一些产品在外观特性上与竞争性产品有显著差异时，进行样品赠送也有意想不到的效果，通常以经常性购买的商品和大众化消费品较适用于免费样品，其成效颇值称道。

至于一些周转慢、非经常购买的商品，则不适用于免费样品促销。同样，对于个性化要求强烈的商品，或选择性变化大的商品如因色彩、香味或口味的差异而影响消费者选择的指甲油、口红等，也不适用于样品赠送促销。

其他运用此法效果不佳的商品，其特征表现为缺乏明显的利益，或与竞争对手相比差异不大、难以脱颖而出的商品。

对处于成熟期的商品或成熟品牌的商品，运用免费样品促销毫无益处可言，除非企业考虑在新的消费区域或偏远地区推广。

促销实践5.2

一次失败的派送

西南某功能型饮品企业，在成都上市初期，搞了一次免费的产品派送。企业的赠品准备充足，每户四瓶饮品，打算送10万户，赠品的成本接近60万元。结果送了不到一半，问题就出来了。由于该饮品的味道比较特殊，很多消费者喝不惯，导致不少产品被原封不动地扔进了垃圾桶，关于产品的口碑也变得极差，产品上市不成功，最后不得不退出了市场。

作为一种功能型饮品，该产品的口感不佳是先天的不足，而该产品具有很好的保健功能，其最核心的卖点根本不在口味，而在保健上。可是，在企业没有做任何产品宣传的情况下，就让消费者品尝，无疑自暴短处，又没有发挥长处。没有考虑产品本身的适应性是该饮料失败的根本原因。

（资料来源：http://www.globrand.com/2006/05/15/）

5.3.3 运用时机

新产品上市或旺季来临前举办免费样品促销，是最理想的时机，既可扩大试用率，又可提高来日的销售率。

但在旺季来临前进行免费样品促销时，务必遵循的重要法则就是，确定市场已建立足够的零售网后才可执行，通常这意味必须达到50%的铺货率，因为当消费者试用样品后，却在市面上买不到货，无形中折损了厂商的信誉，想靠样品促销的本意反而成了伤害，真是得不偿失！一家地方性日化企业，新研制了一种去屑洗发水，想打开当地市场，组织了对当地重点社区的上门派送。经消费者试用，效果还真不错，于是到周围超市去买，结果几乎把洗发水专区找了个遍，也没有发现该产品的踪影。一问营业员，才知道，超市根本就没有进这个货。赠送没有很好地和渠道准备结合起来，结果送完了以后，没有形成产品后续的销售，一个环节的脱节，最终导致整体效果不佳。

派送时机的选择，如果是入户派送，应选择双休日的傍晚或上午，以免户主外出或打扰休息；如果是户外派发，需回避上班高峰的行人，以免引起反感；如果采用凭广告到指定地点领取免费样品，自然选择受众的工休日。

5.3.4 规格大小

免费赠送的样品规格，并无大小的硬性规定，通常只要让消费者够用就可以了。所以，其样品的规格大小常视商品的利益特色而定。例如，口味不错，送一次用量就够了，如果必须多次连续使用才能体验商品利益，则分量必须多些。

一般来说，分量越多的样品比小分量的试用品更能讨好消费者。当决定采用较小规格的样品时，最好以原商品的造型缩成迷你型让消费者试用。如此，当消费者前往连锁店选购时，自然易于辨认，而不至于误买。

5.3.5 样品使用

奥美广告的小查理·菲德瑞克曾在一次演讲中提到，赠送免费样品和赠送折价券对消费者从试用者转成使用者的比较研究发现，关于品牌转换率方面，样品赠送的影响力总低于送折价券，从百分比来看，因赠送免费样品导致的转换率为 20%～30%，因赠送折价券可达 30%～40%。赠送样品和折价券二者之间的试用和使用关系变化，以 100 个样本为例。

表 5.2 赠送免费样品与赠送折价券之比较

	赠送免费样品	赠送折价券
总样本数	100	100
试用数	80	20
品牌转换率	25%	35%

如表 5.2 所示，在获得试用的兴趣上，运用免费样品显然比折价券效果好，但是因试用而转为品牌使用者，则与折价券差太多。以此观之，免费样品促销对品牌转换的影响的确偏低。

5.3.6 媒体运用

当企业通过媒体广告宣传免费样品的信息时，请务必在广告文案中力求显眼、清楚地告知消费大众。例如，“这里有个免费样品，正要送给您”，不论文字或图片，务求精简突出，因为商家的主要目的，是让消费者来索取样品，而不是在创意、得广告金奖。

5.3.7 样品赠送与其他形式促销

一般而言，样品赠送必须在树立品牌的过程中，以及通过广告向消费者介绍商品的过程中同时使用。当消费者收到样品或者看到了如何获得样品的详细信息时，他们已经在观念上意识到了这个产品，才有可能对之感兴趣。

企业也可以通过广告告知获得样品的方式。这些样品在分发过程中，获得了广泛的受众基础。例如，某口香糖制造商甚至在广告促销的几年以后，通过样品赠送强化消费者对于口香糖的正面感觉，增加产品的忠诚度。

最大化样品促销效果的最有效的做法是在样品中放入折价券。对于那些喜欢这一商品并且使用折价券的消费者而言，这可能会提供额外的推动力以促成第一次购买。但是，这只适用于经常购买的商品，而不适用于可能在将来只被购买一次或者偶尔被购买的商品。

促销实践5.3

维克斯感冒药膏的样品促销

维克斯药膏最初是一种尚未被人们接受的新产品，销路很差。后来通过赠送样品的方式才打开了销路。维克斯采取效率较高的赠送样品的方式，再加上赠送折价券，终于使维克斯创造出销售奇迹。

1880 年美国流行感冒，北卡罗来纳州塞马镇药剂师兰斯福·理查逊经常可以听到人们向他抱怨感冒、鼻塞的苦恼。于是他发明了一种感冒药膏，这种药膏涂到病人身上后，病人本身体温就会将药膏溶化，药效渗入体内，就会减轻病人痛苦，使病人呼吸顺畅。后来理查逊投资设立了维克斯药品公司。1907 年，经过一系列的调查研究，他决定放弃 20 多种药品的生产，专门销售真正受欢迎的维克斯喉头炎和肺炎治疗药膏这一种产品，并把它改名为“维克斯药膏”。

但当时的药店，对只生产一种药品的新公司并不感兴趣，尤其是这种新型药品尚未得到消费者肯定。他们最欢迎那些大公司的业务员，因为他们每次都会带来几十种大家所熟悉的药品。被药店和经销商拒之门外后，维克斯药品公司就决定采取一种更有力的促销方法来展现他们产品的药效，并以更直接的方法刺激消费者的购买欲。赠送免费试用品以及满意的消费者口语宣传让维克斯在南方起死回生。任何药店只要订购 12 打的维克斯药膏，就可获赠 24 瓶免费药膏，让店老板来赠送给特定的顾客。

后来，维克斯进军北方，就在报上刊登有维克斯折价券的广告，免费赠送试用品给消费大众。广告登出九天后，业务员上门拜访各药房。免费送给他们 12 打装的一箱维克斯药膏，但规定他们必须把其中的 72 罐样品免费送给熟悉的顾客，理查逊则补贴药店老板 1 瓶 25 美分。业务员和药店签下销售合约后，维克斯公司在报上刊登了第二波广告，列出经销维克斯药膏的药店名称和地址。一方面增加维克斯药膏的销售量，另一方面也可让这些药店多卖点其他产品。

美国邮政总局从 1917 年起，开始允许未注明某一地址或特定收件人地址的信件可以投寄，理查逊鉴于以往赠送样品十分成功，于是决定以邮寄方式，寄送样品给全国的消费大众。他派了 8 辆装满维克斯药膏的货车驶向西部各州，大约七周之内，美国西部 3 100 万人口中的大部分，都收到了注明收件人是“贵住户”的维克斯邮件，里面装的是免费样品。这些消费者在试用满意后，纷纷向当地药房指名购买维克斯药膏。到第一次世界大战结束时，几乎每个美国家庭都收到了维克斯寄来的试用品，每家药店也都知道有维克斯这种药膏。维克斯的销路也因此从 1912 年的 75 000 美元，上升到 1917 年的 613 000 美元。

1918 年、1919 年，流行性感冒侵袭美国，使得维克斯药膏的销售量再度增长两倍多。理查逊在赠送样品方面采取的一些创新做法——在报纸上刊登附有兑换券的试用品促销广告、然后又直接邮寄试用品，刺激了消费者对感冒药膏的需求，也因而使得只生产 1 种产品，靠马车沿街叫卖的一家小型药品公司，发展成为资产 10 亿美元的理查逊－维克斯药品公司。

（资料来源：http://free.newgxu.cn/gg02/jdga/untitled3.htm）

任务小结

样品赠送是将商品直接送达消费者的一种最便捷的促销方式，是新产品入市经常采用的促销方式。样品赠送方式可分为 7 种：直接邮寄、逐户分送、定点分发及展示、联合分送、媒体分送、凭折价券兑换样品和包装分送样品。

连锁企业做好样品赠送促销，关键是要取得厂商的密切配合，在厂商的密切配合下，全面运筹样品促销计划，注意费用控制、样品选择、时机控制、规格设计、样品使用、媒体运用等方面。

任务六 包装促销

任务导入

随着超级市场等新型零售方式的不断涌现，消费领域的自我服务越来越多，售货员的咨询作用也越来越被商品外表形象化的语言所取代，使得包装的促销功能更加突出。现代包装集保护、美化、广告宣传的功能于一身，被誉为“无声的推销员”。

世界上最大的化学公司——杜邦公司的营销人员经过周密的市场调查后，发明了著名的杜邦定律：即 63%的消费者是根据商品的包装和装潢进行购买决策的，到超级市场购物的家庭主妇，由于精美包装和装潢的吸引，所购物品通常超过她们出门时打算购买数量的45%。可以看出，包装是商品的脸面和衣着，它作为商品的“第一印象”进入消费者的眼帘，撞击着消费者购买与否的心理天平。

相关知识

6.1 认识包装促销

包装促销包含产品、赠品或可利用的包装，是在消费者购物时随货附赠。包装促销与其他促销方式不同的是，让消费者在购物时当即获得赠品。企业举办包装促销的主要目的是希望借特殊的包装在卖场陈列上做突出的展示，特别是商品差异性不大时，包装促销更具有突出的效果。

随产品附送赠品的各种促销技术有包装内、包装上、包装外和可利用包装、特惠包装等，它们都有效地适应了人们的某种消费心理，从而达到了促销的目的。首先，包装促销可以应对竞争品牌的折价促销或折价券促销，同样给消费者以利益。其次，如果所附赠品具有显著的价值，或者消费者愿意支付比没有赠品更高的金额来购买此商品，那么包装促销将产生意想不到的效果。另外，当各品牌竞争不相上下时，连锁店更支持包装促销，会另辟地点展示销售。

无论是包装内、包装上、包装外或可利用包装、特惠包装等促销，在激励消费者尝试购买方面特别有效，尤其当消费者因赠品而买了本产品，经试用后深感满意而建立起消费信心时，他们自然会继续使用而成为企业的忠实顾客。因此，尽管赠品耗费企业资金，但如果能增加新的使用者，却是相当值得的。

肥皂制造商巴比特在 1865 年最早采取包装赠品促销的方法。当时大多数肥皂制造商所卖的都是光秃秃的一块肥皂，但巴比特则用彩色纸把肥皂包起来，增加它们的吸引力。由于消费者经常误会巴比特另外加收包装纸的钱，因此巴比特在包装纸上印上“兑换券”字样，每集十张“兑换券”可获赠一张漂亮的石版画。这样，使得巴比特的肥皂大为畅销。

相关信息 6.1

包装促销力系数

包装促销力系数=注意力系数+产品特性明确度系数+人性化系数+尝试购买率系数+记忆力系数

说明：

（1）注意力系数是指可能注意到受检验包装的受调研目标消费者，在调研中注意到受检验包装的人数在受调研总人数中所占的比例。其他系数以此类推。

（2）产品特性明确度系数中的“特性明确”是指受调研目标消费者在注意到受检验包装的刹那间，对产品性质及大致特点的明确度。

（3）人性化系数是指包装传达给消费者的安全、方便、适用等信息。

（4）由各子系数之和组成的促销力系数越大，包装的促销力就越强。

好产品自己能说话，抓住消费者。因为包装及装饰是有销售力的。这从杜邦定律就可以看出——63%的购物者，除去其他因素的影响外，会在终端根据商品的包装及装饰做出购买决策。

（资料来源：http://www.globrand.com/2004/09/14/）

6.2 促销包装的种类

6.2.1 包装内赠送

包装内赠品，就是将赠品放在产品包装内附送。此类赠品通常体积较小、价位较低，但如今也可能提升至大规格、高价值的商品，如把毛巾、餐具、酒具等附在电冰箱的包装内赠送。

包装内附赠品促销方式常被健康、美容类产品和儿童食品所运用。而运用包装内促销最成功的例子，当属立即可食的麦片类食品和甜爆玉米花儿童糖果等产品。佳格公司生产的老船长脆麦片就是其中之一，它曾做过一次赠品与产品搭配得非常完美的包装内赠送。老船长脆麦片附送的赠品均是与海有关的潜水海豚玩具，而且儿童食品送儿童玩具也符合消费对象需要，自然对产品印象的加深帮助极大，如图 6.1 所示。

（资料来源：赵彬编著《促销手册》，2002 年 4 月）

图 6.1 老船长脆麦片包装

6.2.2 包装上赠送

包装上赠送是将赠品附在产品上或产品包装上，而非置于包装内部。例如，用橡皮筋或胶带将赠品与商品绑在一起，或用透明成型包装。一般包装上赠品种类繁多，也有的将折价券印在包装盒上或纸箱上，以便于消费者剪下运用。有时包装上附赠品与商品彼此相关联，如买刮胡刀送刀片，买咖啡送咖啡杯，买红酒送开瓶器，买牙膏送牙刷，极易吸引消费者的购买兴趣。

美味牌沙拉调味酱，举办随罐送沙拉搅拌器已持续多年，且经久不衰。这种搅拌器，不仅提高了产品的用量，而且在沙拉制作过程中，确实让消费深感简便好用。更有好四季沙拉调味酱除了送赠品之外，还附20美分的折价券，更是如虎添翼，越发强化了促销的威力，这种相乘效果，可以说是促销小创意，大显销售力。

包装内/包装上赠送的优点如下。

（1）当同类产品正处于激烈竞争之时，可在连锁店塑造产品差异化。

（2）媒体广告的宣传，加上连锁店的强化，两相搭配，可以达到相乘的广告效果。因为当消费者在店内看到商品时，很容易联想到看过的广告。

（3）凭借赠品的附送达到市场细分的目的。例如，诉求对象因小孩或成人的不同，则在选择赠品时，也必须因目标对象而异。

（4）选择与产品相关的赠品，最能增加产品的使用频度。例如，面粉赠食谱，提供顾客用面粉调制食品的方法，以增加其用量。同样地，买汤类食品送汤碗等，均会增加使用率。

（5）促销活动之前即可预知赠品数量，易控制成本。因为营销人员能确知多少赠品包装必须制造与运送，则促销预算是增是减，自然控制自如了。

（6）附送赠品比折价促销能增加更多的新试用者。因为如果谨慎地选择理想的赠品，其价值优势必优于减价的利益，当然更能吸引消费者的尝试购买。

包装内/包装上赠送的缺点如下。

（1）举办赠送活动，总期望赠品受欢迎，万一不是呢？所以促销之前，先做一下赠品测试，以确保万无一失。因为如果赠品不理想，不论价格高低，已经没有任何意义了。当然，测试要花钱，可是不测试，万一推出效果不佳，反而浪费更多。所以说，花费多少测试费，才能确保促销成功率，正是主要问题所在。

（2）附送糟糕的赠品，对销售极具杀伤力。当赠品的吸引力不够、品质欠佳时，反而使本欲购买该商品的消费者打了退堂鼓，影响销售是必然的。所以说，一个差劲的赠品，甚至妨碍了经常性使用者的购买行为。

（3）举办包装上附赠品时，受制于赠品的体积及外形，可能会造成陈列上的困扰。

（4）当所附赠品太好而包装欠周密时，极易造成赠品被盗或被店内的工作人员占为己有现象的发生。

（5）举办包装促销，因附送赠品的包装与正常商品不同，对厂商和连锁店而言，均造成库存管理的问题，常增加连锁店的库存。

（6）过度滥用包装内/包装上赠送活动，会减损商品本身的形象。因为若经常举办附赠品促销活动，会误导消费者，该产品只会送东西，而忽略了产品本身的特性及优点。

6.2.3 包装外赠送

在包装外赠送，赠品常在购物的连锁店内送给顾客。因为此类赠品通常体积较大无法与产品包装在一起，但可摆在产品附近，方便消费者购物时一并带走，图 6.2 就是在某连锁店内陈列的赠品（资料来源：http://news.sina.com.cn/c/2006-09-23/）。包装外赠送与一般赠品比较，其最大的特色就是消费者不必等邮寄处理，立刻可以带回家。例如，美国利佛兄弟公司（Lever Brothers）与玛沃漫画公司（Marvel Comic Group）共同发展了一个特殊的“包装外赠送”活动，凡买 Aim 牙膏即可获赠蜘蛛人连环漫画书（Spiderman Comic Book），全书以漫画描绘牙齿保健的故事，利佛公司更在漫画书封底举办“生日大抽奖”活动，这两相搭配出色的促销创意，使利佛公司大获全胜。

图 6.2　卖场赠品

包装外赠送的优点如下。

（1）可增加赠品在连锁店展示的机会。进行赠品促销的连锁店常常将赠品放在产品旁，与商品一同陈列销售。

（2）较大较实用的赠品皆可赠送，因为没有体积大小的限制，只要深具吸引力即可。

（3）赠品相当富于弹性。因为所附赠品不必与产品包装在一起，所以赠品的选择上有更多的运用空间。

（4）赠品可增加产品的使用率。

包装外赠送的缺点如下。

（1）包装外赠送，由于赠品与商品分开，连锁店需增辟额外的陈列地点，除货架空间局限外，还增加管理上诸多的不便与麻烦。而且，在结账处更是一大问题，因为店员必须头脑清楚、记性好，除提醒顾客买某商品有附赠品外，更不能误把赠品也一并收费。

（2）连锁店若不乐意推动此包装外赠送活动时，赠品不一定能做到随货附赠。或者，连锁店不在店里积极推销给顾客了解赠品，甚至把赠品放在仓库，而等促销活动期限过后再充做正常商品单独销售。因此，如果没有连锁店的配合，赠品促销很难成功。

（3）商品与赠品分开陈列，很容易被偷或被误送。通常赠品被偷，不是顾客干的，就是店内工作人员干的。至于误送，则是在结账时失察，或是疏于管理所致。

（4）当所附赠品与连锁店库存较多、利润较高的商品直接冲突时，连锁店往往不愿接受此赠送活动。例如，在五金店内卖除草机，随货送草推车，如果该店也卖草推车的话，当然不愿摆出来当赠品，因为这是可获利的。

6.2.4 可利用包装赠送

可利用包装是另一种附送赠品的形式，其最大的特点是产品通常被装在此容器内，当产品使用完时，此容器可用作他用。这类赠品在药品、保健品和饮料类产品中用得相当普遍，最常用的一种是不易摔碎的“胶玻璃”容器，罐内物品用完时，该储物罐仍可继续使用。一个出色的例子，是把利比番茄汁装在一个漂亮大壶罐内，消费者除了尽情享受番茄汁外，还有额外的果汁壶可得，他们当然更乐意购买。图 6.3 是一个酒瓶，买一瓶酒可以得到如此精妙的工艺品，能不让人心动吗？（资料来源：http://www.cg160.com/gyinfo/）

图 6.3　酒包装

Tang 即溶早点饮品送特制玻璃罐以刺激销售，其赠送方式为买 27 盎司装的 Tang 即溶早点饮品一罐，在特定期间内可免费获赠玻璃储物罐一个。通用食品公司为扩大宣传，还特地印了宣传单，通过图片来示范玻璃罐的多种用途，以吸引消费者的兴趣。此外，还同时提供 25 美分的折价券优待，这种双重优惠方式无疑是盯牢销售，逐日递增的绝妙利器。

可利用包装赠送的优点如下。

（1）可利用包装做赠品替代了原来的包装，从而节省了原有包装的包装费，促使厂商有较充裕的费用以增加赠品的价值感。

（2）假设此赠品包装十分抢眼，又相当好用，则产品还可以加价出售，如此自然降低了促销活动的成本。例如，用很精美的玻璃罐来装咖啡，则平时一罐卖 30 元的咖啡，因送此赠品而可卖到 35 元一罐，这多出的 5 元，可用为支付赠品的部分费用。

（3）一个精心挑选的可再用容器，能增加产品的使用量。例如，“玛琪琳”人造奶油可选用一组精致的塑料碗来包装，消费者为能收集成套，必然会继续购买商品或增加使用量以换得此赠品。

（4）如所附送之包装魅力十足，则可促使连锁店特别陈列展售。如再配合其他的促销策略，效果更会令人刮目相看。

可利用包装赠送的缺点如下。

（1）假如此赠品包装的大小与原来包装不同，则装运包装的大小也会不同，因此不易陈列于货架上或存放于仓库里。

（2）平凡无奇、毫不实用的可再用容器对销售伤害之大，莫此为甚。因为消费者常视此赠品为商品的一部分，如果他们不喜欢，当然也就不会想买此产品了。

（3）如果店内也卖同样的赠品包装，连锁店很可能会留下而不愿意送给消费者。“为什么可以卖钱的东西要拿来免费赠送？”这往往是连锁店精打细算的生意经。

（4）存货管理的困扰，对厂商、连锁店来说一样不可避免。此外，可再用容器常需特殊规格的纸箱装运，自然增加了印刷成本及储运的困难。

6.2.5　特惠包装（酬谢包装）

特惠包装是比标准包装更大而维持标准包装原价格的一种包装形式。此种方法在食品、保健品、美容产品、洗发品等类别中使用非常广泛。例如，某品牌的维生素 E 产品，在其 60 粒瓶装中增加 15 粒，但价格却保持不变，这额外的 15 粒维生素 E 就是酬谢部分或特惠部分，对消费者而言就是一种酬谢品。特惠包装和减价优惠一样，主要是吸引现有消费者，用以鼓励那些已接受该品牌的顾客继续或增加购买，而以此作为其购买的回报。特惠包装也可在面临竞争品牌的促销活动或广告活动时，用于稳定现有顾客。一般而言，特惠包装几乎无助于诱使顾客试用新产品，或建立产品的品牌形象。

特惠包装（酬谢包装）的优点如下。

（1）在连锁店货架陈列上，可使消费者立即产生非常明显的购买冲动。

（2）比起只用特殊设计标签的包装，它较不易被竞争者模仿。

特惠包装（酬谢包装）的缺点如下。

（1）由于特惠包装常需要特别的包装设计，需要在厂商与连锁店中进行额外的处理，因而其花费可能相当大。

（2）一般而言，只有目前的使用者才能得到好处。

（3）一些小超市及连锁店希望对促销期间所损失的利润能有所补偿，甚至有些连锁店根本不接受这种促销。

促销实践6.1

宝洁的Cheer促销

22岁的S从一所大学拿到MBA后，来到宝洁公司（P&G）的Cheer品牌营销部，Cheer牌洗涤剂是专门为波轮式洗衣机设计的一种白色并有蓝色和绿色微粒的洗涤产品。

在S选择新促销方案的时候，一个蓝绿色交织有红斑纹长腿的小玩艺儿吸引了S的注意：那是一种橡胶玩具，给很小的小孩的，它们无毒，又足够大，让小孩子无法吃下去，安全经济。S把它抓在手里："我带这个回去给大伙儿看看。"

3个小孩的母亲L第二天兴奋地跑来说她的孩子们爱不释手，促销部随后的测试表明：玩具很受欢迎。S给它命名为Cheery怪物，并仔细考虑各种促销选择。根据采购部门的估计，这个玩具的成本大约每个6美分，这包括制造成本和运输费用。S的设想是每个大包装的Cheer放3个Cheery怪物来促销。那么，1盒就要增加18美分的成本。S分析了所有能想到的促销方式如下。

（1）邮寄促销：让顾客把洗涤剂包装盒上的标签寄回公司换取礼品。这样的方式对生产毫无影响，但无疑会减少礼品的吸引力。预计增加销量20万盒，成本每3个礼品的包装邮寄处理费用是75美分。

（2）放在包装内：礼品放在包装内，那么包装外面必须有醒目提示。包装过程不受影响，但是包装盒制造要修改，且顾客不能直接看到可爱的小怪物。预计增加销量50万盒，改变包装的额外花费不会高于1.30美元。

（3）捆在产品包装的外面：用真空包装膜将礼品和Cheer洗涤剂捆在一起，这要看工厂有没有专门的设备了。但是爱占便宜的客户会将礼品扯下偷走，而不买产品。不过放在外面的直观性要强多了。预计增加销量至少75万盒，将礼品捆绑在产品外处理成本是1.75美元，由包装体积增大后增加成本是45美分。

（4）随产品派送：在零售点即时派送。预计增加销量60万盒，增加的成本是每300个Cheery怪物运费是25美元，全国有超过8 000家零售商。

（5）互联网上促销：S没能想出很好的策略利用互联网来促销，但是他觉得这也许是条很好的路子。

在向上司 Tom 做出详尽汇报之前，S 需要对比各自的优缺点：

邮寄促销的优点是对生产无影响，费用成本低（0.75 美元）；缺点是减少了礼品吸引力，而且耗时、烦琐。预计增加销量是 20 万盒。

放在包装内的优点是包装过程不受影响，额外费用较低（1.3 美元），但是无法直接看到可爱的小怪物，包装盒需重新设计吸引的提示。预计增加销量是 50 万盒。

捆在包装外的优点是直观性强，预计增加销量最多；缺点是需专门设备，额外费用达 1.75 美元 + 0.45 美元，而且因为顾客因素礼品容易丢失。预计增加销量是 75 万盒。

随产品派送的优点是操作简单、销售增加较多、成本低（0.25 美元/包装）；缺点是要安排额外人员，容易产生礼品贪污，而且运送网点多。预计增加销量是 60 万盒。

互联网上促销的优点是手段新、潜力大，但没有可参考的现成模式。

前 3 种促销方法虽然有些差别，但没有本质上的突破。要想在激烈的市场竞争中胜出竞争对手，Cheer 品牌不妨可以采用传统的促销手段和互联网相结合的混合模式来运作本次促销。

（资料来源：《世界经理人文摘》2002 年第 12 期）

6.3 实施包装促销

包装促销与样品促销一样，需要厂商与连锁店的密切配合，可以是厂商主导策划，也可以是连锁企业主导策划。

6.3.1 赠品价值

厂商对赠品投资额的衡量标准，常从产品售价及利润来考虑。目前，包装对赠品及可利用包装之容器赠品，费用越来越高，而厂商虽企图降低包装内/包装上赠品的成本，但成功率偏低，因为这些赠品均需经过特殊处理和包装。此外，更需注意儿童的健康安全问题，最好其包装能防止小孩误食或受伤等意外事故。因此，厂商在挑选赠品及包装处理上更为小心翼翼，当然也限制了可运用的范围。

除了上述问题外，特别提出赠品成本计量的原则：

（1）包装内的赠品：每个单价约在几分钱至 1 元钱之间，如儿童食品之类价格低、周转率高的商品，适用低价位的赠品。而高价位的商品，则可送较高价值的赠品，如电磁炉的包装内附赠一平底锅。

（2）包装上的赠品：价位约在几角钱至几元钱之间，也许还可再高一些，但通常以零售价高低为衡量标准。

（3）包装外的赠品：赠品价格的弹性相当大，通常视厂商的促销预算多寡而变化。一般而言，赠品单价低于 2 元的话，其促销成功率显著偏低。

（4）可利用包装的赠品：完全以产品的价格而定，由几角到数十元皆有，这与促销预算有关。当然，如果消费者能接受较高的产品售价，则赠品的价位就可更高些。

6.3.2 赠品选择

在促销活动之前进行赠品测试，是赠品选择的重要决定因素，但仍有一些基本原则，适用于选择各类赠品时参考，列举如下。

（1）易于了解。不需说明即一目了然，它是什么，值多少钱，必须让顾客一看便知。因为在连锁店，是没有多余的时间来推荐赠品的。

（2）具有购买吸引力。经挑选的赠品，必须能立即吸引顾客，激起顾客的购买欲，才是好赠品。

（3）尽可能挑选有品牌的赠品。一个没有品牌的赠品，当然比知名度高的赠品逊色很多，既难以估算其价值，更不易吸引消费者。

（4）品质要高，而且经久耐用。一个低廉、差劲的赠品，反而伤害到产品本身的形象。

（5）尽可能选择与产品本身有关联的赠品。虽然 80%以上的包装内、包装上、包装外的赠品，都与产品本身难以搭配，但假如能够相关，效果更佳。如买咖啡送咖啡杯、买牙膏送牙刷等。

（6）紧密结合促销主题。赠品的选择应与促销活动的赠送目的紧紧连接，否则南辕北辙、互不相干，当然效果差了。

（7）赠品要力求突出。一个普通、毫不起眼、价位低廉的赠品，街上到处有售，怎么能吸引消费者的兴趣。此外，不要挑选连锁店已在销售的商品当赠品。如果所选择的赠品相当平凡，如杯子、碗、化妆包等，最好在赠品上印上贵公司品牌、商标或标志图案，以凸显赠品的独特性。这样，则可化平庸为神奇，创造无限的魅力。

6.3.3 法规及限制

我国食品药物管理局对于食品内包装赠品之类别、形式、规格、尺寸，均有严格规定，以确保消费者避免误食尤其对小孩的安全性更加重视。此外，对下列项目均有限制条款，如赠品包装方式、印刷油墨的类别等均详细列载。如果企业想做包装内赠送促销，最好先根据企业的产品类别找出有关包装内赠品的限制条款，务必清楚明了各细节，再推出促销活动。

至于包装上赠送，法律规定得较为宽松，只要赠品与产品能包装妥善，以有效防止在运送途中或在连锁店内被分开即可。常用的赠品包装方式有用塑料带捆绑、透明成型装、收缩膜包装、套头式包装、橡皮带扎系等。同时为求宣传效果，当然尽可能将折价券或其他促销资料印在包装或纸箱上，以吸引消费者的注意。

相关信息 6.2

我国与包装有关的法律法规

在商品流通过程中，只有选用了合适的包装材料，科学的包装容器结构，应用了合理的包装技术，执行了相关的法规和技术标准，才能保证商品流通和贸易的正常进行。市场经济是法制经济，市场经济需要包装立法，立法是国外经济发达国家促进包装业发展的成功经验。

1.《中华人民共和国食品卫生法》

自 1995 年 10 月 30 日起施行。 直接入口的食品应当有小包装或使用无毒、清洁的包装材料。食品容器、包装材料和食品用工具、设备必须符合卫生标准和卫生管理办法的规定，且必须采用符合卫生要求的原料生产。定型包装食品和食品添加剂，必须有产品说明书或者商品标志，根据不同产品分别按规定标出品名、产地、厂名、生产日期、批号、规格、主要成分、保存期限、食用方法等。进口的食品、食品容器、包装材料和食品用工具及设备，须符合国家卫生标准和卫生管理办法的规定。食品包装标识必须清楚，容易辨识。在国内市场销售的食品，必须有中文标识。

2.《中华人民共和国药品管理法》

自2001年12月1日起施行。规定有效期的药品必须在包装上注明药品的品名、规格、生产企业、批准文号、产品批号、主要成分、适应症、用法、用量、禁用、不良反应和注意事项；直接接触药品的包装材料和容器，必须符合药用要求，符合保障人体健康、安全的标准，并由药品监督管理部门在审批药品时一并审批；发运中药材必须有包装，在每件包装上，必须注明品名、产地、日期、调出单位，并附有质量合格的标志；麻醉药品、精神药品、医疗用毒性药品、放射性药品、外用药品和非处方药的标签，必须印有规定的标志。

3.《中华人民共和国产品质量法》

自2000年9月1日起施行。对不符合保障人体健康和人身、财产安全的国家标准、行业标准的产品或者有其他严重质量问题的产品，以及直接用于生产、销售该项产品的原辅材料、包装物、生产工具，予以查封或者扣押。产品或者其包装上的标识必须真实。对易碎、易燃、易爆、有毒、有腐蚀性、有放射性等危险物品以及储运中不能倒置和其他有特殊要求的产品，其包装质量必须符合相应要求，依照国家有关规定做出警示标志或者中文警示说明，标明储运注意事项。

4.《中华人民共和国环境保护法》

自1989年12月26日起施行。食品在生产、加工、包装、运输、储存、销售过程中应防止污染，生产、储存、运输、销售、使用有毒化学物品和含有放射性物质的物品，必须遵守国家有关规定，防止污染环境。

5.《中华人民共和国固体废物污染环境防治法》

自2005年4月1日起施行。生产、销售、进口依法被列入强制回收目录的产品和包装物的企业，必须按照国家有关规定对该产品和包装物进行回收。收集、储存、运输、处置危险废物的场所、设施、设备和容器、包装物及其他物品转作他用时，必须经过消除污染的处理，方可使用。

6.《中华人民共和国进出口商品检验法》

自1989年8月1日起施行。为出口危险货物生产包装容器的企业，必须申请商检机构进行包装容器的性能鉴定，生产出口危险货物的企业，必须申请商检机构进行包装容器的使用鉴定。对装运出口易腐烂变质食品的船舱和集装箱，承运人或者装箱单位必须在装货前申请检验。

7.《中华人民共和国进出口商品检验法实施条例》

于1992年10月23日颁布。商检机构对进出口商品实施检验的内容包括：商品的质量、规格、数量、重量、包装以及是否符合安全、卫生要求。

8.《中华人民共和国清洁生产促进法》

自2003年1月1日起施行。产品和包装物的设计，应当考虑其在生命周期中对人类健康和环境的影响，优先选择无毒、无害、易于降解或者便于回收利用的方案。生产、销售被列入强制回收目录的产品和包装物的企业，必须在产品报废和包装物使用后对该产品和包装物进行回收。

9.《中华人民共和国反不正当竞争法》

经营者不得采用不正当手段从事市场交易，损害竞争对手：擅自使用知名商品特有的名称、包装、装潢，或者使用与知名商品近似的名称、包装、装潢，造成和他人的知名商品相混淆，使购买者误认为是该知名商品。

10.《定量包装商品生产企业计量保证能力评价规定》

2001年4月6日发布。生产定量包装商品必须有包含产品净含量要求的产品标准。净含量要求必须符合《定量包装商品计量监督规定》中的要求。企业必须在商品包装上明确标注定量包装商品的净含量。用于包装定量包装商品的材料应满足定量包装商品计量准确性的要求，并应能防止商品在包装（分装）和运输过程中的渗漏和破损。

11.《食品包装用原纸卫生管理办法》

自1990年11月26日起实施。食品包装用原纸不得采用社会回收废纸作为原料，禁止添加荧光增白剂等有害助剂。食品包装用石蜡应采用食品用石蜡，不得使用工业用石蜡。用于食品包装用原纸的印刷油墨、颜料应符合食品卫生要求，油墨颜料不得印刷在接触食品面。生产食品包装用原纸的企业，须经食品卫生监督机构认可。食品包装用原纸必须有符合卫生要求的外包装，并标明食品用纸的标志及产地、厂名、生产日期等。

12.《进出口食品包装容器、包装材料实施检验监管工作管理规定》

自2006年8月1日起实施。进口食品包装的安全、卫生检验检疫等工作将由收货人报检时申报的目的地检验检疫机构检验和监管，合格后方可用于包装、盛放食品。出口食品包装的生产原料（包括助剂等）及产品的企业，须符合相应的安全卫生技术法规强制性要求，不得使用不符合安全卫生要求或有毒有害材料生产与食品直接接触的包装产品。生产出口食品包装的企业应向出入境检验检疫机构申请备案。

13.《药品包装用材料、容器管理办法》

自2000年10月1日起实施。药品包装用材料产品分为Ⅰ、Ⅱ、Ⅲ类。药品包装用材须经药品监督管理部门注册并获得《药包材注册证书》后方可生产。首次进口的药包材（国外企业、中外合资境外企业生产），须取得国家药品监督管理局核发的《进口药包材注册证书》，并经国家药品监督管理局授权的药包材检测机构检验合格后，方可在中华人民共和国境内销售、使用。

14.《药品包装、标签和说明书管理规定》

自2001年1月1日起执行。内包装标签必须标注药品名称、规格及生产批号。中包装标签应注明药品名称、主要成分、性状、适应症或者功能主治、用法用量、不良反应、禁忌症、规格、储藏、生产日期、生产批号、有效期、批准文号、生产企业等内容。大包装标签应注明药品名称、规格、储藏、生产日期、生产批号、有效期、批准文号等。标签上有效期具体表述形式应为：有效期至×年×月。

药品的说明书应列有以下内容：药品名称、分子式、分子量、结构式、性状、药理毒理、适应症、用法用量、不良反应、禁忌症、注意事项、药物过量、有效期、储藏、批准文号、生产企业等内容。

15.《直接接触药品的包装材料和容器管理办法》

生产、进口和使用药包材，必须符合药包材国家标准。国家食品药品监督管理局制定注册药包材产品目录，并对目录中的产品实行注册管理。药包材注册申请包括生产申请、进口申请和补充申请，并填写《药包材注册申请表》。申请药包材注册必须进行药包材注册检验。

16.《包装资源回收利用暂行管理办法》

自1999年1月1日起实施。规定了包装废弃物回收利用的管理原则、回收渠道、回收办法、分级原则、储存和运输、回收复用品种、复用办法、复用的技术要求、试验方法、检验规则、包装废弃物的处理与奖惩原则等。

17.《商品条码管理办法》

自2005年10月1日起施行，任何单位和个人不得在商品包装上使用其他条码冒充商品条码；不得伪造商品条码。商品生产者、销售者、服务提供者积极采用国际通用的商品代码及条码标识体系，使用商品条码。

18.《国家烟草专卖局关于规范境内销售卷烟包装标识的规定》

自2006年1月1日起执行。卷烟箱包装体上应有与卷烟条、盒包装体上相同技术要求的中文标注。卷烟包装体上应当标注产品名称。产品名称以及包装体上的其他产品标识所用文字应当为规范中文。

（资料来源：http://inpack.cn/new11/）

6.3.4 费用控制

此类促销术的费用估算，在有形成本上较易核计，但无形成本则不易估算，现分述如下。

（1）赠品本身的花费。

（2）印刷费、包装说明书处理费、包装的素材及处理费，或其他包装赠品方式的花费等，而包装外赠送，则须加上赠品运送费。可利用包装赠送，则须加上储物容器的特别包装费。

（3）其他管理费用，包括工厂、运输、仓储等方面均可能产生。

（4）如果附赠品是折价券或点券时，则增加了赠品兑换的管理费用。

（5）库存管理、提早进货、存货增加等导致成本的提高，尤其包装外、可利用包装这两种赠送方式，其赠品仓储费用更高。

（6）卖场的广告物品费用，如海报、广告牌、优待券或店内其他促销搭配宣传品等的花费。

（7）促销活动的媒体广告费。

另外还有一些特殊的费用，如独特赠品必须取得商标使用权或法律许可权等的费用，尤其是具有“专利”的商品，禁止仿冒，通过供应商采购时，更应特别注意赠品的合法性。

6.3.5 促销的时效性

不论包装内、包装上、包装外、可利用包装或特惠包装的促销活动，常需要相当长一段时间的酝酿、筹备，方能进入市场与消费者见面。因为从赠品的选择、纸箱及包装的设计印刷、赠品的放置，再将商品运送至连锁店，陈列展售于货架上，这一连串的过程，旷日费时，所以这种促销常无法在短期内创造销售奇迹，抑制竞争品牌，因此不应做竞争激烈时的"法宝"。据估算，规划一个颇有看头的包装类促销，平均须耗时长达 18～24 周，对于可利用包装赠送，其准备期也要在 4 个月以上，可见包装促销确实并非一蹴而就的事。

任务小结

包装促销包含产品、赠品或可利用的包装，是在消费者购物时随货附赠。包装促销与其他促销方式不同的是，让消费者在购物时当即获得赠品。企业举办包装促销的主要目的是希望借特殊的包装在卖场陈列上做突出的展示，特别是商品差异性不大时，包装促销更具有突出的效果。

随产品附送赠品的各种促销技术有包装内、包装上、包装外和可利用包装、特惠包装等，它们都有效地适应了人们的某种消费心理，从而达到了促销的目的。首先，包装促销可以应对竞争品牌的折价促销或折价券促销，同样给消费者以利益。其次，如果所附赠品具有显著的价值，或者消费者愿意支付比没有赠品更高的金额来购买此商品，那么包装促销将产生意想不到的效果。另外，当各品牌竞争不相上下时，连锁店更支持包装促销，会另辟地点展示销售。

包装促销与样品促销一样，需要厂商与连锁店的密切配合，策划的重点在于：赠品价值、赠品选择、费用控制、法律限制、时间限制等。

任务七　竞赛与抽奖

任务导入

据英国《星期日镜报》8 月 21 日报道，25 年来，英国诺丁汉郡一对兄妹竟然一直连续不断中奖，尽管每次中奖奖品并非令人震惊的高额奖金，而是一些度假旅游门票、音乐会贵宾门票、免费餐饮机会，甚至避孕套，但是，总价值为 5 万英镑的奖品和奖金使得这对兄妹成为了英国有史以来最幸运的兄妹。

现今 45 岁的铲车司机凯文·歇尔登和 41 岁妹妹——校验员温蒂·歇尔登一直沉迷于各种竞赛活动和抽奖活动中而不可自拔。25 年来，这对"竞赛迷"疯狂地参加各种竞赛活动和抽奖活动，并且积累大量经验，从而为他们的好运打下了坚实的基础。凯文说："25 年前，我们在一次抽奖活动中，赢得了一只可爱的小兔子。之后，我们便沉迷于这种比赛和活动。每次参加比赛，我们几乎都会赢得一些或大或小的奖品或者奖金。我们曾经获得至美国迈阿密旅游 3 周的机会，并且获得至西班牙一著名俱乐部狂欢的机会，我们还被允许乘坐著名的东方快车。每年，我们都会获得观看曼联足球赛的门票和观看全国越野障碍赛马的门票。另外，我们还获得一辆作为奖品的山地车、一个署有著名板球运动员名字的球棒、一个足球和一根桌球球杆。更加令人无法置信的是，我们还获得全年免费饮用苹果烈酒和啤酒的奖券，获得全年食用 2 种特殊零食的奖券。在一次竞赛活动中，我们获得一个价值 500 英镑的手表，一次参加野餐活动的机会和一些免费美容券。我们还意外地获得一些贵宾卡，持有这些贵宾卡后，我们便可以至各种高档的餐馆，享用打折美食。另外，我们还享用了 3 次免费外卖比萨。同时，我们还获得了一台电子编织机。”

温蒂说：“这种竞赛活动使得你增长知识，并且让你不断积累经验。没有什么能够比得上它了。但是，并非我的聪明使得我赢得如此多竞赛。让我成为永远得胜者的，是我的运气。”

相关知识

7.1　认识竞赛与抽奖

竞赛与抽奖是指利用消费者的好胜、竞争、侥幸和追求刺激等心理，通过举办竞赛、抽奖等促销活动，将奖品发给优胜者，吸引消费者的参与兴趣，从而推动和增加销售。

通常，当某种商品或品牌未能达到既定销售或利润目标时，运用“竞赛与抽奖”促销术似乎最具成效。虽然导致销售不振的因素可能很多，但解决之道却极为单纯，那就是品牌的营销运作极需一针强心剂以刺激销售。而竞赛与抽奖正能适时提供额外的激励，以再度提升销售业绩和利润。

经验显示，某些促销活动能在市场上创造卓越的刺激效果，譬如一个规划完善、执行周密的竞赛或抽奖活动，其效力不仅能建立消费者的兴趣，而且能促成销售目标。无论是厂商还是经销商，对竞赛与抽奖活动都有强烈的反应，他们渴望参与其中，体验令人兴奋的厂、商共享的促销成果。

竞赛与抽奖的优点如下。

（1）可以有效提升企业品牌。通过参加连锁企业组织的产品知识竞赛，可以使消费者对活动企业或其产品产生深刻认识。即使不参与竞赛活动，仍能有效地提高消费者对产品的认知和兴趣，增强产品的冲击力。竞赛活动影响的人数总是远远多于参加竞赛的人数。

（2）竞赛活动是与客户沟通的有效方式。参与者必须通过技巧、思维、判断力在竞赛中获胜才能得奖。在参与竞赛活动的过程中，品牌的形象在消费者心中得到巩固和加强。

（3）活动成本可以事先控制。与折价优惠等促销方式不同，竞赛与抽奖活动的成本可以事先控制，不随参与人数的多少而变化。

（4）竞赛与抽奖可联合数家厂商组成一个促销活动，尤其对相互关联的品类最具效果。

竞赛与抽奖的缺点如下。

（1）活动成本高，尤其是推广宣传费用。如果不投入足量的推广宣传费用，参加活动的人太少，竞赛和抽奖活动效果会大打折扣，无法达到预期的促销目的。

（2）奖品的选择，因为政策限制，每次最高奖品的价值不得超过 5 000 元。要在这个限制范围内，找到足以令消费者动心的奖品殊为不易。有些商家为增加对消费者的吸引力，选择一些超过限制的奖品，然后希望中奖者在领奖时能够交付超出 5 000 元的部分金额。这种打擦边球的做法不一定能够得到消费者的认同，最好避免。

（3）参与率一般都很低。与抽奖活动相比，由于竞赛活动需要凭借一定的智力与知识才能参与，不单只是凭借运气。因此，竞赛活动的参与率往往要比抽奖活动低。参加抽奖促销的人通常比参加竞赛促销的人多出 10 倍。

促销实践7.1

喝“百威”，打保龄，献爱心

上海市第一届“百威爱心杯”业余保龄球公开赛由百威啤酒公司与上海市体育运动委员会联合主办，上海中兴保龄球馆等协办，活动规定：只要收集 3 个“百威”啤酒的瓶盖或拉环，即可到比赛指定地点领取报名表和详尽的比赛规则 1 份。

由于“百威”啤酒很大一部分是由餐饮通路销售的，因此活动特别说明，在餐饮点消费满 3 罐（瓶）“百威”啤酒者，可直接向其促销小姐领取报名表格，无瓶盖或拉环者缴纳 30 元也可报名参赛。

除了优胜者可获得奖励外，所有参赛者均可凭本人身份证参加 1 次抽奖。本次活动设奖金总额为 15.4 万元，获奖人数 75 名。在奖金中有一部分将以“百威爱心大使”的名义捐助灾区希望小学。

（资料来源：陈军.糖烟酒周刊.2006.3）

7.2 竞赛与抽奖的类型

7.2.1 竞赛促销的主要类型

（1）知识型竞赛。知识型竞赛目的在于培养消费者对行业、企业、品牌以及产品的认知。例如，行业知识竞赛、产品知识竞赛、品牌知识竞赛和企业信息知识竞赛等。知识型竞赛的试题一般都有标准答案，在企业的相关资料中都很容易找到，且最容易解释，也最容易评判成绩。参与者一般只需认真阅读企业相关信息就可以完全做出正确的答案，企业在参与者回答的过程中得到宣传与普及。这种方式常常和抽奖配合运用，如回答正确的都有一件礼物，再在回答正确的参与者中抽出若干名特等奖、若干名一等奖等。

（2）思维型竞赛。参与者如果参与此类竞赛活动，需要充分调动思维的灵活性、创意性，运用自己的智力资本博得奖品或礼物。例如，征文比赛、广告语征集、消费感受征集、点子大赛、创意大比拼等。这种方式一般有两个目的，第一是向消费者借脑，在行业中或消费群中隐藏着大量对企业发展和产品销售大有帮助的高人，利用重金向他们借出的点子一般都对企业大有帮助。第二个目的是产生类似于事件营销的轰动效应，引起社会的广泛关注。

（3）技能型竞赛。这是针对一些专业人士所具备的技能而举办的竞赛活动。例如，调料品店举办调味品鉴定竞赛，洗衣机店举办洗衣比赛，酒吧举办喝啤酒大赛、猜谜或填字游戏等。

连锁企业应根据企业促销的目的和产品特征来设计竞赛方式。如果是以企业形象建设为目的，则可举办征集广告创意的竞赛活动。若以品牌宣传为目的，则适合采用简单的问答或竞猜的方式。

7.2.2 抽奖促销的主要类型

（1）免费抽奖。免费抽奖就是免费为消费者提供抽取大奖的机会，消费者无须购买任何产品，也不需要任何参与条件，获奖者完全是随机产生的。免费抽奖对于提高消费者对产品和品牌的认知度和参与度有着明显的作用。如果和其他促销方式有机结合，更能迅速为连锁店打开销路，实现品牌知名度、美誉度的快速提升。

免费抽奖的操作方法，可以采取个人信息法，即给抽奖者发放一张卡片，参与者只要在卡片上填上自己的个人姓名、地址、电话等信息，放在指定的抽奖箱内就可以了。到开奖时间，从箱子里任意抽出一定数量的中奖者。

还可以采取号码公开法，给参与者每人发放一张带有公开号码的卡片，在规定时间内开奖，随机开出的中奖号码公布后，由参与者自行查看自己的号码是否中奖。还可以把卡片做成会员卡，凡参与抽奖的人自动加入会员。也可以把卡片做成折价券，使两种促销方式结合使用，即使没有抽到大奖的消费者也可以凭折价券享受到购物优惠，最起码连锁店也要在卡片上做上醒目的广告。

再就是号码隐藏法，连锁店先公布中奖号码（或图案），然后给参与者发放带有涂盖层的卡片，参与者刮开涂盖层核对即知是否中奖；也可以直接在涂盖层下面写上奖品名称或大小。这种方式也被人们称之为刮刮卡。它属于免费抽奖的范畴，但连锁店可以规定消费者购买产品方能获得中奖机会。

（2）即时开奖。所谓即时开奖，指消费者拿到开奖凭证后，马上就可以知道自己是否中奖，如刮刮卡也属即时开奖的范畴。但这里的即时开奖主要是基于产品的即时开奖，它不同于免费抽奖，每个参与者都有机会抽奖，参与者只有购买到产品后才有获奖的机会，因为中奖内容设计在商品包装里，只有购买并开启包装才能知道是否中奖。例如，设计在饮料瓶盖或易拉罐里面的抽奖，消费者购买到产品后，打开瓶盖就可以知道是否中奖。

成本相对较低、消费量大、同质化严重的产品最适于做即时开奖促销活动，在活动中必须设一项以上大奖、20%以上小奖，大奖虽少但能使消费者受到中奖机会的吸引，从而影响他们的购买决策。较大比例的小奖使消费者不会因为未中大奖而对购买行为产生失望的心态。

7.2.3 游戏

除了以上竞赛和抽奖的具体形式外，竞赛和抽奖促销工具还包括以游戏形式出现的促销活动。

游戏促销一般分为两大类：一类是连续型的，即游戏内容需要参加多次方能完成，包括以下具体形式。

（1）拼字游戏。这种形式20世纪60年代在西方企业十分流行。一种做法是当顾客光顾连锁店时，可以得到一套英文字母，如果顾客手中的英文字母可以拼出cash（现金）这个有诱惑力的单词时，即可得到奖金。另一种做法是当顾客光顾连锁店时，可以得到一张游戏票，将票上的覆盖物剥去后，即可显示一个英文字母。如果顾客的游戏票足够多以至于可以用票上的字母拼写某一指定单词时，即可得到奖金。

（2）配图游戏。这种游戏的做法是当顾客光顾连锁店时，可以得到半张模拟支票，支票上的金额从1元到1 000元不等。该顾客光顾连锁店的次数越多，所得到的半张支票也越多，当这些半张支票可以配成一张完整的支票时，顾客就可以按照支票中的数字领取奖金。后来，这种做法得到进一步发展，许多连锁店根据自己的情况，设计了各式各样的图案。

（3）收集游戏。顾客每光顾一次连锁店，就能得到一个图像或一个标志，等到按要求收集齐了，就算完成了这个游戏，即可领取奖金或奖品。

以上三种连续型的游戏形式，其共同之处就是顾客要想获奖，必须多次光顾连锁店或购买商品，这对加大连锁店的客流量和商品的销售量很有好处，但出于需要较长时间的等待，甚至需要付出更多的购买，顾客往往容易失去耐心，从而对促销活动不感兴趣。

游戏促销的另一类是一次性的，即顾客只需参加一次就可完成游戏，最典型的表现形式是各种兑奖。例如，顾客到连锁店购物后可得到一张奖券，当时即可兑奖，形式如同抽奖中的“即开即兑”。

在设计竞赛形式时，一定要注意活动的趣味性和比赛难度的适宜性，切不可将竞赛搞成职业性比赛，使参加者因难度太大而望而却步。同时，还要注意竞赛规则的可行性和安全性，要本着对消费者负责的态度科学设计。在实践中，有的连锁店只顾追求活动的刺激，将获奖条件定得高不可攀，甚至不惜危害顾客的健康及安全，这是促销策划必须要引以为戒的。例如，某商场在“五·一”节期间举行上下午两场啤酒竞饮活动，规定谁能在6秒内饮完660毫升瓶装啤酒，即可获价值6 000港元的澳门旅游套票一张。但是，失败者达百分之百。且幸好没有出事，否则，未买保险者真的会魂游澳门去了。这一未为参赛者买保险，现场无救护医生的啤酒竞饮大赛，吸引了30多位男士和个别女士跃上擂台竞饮，结果无一人达标，一位成绩最好的小伙子，也只能在13秒内饮完。据现场测试，将一瓶660毫升啤酒倒空需要15秒时间。那么，尽管用嘴快吸，一口气饮尽，也无法节省一多半的时间，几乎要命的6秒注定任何参赛者必败。观众中不乏忧心者，一旦出了人命案，谁该负刑事责任？销售商？大赛主持人？商场？还是自告奋勇的竞饮者？

相关信息7.1

赫尔·德诺法则

营销专家赫尔·德诺曾表示，在制定竞赛或抽奖的活动规则时，有两个基本要素务必切记：第一，必须确定活动办法清楚易懂，让每一位均了解如何参加；第二，必须先确认所有的活动内容完全合法，以免日后产生困扰。下面是德诺（Turner）提出的宝贵法则，旨在规避一些无谓的困扰。

（1）参加资格（合格与不合格）：对竞赛或抽奖的举办者而言，通常会提出某种程度的参加者资格限制，只要有人符合此条件即可合格参加本活动。譬如，汽车厂商可限制参加者条件为拥有驾照的人；香烟厂商则可限定年满21岁才可参加。因此，符合参加资格条件的叙述，理应越详尽越好。部分举办者为了避免徇私的嫌疑，常严格限制店员及与连锁企业有业务关系的广告公司或促销公司的员工，均不得参与抽奖活动。

（2）购买要求：说明何类购物凭证或复印本，为参加者必备之条件，在参加表格中详述。例如，附寄甲商品包装盒底，或附上印有“甲商品”精体字之3×4英寸的纸片。

（3）参加次数：明示消费者可参加的次数。例如，每人仅限一次，或不限次数随兴参加。

（4）截止日期、抽奖日期、公布中奖日期等之信息：不论任何竞赛或抽奖活动，均应特别标明截止日期、收件地址。而对于以邮寄参加者，其截止日期应以邮戳为凭。至于抽奖日期或评选结果日，以及中奖名单公布日，也应详细注明。

（5）合法保障条款：在可能的纠纷中，为保障举办者和消费者的合法权益，在活动规则中通常会载明“与法律抵触之处应属无效”，假若抽奖或趣味竞赛之参加者“无须购物限制”时，则务必以粗体字标注于参加规则中。

（资料来源：http://www.myidc.net.cn/style/0001/newsone.asp?newsid）

7.3 实施竞赛与抽奖

一个真正成功的竞赛或抽奖，通常视活动主题或奖品组合的规划是否卓越而定。最好两者均能与产品相关联，或能在新闻版面上、广告上广为宣传，因为唯有深富创意的活动主题及充满魅力的奖品，方能吸引消费者的注意并刺激他们参加的兴趣。事实上，任何竞赛或抽奖活动的主要目的都在于促销商品，而不只是在吸引大量的参加者。因此，凡是枯燥无味、单调无趣、缺乏想象力、几近雷同的活动方式，往往只会造成无谓的浪费，而无法达到促销的目的。

7.3.1 奖品设置

对于消费者来说，竞赛与抽奖促销活动的吸引力通常远远大于赠品促销活动，其吸引力主要来自奖品。营销人员只有设置符合消费者心理的适当奖品，才能吸引消费者踊跃参加促销活动。奖品设置，必须考虑以下两个方面的因素。

（1）奖品的价值。奖品及奖品组合的诀窍是主宰竞赛或抽奖活动成败的关键。通常，奖品组合均采用金字塔形，即一个高价位的大奖，接着数个中价位的奖品，及数量庞大的低价位小奖或纪念品，而末等奖则往往采用样品、相关的商品或小礼品。

在设计奖品价值时，应该分层次、有吸引力，并保证足够的中奖概率。在符合促销预算的前提下，高价位奖品通常设置一到两个，必须对消费者有足够的吸引力；中价位奖品数量应稍多于高价位奖品，而且价位不能相差过于悬殊；低价位奖品数量应足够多，以调动顾客的积极性，使消费者更好地加入到活动中来。

（2）奖品的形式。在竞赛与抽奖促销活动中，兑付给消费者的奖品主要有两种形式：一是现金形式；二是实物形式。

现金奖品的好处是对每一个消费者都很实用，并且奖品的额度也让消费者一目了然，消费者很容易了解自己能从奖品中得到多少好处。但是，现金奖品一个突出的弱点就是缺乏个性，对一些特殊的顾客来说，现金可能远不及旅游或某些实物有魅力。

实物奖品的好处之一是能为消费者提供别具一格的奖品，以提高奖品的刺激性和吸引力。例如，为消费者提供在市场上买不到，但又具有保留价值的奖品，像1992年前后，在广州、深圳曾举办过“卖你一块美国土地”的促销活动就是一例。

实物奖品的好处之二是可以结合促销主题设计奖品，如在1996年“可口可乐金奖连环迎奥运”促销活动中，奖品除了纯金“可口可乐”奥运纪念牌和其他相关奥运纪念品外，特等奖则为出席“可口可乐”奥运之星中国英雄祝捷晚宴，与中国奥运选手共同进餐。这些奖品都与奥运主题结合得十分紧密，对树立企业或品牌的良好形象十分有益。

实物奖品的不足之处是消费者众口难调，一种实物对有的人很有吸引力，对另一部分人可能没有吸引力，这就在一定程度上影响了促销效果。

在一些西方国家，最受欢迎的大奖依次为高额度的现金、旅游观光和赠送汽车。

促销实践72

“认识Lee，顺理成章赢大奖”

恒德利服装有限公司于1996年8月在北京举办了“认识Lee，顺理成章赢大奖”活动，活动的形式是启发式抽奖，在《北京青年报》等媒介开展广告宣传。广告中首先介绍了Lee的发展历史和重大事件，然后是消费者所需填写的答卷。设计如下：

认识Lee，顺理成章赢大奖

只要你将Lee的历史发展过程按时间顺序排列，用阿拉伯数字填入方格内，即有机会赢取丰富奖品。

□——推出苗条吊带牛仔裤

□——Lee的23米巨裤与北京人民见面

□——首条拉链牛仔裤面世

□——Lee的23米巨型牛仔裤创下全球最长纪录

□——亨利·大卫·Lee在美国制成第一条Lee牌牛仔裤

姓名：　　年龄：　　身份证号码：

地址：　　邮政编码：　　电话：

此外，广告中公布了奖项设置和有关事宜。

奖项设置：

特等奖（10名）：各得现金3 000元及Lee牌牛仔裤及T恤一套，价值680元；

二等奖（50名）：各得Lee牌牛仔裤一条，价值460元；

三等奖（100名）：各得Lee牌长袖衬衣一件，价值280元；

安慰奖（500名）：各得Lee牌长袖T恤一件，价值190元。

有关事宜:

① 参加者请将已填写的问卷剪下贴于信封背面，将“京邮准邮证”剪下贴于信封正面，并于9月15日前寄到指定回邮地址。

② 得奖名单将于9月25日刊登于《北京晚报》。

③ 所有得奖者将获专函通知。

④ 有关税项，由得奖者自理。

⑤ 主办机构及其广告代理公司的职员不得参加，以示公允。

⑥ 本次活动由公证处公证。

（资料来源: 周景姝. 促销王——销售促进策划与设计. 首都经济贸易大学出版社，1997）

7.3.2 规则制定

由于在竞赛和抽奖活动中，奖品的获得不是凭消费者购物多少，而是凭消费者的表现或运气。这样，每个消费者对获奖条件可能会有不同的理解。因此，为了避免由于理解上的误差而给企业带来不应有的麻烦，竞赛和抽奖活动必须要制定严格、清晰、易懂和准确的活动规则，通过大众媒体正式公告于消费者。

1. 竞赛促销规则

（1）竞赛形式与目标消费者一致。竞赛促销活动的出发点是吸引潜在消费者参与竞赛活动，通过参赛或获奖，引发购买兴趣，转化为现实消费者。在设计竞赛形式时，必须考虑竞赛参与者、获奖者与产品购买者之间的关系。提高竞赛活动的趣味性，可以吸引更多的参加者，但不一定能够产生很好的促销效果。因此，在设计竞赛形式时，应格外注意设置特定条件，以进一步增强对目标消费者群的针对性。

（2）竞赛形式应有趣。有趣的竞赛促销能引起顾客较多的注意，使参与者加深对品牌的记忆与印象。然而，不同年龄、不同性别、不同阶层的消费者对竞赛类型的接受程度存在很大差异。此外，还应充分考虑不同消费者的兴趣爱好、消费习惯等，设计消费者认为有趣的竞赛形式。例如，针对青年人销售的产品，组织老年人的秧歌比赛就不合时宜。

（3）竞赛程序应简单、易操作。竞赛活动的难度过高，无形中提高了活动参与的门槛，可能会将部分目标顾客拒之门外。有些竞赛的形式趣味性强，内容复杂，但只要竞赛原理简单，并能赋予时尚的含义，同样具有可操作性。1988年的汉城奥运会期间，麦当劳仍旧举办同样的竞猜活动，没有取得所期望的成功，原因是1984年奥运会在洛杉矶举行，而1988年奥运会在汉城举行，汉城与美国有时间差，1988年奥运会实况，美国要在黄金时间转播是做不到的，因此电视观众人数大为减少，因为观众们不了解比赛情况，所以对麦当劳的游戏就缺乏兴趣。

（4）竞赛活动应具有可控性。要能比较有效地控制竞赛奖品的总数，如收集产品包装游戏，要控制好关键包装凭证的市场投放数量，而不宜再设计最后抽奖的方式来控制奖品数量，这样会伤害参与者的热情。

（5）竞赛的评判标准必须严格、清晰、易懂、准确。在竞赛促销活动举行之前，就应建立明确的评判标准。由于消费者对竞赛规则都会有自己的理解，而且这种理解的差异性很大。因此，连锁企业每次举办竞赛活动都必须将具体规则公诸于众，并受公证机关的监督。

2．抽奖促销规则

（1）配合其他促销方式。为了更加有效地吸引消费者、鼓励其光顾本店而非竞争者，在抽奖促销活动前应做好广告宣传的配合。一是媒体广告，二是产品包装广告。如果有事件营销的配合，效果将会更好。

（2）更新开奖方式。实践证明，每用一次即时开奖的促销方式，消费者的回应率就会逐渐下降。如果想长期运用抽奖促销方式，必须不断推出新的开奖方式。只有这样才能充分调动消费者的积极性。如果成功运用事件营销造势，消费者在第一次活动结束后将急切期盼第二次活动的开展。

（3）抽奖活动的公正性。在操作过程中，应该注意中奖号码分布的合理性。第一，大奖至少设置一到三个；第二，大奖一般不会在促销活动开始不久就产生出来，也不应在活动快要结束的时候还没有产生；第三，小奖金额不必过大，但数量应该足够多。

（4）合法性。抽奖促销活动带有博彩性质，因此受到国家法律的严厉限制。《中华人民共和国反不正当竞争法》规定，抽奖活动中单个奖品金额不得超过 5 000 元。因此，操作中要特别注意，触犯法律或使消费者失去信任的活动不但会使销售受到极大的影响，而且会损害连锁企业形象。

3．竞赛与抽奖的规则

（1）要有明确的活动截止日期；

（2）公布评选的方法，并说明如何宣布正确答案；

（3）说明参加的条件，如参加者的资格、必须附寄的凭证（如标签、商标等）；

（4）公示奖品及奖额；

（5）标示评选机构，以确认最后评选的职权；

（6）告知参加者所有参与此活动的资料，均属赞助商所有；

（7）中奖名单的发布告知，通常是用参赛者所附的回邮信封通知；

（8）说明奖品兑领赠送方式。

不论竞赛或抽奖，都应清楚标明活动期限，尤其是截止日期。一般来说，此类促销活动的期限以 2 至 3 个月最为普遍，方能有较充裕的时间来推动促销活动，并让更多的消费者把握机会，踊跃参加。活动规则一旦确定并公布以后，企业必须严格按照规则履行自己的承诺，而不应以任何理由改变规则或不予兑现。否则，不仅损害了消费者的利益，也会对企业形象造成极大的伤害。例如，某一新开张的大型商场，为吸引顾客，一而再、再而三地延长摇奖活动日期。不仅如此，当一小时内有两人先后中了 5 000 元大奖后，商场却不予承认。中奖顾客无奈之中，只得请在摇奖现场的顾客作证，去找商场负责人评理，该负责人竟说："他们不能当证人，顾客当然向着顾客。"事情发生后，引起了围观顾客的强烈不满，并投书报社，造成了很坏的社会影响。

7.3.3 成本控制

竞赛与抽奖促销的成本预算通常包括以下几个方面。

（1）所有奖品的费用。许多人以为给予参加者奖品的总费用越高，则促销效果必然越好。其实，促销活动的效果与投入的奖品总费用没有必然联系。几百万元奖品的活动可能失败，上万元甚至几千元奖品的活动可能取得明显的促销效果，关键在于策划与组织工作是否富有创意。

在设计奖品费用时，要综合考虑促销的产品、促销活动的主题以及活动开展的地区和促销费用总预算等诸多因素。同时，也要注意实物奖品往往比现金奖品更能节省奖品费用。因为现金奖品是“实打实”的，没有打折或变通的余地。1 000 元的奖金就意味着必须要耗费 1 000 元货币。但提供与 1 000 元等值的实物奖品，可能就不必花费企业 1 000 元货币，因为企业可以利用业务合作关系，以较低价格甚至无偿地从供应商处获取奖品实物。

（2）推广此促销活动的媒体宣传费用。竞赛与抽奖需要借助媒体宣传来充分调动消费者的参与兴趣，才能获得积极的反响。这部分费用通常是不能够节省的。而且，从费用总预算角度讲，用于全部奖品的数额越高，所需广告宣传的费用就越低；反之，用于奖品的费用数额越低，则所需广告宣传费用就越高。活动策划者要兼顾二者之间的关系，争取二者合理搭配，以尽可能少的总费用，取得较好的促销效果。

（3）表格印制费、印刷宣传品费用，以及其他一些辅助性支出。

（4）对参加来件甄选或抽出优胜者的处理费用，有些专业促销公司有明确的收费标准来承包此种筛选中奖者的工作。在 20 世纪 80 年代的美国，由通行全美的包装促销活动中抽出优胜者外没有其他附带工作，这样单纯的连续式抽奖的处理费用为 5 000～8 000 美元。至于竞赛促销方式，即使来件只有抽奖参加数的十分之一，由于必须逐一评判，其处理费用则高达 15 000～25 000 美元。通常，举办促销活动时，处理过程的要求越多，手续越繁，相对的花费也越高。

（5）其他开支，如税金、保险费、公证费等法定开销。

关于竞赛与抽奖活动，务必切记的重要事项，此活动是一个增加广告阅读率的最佳途径。这种特性对一个平凡没什么新鲜特色好谈，或是在同类竞争商品中极为单纯且毫不起眼的产品而言，更为重要。我们也发现不论竞赛或抽奖，当某方面和产品有所关联时，通常能获得最佳结果。在举办此类促销活动时，最好不要提及诸如奖励一件 T 恤衫、一支圆珠笔之类稀松平常的奖励方式，而应着重于发展一套杰出的创意，既可与商品相关联，又符合竞争的要求，或进而赋予消费者产品利益，这种“组合作用”正是创造销售业绩和利润的妙方。

最后要谈的是，一个真正成功的竞赛或抽奖，通常视活动主题或奖品组合的规划是否卓越而定。最好两者均能与产品相关联，或能在新闻版面上、广告上广为宣传，因为唯有深富创意的活动主题及充满魅力的奖品，方能吸引消费者的注意和刺激他们参加的兴趣。事实上，任何竞赛或抽奖活动的主要目的都在于促销商品，而不只是在吸引大量的参加者。因此，举办枯燥无味、缺乏想象力、几近雷同的促销活动，常常只会造成无谓的浪费，而无法达到促销的目的。此外，“送现金”常能激发消费者更大的兴趣，此点值得注意，你可斟酌考虑将等值的商品类奖品，做进一步的延伸，转化成现金奖品以赋予促销经费最妥善的运用。

促销实践7.3

"今天，你就可能成为百万富翁!"

1992 年 5 月，美国百事可乐在菲律宾举办了一次有奖促销活动，结果白白损失了 1 100 万美元。

这次名为"今天，你就可能成为百万富翁!"的有奖销售活动，宣称任何购买百事可乐饮料的消费者，只要在所买的饮料瓶盖上发现标有 349 这个数字，即可获得 100 万比索（合 3.7 万美元）的巨额奖金。消息传开后，菲律宾全国各地立即刮起了一股购买百事可乐饮料的旋风。然而结果是，因中奖而兴奋不已的人竟然有 50 多万个。

百事可乐公司马上乱了阵脚，公司立刻仔细检查，发现因计算机的问题，报错了中奖号，从而导致如此之多的人中了巨额奖。于是，百事可乐公司向菲律宾的广大消费者宣布，因计算机出错，原宣布的中奖号码无效，公司拒付所有的巨额奖金。

眼看要得到一大笔横财的中奖者对此当然不会罢休。中奖者有 7 000 多人向法院起诉，控告百事可乐公司犯有欺骗罪。在这场风波中，百事的声誉在菲律宾受到了极大影响，市场占有率由原来的 66%下降到 17%。

为了平息这场风波，百事可乐公司答应给每位中奖者支付 500 比索作为一种友好的表示。到活动截止时，公司向 48 万中奖者支付了 2.4 亿比索，最终大约损失了 1 100 万美元。（资料来源：姜玉洁，宗清辉，陈静宇．促销策划.北京大学出版社，2005）

任务小结

竞赛与抽奖是指利用消费者的好胜、竞争、侥幸和追求刺激等心理，通过举办竞赛、抽奖等促销活动，将奖品发给优胜者，吸引消费者的参与兴趣，从而推动和增加销售。通常，当某种商品或品牌未能达到既定销售或利润目标时，运用"竞赛与抽奖"促销术似乎最具成效。

一个真正成功的竞赛或抽奖，通常视活动主题或奖品组合的规划是否卓越而定。最好两者均能与产品相关联，或能在新闻版面上、广告上广为宣传，因为唯有深富创意的活动主题及充满魅力的奖品，方能吸引消费者的注意并刺激他们参加的兴趣。在策划竞赛与抽奖活动时需要注意奖品设置、规则制定、成本控制等方面的问题。

任务八　折价优惠

任务导入

淡季做品牌，旺季做销量，这是多数企业的基本推广策略。旺季来了，大家八仙过海，各显神通，一时间硝烟四起，但是哪一种推广手段最直接、最有效呢？对营销一线的团队来说，短兵相接的白刃战——折价促销才是在战场上杀敌的利器。

折价并非灵丹妙药，别以为任何产品只要打折，必能增加销量。对于一些消费者关注度不高的商品，消费者图的是购买方便，即刻享用，不大可能货比三家，除非你是市场上的最低价，在同一商店的同类商品中还能吸引一部分图廉价的消费者，否则折价促销的意义不大。

对于高度同质性的产品，消费者无法直观地从产品的功能或质量上加以区别，更多还是依赖品牌带给他们的信任度。如果品牌知名度不高，哪怕你是最低价，消费者还不一定敢购买你的产品，极有可能会在一排货架上，挑选一种价格略高的知名品牌产品。所以，作为同质性较强的产品，在知名度不高的时候，应着重于品牌的塑造，而非寄希望于打折来提高销量。相反，一些品牌知名度较高的产品，如果开展折价促销活动，效果就会比较明显，对消费者的吸引力更大。因为消费者识其货，就会知道其价值，如能超值享受，自然趋之若鹜。尤其是一些消费者认为价格偏高，平时可望不可及的品牌，其折价促销会吸引一些消费者有能力“尝鲜”。

相关知识

8.1 认识折价优惠

折价优惠，又称为价格折扣，是指连锁企业通过降低商品的售价，从而促进消费者购买的一种促销方式。折价优惠可以说是对消费者使用最多、冲击最大，也最有效的促销“武器”，尤其对短期销量的提升有立竿见影的效果。

促销实践8.1

北京贵友大厦折价促销

1996 年第一天，北京贵友大厦举办折价促销活动，除了家用电器和黄金饰品以外，其他商品全部 8 折。结果，平常客流量 2～3 万人的大厦，这一天来了 10 多万顾客。大厦里所有的柜台前都站满了人，化妆品、羊毛衫、箱包等处更是围得里三层外三层，挑货的卖货的个个满头大汗。皮件部孟经理说，早上 9：00 一开门儿，人跟潮水似的往里涌，9：05 就把滚梯的厚玻璃给挤碎了，为了给货场降温，大厦把冷风都开开了。家电部的一位小伙子说：“进口的彩电、微波炉等电器已经脱销，连样品都卖了，正在组织厂家往这里拉货呢”。服装部衬衫组的李丽小姐边开票边说：“今儿太忙了，有的售货员下午 4：00 多了还没顾得上吃午饭呢。”

在京城商界，打折、让利、酬宾等促销活动比比皆是，但能真正吸引消费者的却不多。这次贵友大厦的新年回报活动，何以会有如此强烈的反响呢？结婚的，家具、电器、床上用品这么一买，一天购物能省下半年工资，来的人能少嘛？关键是商场的信誉好，不比有些小店，说降价 20%，没准还往上调了 10%。也有一些消费者对贵友的举动表示不理解——照这个价卖，不是生意越火越赔钱吗？从严格的意义上讲，贵友大厦的新年回报活动，并非是单纯的让利促销活动。1 月 1 日，贵友全天共销售 1 100 万元，是平常日销售额的 10 倍，而利润率却接近 0%。为此，贵友大厦公关部的罗经理介绍说："去年贵友销售达到 5.7 亿元，此次活动完全是为回报消费者一年来对我们的厚爱，是打算赔钱做的！"

假设贵友大厦 1 月 1 日赔了钱，那所陪的钱其实是另一种投资。10 万消费者和上百厂家在新年第一天从贵友大厦得到了实惠，留下了口碑，不少新闻媒介的记者不请自来，撰文、拍片，探求贵友生意火爆的原委……这些都是贵友的收获。这种由立罕见影式的短期商业行为向高瞻远瞩式的长远商业行为转变的公关活动的出现，表明京城商界一些有识之士，已经逐渐认识到商场与顾客间"水与舟"的紧密关系并开始付诸行动。可以预言，整个商界竞相回报消费者的日子已经不远了。

（资料来源：周景姝. 促销王——销售促进策划与设计. 首都经济贸易大学出版社，1998）

近些年来，折价优惠在国内市场之所以受到连锁企业的广泛偏爱，其主要原因是由于行业内竞争的加剧，迫使企业不得不采用折价促销的方式来谋求生存。而竞争加剧的根本原因，又是由于企业的数量和可供应市场的商品数量大大超过了市场的需求量。在这种情况下，连锁企业的老总们必须绞尽脑汁地设法培养忠诚的顾客和吸引更多的顾客光顾，以尽量减少因顾客流失所带来的损失。而在诸多的促销工具中，价格折扣又以它见效快，顾客易积极参与见长。因此，价格折扣就义不容辞地成为很多连锁企业对抗竞争的首选武器。

折价优惠促销方式虽然经常被连锁企业采用，但使用时要非常慎重，否则会极大地损害企业形象。折价优惠一般适用于以下情况。

（1）品牌成熟度高的商品。品牌价值众所周知，折价优惠让人真实地感受到连锁企业给顾客带来的利益。

（2）消耗量大，购买频率高的产品，折价优惠能极大地刺激顾客的购买欲望，从而增加销售。

（3）季节性强的产品。企业为加速货币资金的回笼，避免库存占压，以较大的价格折扣吸引顾客购买，也确实给顾客带来了实惠。

（4）产品接近保质期。例如，袋装鲜奶、食品，及时折价销售，既给顾客以实惠，也避免了企业的损失。

（5）技术、包装、产品形态已处于弱势的产品。例如，破损、污损、零头（非整齐的）、流行过季或者滞销的商品。

（6）更换品牌形象。为了更换品牌形象，原有品牌产品也往往采用这样的方式进行促销。2004 年 10 月，香港鳄鱼全新品牌形象出现，此时为了处理原有品牌标志的产品，全国所有香港鳄鱼专卖店都出现了大幅度降价甩卖的现象，通过这种方式，香港鳄鱼在较短时间内清空了库存，以最短时间进行了品牌形象的转换。

（7）鼓励消费者购买一些以往售价比较高的商品。譬如，若知名品牌的商品折价后的售价与普通品牌的售价相差无几，消费者就可能去尝试这一商品。

促销实践8.2

奇妙的折价促销

日本东京的绅士西服店创造的打折妙法，真是令人叫绝。他们首先定出打折的期限，第1天打9折，第2天打8折，第3天、第4天打7折，第5天、第6天打6折，第7天、第8天打5折，第9天、第10天打4折，第11天、第12天打3折，第13天、第14天打2折，最后2天打1折。顾客只要在打折销售期间选定自己喜欢的任何一天去购物，都可享受到相应的折扣优惠。结果，第一天、第二天前来的顾客不是很多，第三天就开始一群一群地来到商店，第五天打6折时客人就像潮水般地涌来抢购，以后就连日客满，把全部商品都买光了。

这种打折方法的妙处就在于能有效地掌握顾客的购买心理。任何人都希望在打2折、打1折的时候买他们所要的东西，然而你所要的东西并不能保证都会留到最后那一天。因此，等到打7折的时候，就开始焦急起来，怕自己所要买的东西被别人先买去，于是便坐不住了，赶快把它买下来。

（资料来源：樊丽丽. 趣味促销案例集锦. 中国经济出版社，2005）

8.2 折价促销的特点

8.2.1 折价促销的优点

折价促销之所以能让顾客如此踊跃的参加，是因为它直接了当地给消费者带来了实惠。抽奖是把顾客获奖权交给了“老天”，赠送礼品显得过于遥远和空泛，而折价促销却能使每一位顾客实实在在地受益，省下来的是金钱，而不是毫无用处的“赠品”。因此，与其他促销工具相比，折价优惠促销的冲击力最强。

（1）帮助连锁企业处理过季存货。对于那些随着时间的推移，在产品的选择方面变化逐渐加快的连锁企业而言，折价优惠使用的频率最高。例如，服装店经常提供换季折价销售的商品，而当新的款式上市时，服装店也经常为以前的款式提供折扣。那些为了清理过期的商品而提供折扣的连锁店通常会尝试着把价格保留在足以弥补他们原来为该商品所花费成本的水平上。而且，有时候如果仅仅是为了处理过季商品，有的连锁店还会以亏本的价格售出。

（2）鼓励消费者光顾连锁店。有些食品店、服装店等，实行折价优惠的目的在于吸引顾客大量的购买商品，从而把某商品的价格降得很低，即以低于连锁店为之支付的成本价格销售，这样做的目的是为了产生特别有吸引力的活动，以吸引更多的消费者。有一些高价值商品的连锁店，如经营家电、首饰、化妆品的连锁企业，为了把消费者吸引入店，也会针对一定的商品大量使用价格折扣。一旦消费者到了店中，销售人员会指出所销售商品的局限性，并同时尝试着把更高价值的商品卖给顾客。但是，这种价格折扣的使用，“先引导顾客来店，再改变货物的品质”的做法，通常被认为是不道德的，并且可能会使顾客疏远。而且，如果这个打折的商品没有准备好，则这个广告是违法的。

（3）有利于企业在不同类型的顾客之间实施不同的价格。连锁企业提供稍高于他们成本价的销售价格，这样可以在不同类型的顾客之间实施价格歧视。例如，经营窗帘的连锁企业通常周期性地打折，而且价格波动幅度显著。这种方法可以使一个特定的连锁店既以价格敏感者为目标，也以非价格敏感者为目标，从两类群体中获取最大的利润。在这种类型的定价计划中，很多对价格相对来说不是太关心的人可能会在没有折扣时购买商品，为企业带来较高的利润。另一方面，商品降价时，那些决定进行较少支付的消费者会购买该商品，而不会从竞争者那里购买。相反，如果某连锁店总是提供单一的、适中的价格，则最后会在失去价格敏感性顾客的同时，也从那些对价格不是那么敏感的顾客那里赚取较少的利润。尽管这种定价战略似乎是对那些缺乏信息的顾客的剥削，但连锁店为那些对价格相对不是那么敏感的消费者节约了搜寻成本，并且可能比那些在降价时购买的消费者得到更好的服务。

（4）促销的短期效果突出。折价优惠是最简单、最有效的市场竞争手段。短期内，折价优惠可以迅速增加消费者的购买量，提高产品的市场占有率，塑造质优价廉的产品形象，淡化竞争者的广告及促销力度，从而形成稳定的消费群体。尽管连锁店并不想让其商品给顾客一种价格联想，以价格敏感者为目标的连锁企业可能发现，将物有所值这一观念传递给顾客是有益的。例如，某连锁店，它的大部分商品都频繁地提供折扣，包括应季商品，它所传递的是连锁店提供的商品是物有所值的。

8.2.2 折价促销的缺点

折价优惠虽然在短期内能够起到立竿见影的促销效果，但同时也会产生一些负面效果。正如一位著名营销专家所言，折价是最有效也是最低级的促销手段。它能给企业带来巨大的效益，但也会让企业蒙受损失。因此，它不是维持零售店生存和发展的最好方法，更不是零售店竞争的长久之计。折价促销的弊端主要表现在以下几个方面。

（1）经常性的折价优惠会损害商品及其品牌的形象。连锁企业经营的商品经常折价销售，往往会让消费者对折扣价格习以为常，而认为商品本身的定价过高，商品本来就值这么多钱，或认为经常打折的商品质量会低于售价高的竞争品牌。这样，“折价”便会成为品牌形象的一部分。若消费者习惯了某产品的经常减价，其促销的效果自然微乎其微了。

（2）经常性的折价会让消费者不乐意以全价购买商品。频繁的折价优惠使消费者变得对价格更为敏感，可能不愿意以正常价格购买商品，连锁企业也就无法将价格恢复到正常的水平。例如，很多服装连锁店观察到许多顾客相信“每件东西最终都会降价”，因此倾向于推迟购买他们本来会以全价购买的商品，直到他们可以获得折扣。当顾客生活在某个特定的连锁店附近时，尤其如此。因为他们相信如果某个商品在一个连锁店中卖完了，他们可以在另一个商店中找到它。另外，为了购买某个商品而支付全价的消费者可能会因为它很快的降价而感到恼火。为了安慰这些人，如果这些顾客在规定的时间内带来了他们的购买收据，有些连锁店甚至会补偿常规价格与这一价格之间的差额。如果发生了这种情况的话，这种行为会使连锁店丢失他们在已销售商品上实现的利润。

（3）折价优惠不利于建立消费者的忠诚度。折价促销最能吸引对价格关注度高的消费者，而这类消费者会习惯于只购买打折商品。因此，一旦折价促销结束，他们就会马上转换到价格相对较低的其他商店。可见，折价优惠不利于建立消费者的忠诚度。

（4）折价促销容易引起竞争对手的强烈反击，引发价格战。调整价格是市场竞争中最简单、最有效的竞争手段，但是高折扣促销会引发恶性价格竞争，不利于维护商品价格形象和维持企业合理的利润空间。

促销实践8.3

童话森林“爱在金秋 国庆放价”双节优惠活动大酬宾

活动主题：“爱在金秋，国庆放价”童话森林家具双节优惠酬宾。

活动目的：为了感谢广大顾客朋友对童话森林品牌十年如一日的关注与支持，值此中秋、国庆双节到来之际，特推出“爱在金秋，国庆放价”童话森林家具双节优惠酬宾活动。

活动时间：2012 年 9 月 20 日至 2012 年 10 月 10 日

活动对象：全国童话森林专卖店

内容：实木新主张，都市新时尚，童话森林家具，中国第一整体实木家具品牌，引领着实木家具风尚潮流，塑造舒适家居氛围。金秋一季，欢乐共享，把秋日的清爽带回家，童话森林，让您的生活更美好。更多惊喜，更多优惠，请到童话森林全国各大专卖店亲身体验。

优惠套餐一：童话森林·北美系列

优惠套餐二：童话森林·威森格仕系列

优惠套餐三：童话森林·城堡王国系列

优惠套餐四：童话森林·北欧系列

优惠套餐五：童话森林·乌金木系列

优惠套餐六：童话森林·星巴克系列

（资料来源：新浪家居，2012 年 09 月 20 日）

8.3 折价优惠的方式

8.3.1 直接折价

直接折价是指连锁企业直接给予购买某种商品或服务的消费者的一种价格折扣。例如，“全场 6 折优惠”、“部分商品 3 折起”、“凡 5 月 1 日到 7 日购买均可享受 6 折优惠”等。折价一般要与促销主题配合，使消费者明确这是阶段性促销。直接折价促销能够强烈地引起消费者的注意，并刺激消费者做出购买决策，使消费者增加购买数量，或者改变购买的时间（如提前购买）。对于品牌知名度较高的商品，以及购买频率高、消费者关注度高的日用消费品，直接折价的促销效果尤其突出。而对于同质化程度高的商品而言，如果品牌知名度不高，即使采取较高的折扣，也很难达到促销效果。

促销实践8.4

北京超市发超市的灵活促销策略

北京超市发超市连续多年创造了不俗的经营业绩，在同商圈的超市竞争中，始终处于领先的地位。除价格优势外，该超市采取的灵活多变的应季性营销手段产生了良好的效果。2000 年夏天，北京天气异常炎热，到了晚上居民不愿闷在家里，纷纷来到室外消暑纳凉，该超市适时地推出了“夜场购物”，将超市的闭店时间从原来的晚 9 点半延长至 12 点。同时，在这一时段，将一些食品、果菜等生鲜品类打折销售，既为附近居民提供了纳凉的好去处，又低价促销了大量日配商品，很快就赢得了广大消费者的欢迎，也吸引了不少附近商圈的居民来此购物，此举使其在这一商圈的同业竞争中一举胜出。

（资料来源：胡玉玲．超市营销．企业管理出版社，2003）

8.3.2 减价优惠

减价优惠是指说明原价多少，现价多少的促销方式。减价优惠一般需要 POP 的强力配合，如“原价 100 元，现价 80 元，您省 20 元或您节省 20%”，再在原价格上打上醒目的叉，以此来吸引消费者。或者，在商品包装上标上零售价，再用 POP 标签写上折价后的价格，如“仅售 25 元”等。“统一价”是一种特殊的减价优惠方式，即采用取长补短的方式，定出一个比所有商品零售价格都要低的价格，统一销售。例如，全场牛仔裤无论 200 元一件还是 150 元一件的，全部只售 100 元。在价格上不给消费者以任何选择余地，但在款式档次上充分给予顾客选择空间。

促销实践8.5

广之旅抛砖引玉“优惠 50 ～ 500 元”

广州市旅游公司是国家一类旅行社，名列全国旅行社前 10 位，在公司成立十五周年纪念日期间，推出一项直接降低旅游费用的 SP 方式，在一个月内省外游、海外游合线优惠 50～500 元不等。这则广告既突出了降价优惠的促销方式，也强调了“广之旅”的企业形象：追求卓越、质量保证、服务周到、游线广泛。也就是说，企业试图用短期促销的方式来引起消费者的注意，由此达到他们巩固企业忠诚度和企业形象的最终目的。

（资料来源：黄宇芳．销售与市场．1996 年第 2 期）

8.3.3 数量折扣

数量折扣是对大量购买某种商品或服务的消费者提供的一种价格折扣。通常是按照购买数量的多少，分别给予不同的折扣，购买数量越多，折扣越大。数量折扣可以规定消费者一次购买某种商品达到一定数量或金额时，给予一定折扣优惠，也可以规定消费者购买某几种产品达到一定数量或一定金额时，按总购买量给予一定的折扣优惠。数量折扣的目的在于鼓励消费者大量购买或集中购买，因此常用于购买频率高、产品之间相关程度大的日用消费品。

8.3.4 附加赠送

附加赠送是指当消费者每购买一定数量或金额的商品后，就按其比例附加赠送同类商品，以此来吸引更多的消费者来购买。“买一送一”是最常见的附加赠送的方式，消费者花一份产品的钱可以得到两份产品，相当于享受了五折优惠，其实质还是折价促销。例如，Wal-greens 便利店，顾客在该便利店另购第二项商品，只要一美分。此外，Wal-greens 更提供了“混合搭配”的促销方式，让消费者每日都可以特价买到促销品，而后再花一美分即可选购另一种 Wal-greens 商品。这种方法不仅可以有效刺激消费者的购买，而且能够帮助销售人员完成期末销售量指标。附加赠送常用于单价较低、包装简单、使用频率较快的日用消费品。

8.3.5 加量不加价

加量不加价和附加赠送非常类似，区别在于该方式是在产品出厂之前，将赠送的产品装在包装内，在商品包装上标注加量不加价的优惠细节，让顾客能以同样的价格买到更多的产品。这种方式可以增加企业的销售量，扩大市场份额。例如，用“500 克的价格买 800 克商品”。这种方式也能很好地刺激消费者购买，尤其对于消费者熟悉的品牌。如果是陌生品牌或新产品，这种方式的接受程度就要低一些。

8.3.6 购物返券

购物返券是在连锁店购物满一定数额之后，凭购物凭证到连锁店指定地点领取相应数额的购物券。例如，买 100 送 40，即是购物达到 100 元，便可获得 40 元的购物券，可以在连锁店里购买其他商品。购物返券相当于在原商品价格基础上打了一个折扣进行销售，但是增加了消费者在店内的滞留时间，扩大了商品的销售额。

促销实践8.6

兰州华联的促销活动

兰州华联将加大力度的促销作为经营的手段之一，广泛地促销活动是其提升业绩争取顾客、积极参与同业竞争的有效手段。华联特别注意在“元旦”、“春节”、“五·一”、“国庆”等黄金周上做足做好促销文章。2001 年国庆期间，兰州华联进行了一次大规模的促销战役——购物满 100 元送 40 元购物券活动，取得了较好的效果。10 月 1 日当天，红星店销售 318 万元，西宁店销售 211 万元，西固店销售 113 万元，三店均创造了各自开业以来的销售新纪录。兰州华联靠低价实现了集客目标，靠巨大的销量从厂家获得可观的返利，同时通过足够低的毛利将一部分找厂家进货的客户吸引过来，从而带来更大的销量，形成良性循环，做出了超市低价的概念。

（资料来源：http://hi.baidu.com/cn1998/blog/item/）

8.3.7 套餐式折扣

套餐式折扣是将两件或多件同一商品或不同商品组合在一起，以低于单件商品价格之和的价格出售，以此来吸引顾客成套购买。白猫集团在创业 50 周年之际，举行了一次赈灾义卖，原价 43 元白猫系列产品组合包（包括佳美洗衣粉、洗洁精、超浓缩桶装无泡洗衣粉、高级百洁布、爱洁乐消毒洗手液、神奇抹布、4 卷高级卫生纸）只卖 25 元。这属于典型的套餐式折价促销。而且此次活动采用公益活动的形式，成功地避免了因打折促销而可能给企业品牌形象带来的负面影响。这种方式适用于企业同时推出数种产品的情形。

促销实践8.7

天天低价

“天天低价”（EveryDay Low－Pricing，EDLP），指在一段时间内提供一致的价格，这个价格一般介于高于以极低价格销售的特价而低于那些市场标准价格。这种策略在零售和航空等行业中应用特别广泛，尤其以天天低价为经营特色的沃尔玛超市、美国西南航空公司最为出名。“天天低价”可以让消费者以最小的搜寻成本获得预期的低价商品，有很大的市场吸引力，不过前提必须是公司的内置成本低于竞争对手。美国的另一个零售商西尔斯（Sears）在 20 世纪 90 年代曾尝试过天天低价的战略，但是因为公司的成本结构比主要竞争对手沃尔玛高，最后这一努力不得不被放弃。

（资料来源：胡玉玲　肖秀莉　李桂双．超市营销．企业管理出版社，2003）

8.4 实施折价优惠

在频繁的折价促销中，谁是最大的赢家？是谁获得了更大的实惠呢？是消费者吗？答案也许有点出人意料，最终获得最大好处的，仍然是商家。

8.4.1 折价方式选择

折价优惠并非放之四海而皆准，企业首先应明确折价的目的，以防过度使用和依赖折价。一旦确定使用折价优惠，则需进一步明确使用何种折价优惠方式。连锁企业在选择折价方式时，需要考虑以下因素：折价成本、厂商的接受程度、折价优惠的时机、对企业形象的影响。

（1）折价成本。即使采用相同的折价率，不同的折价优惠方式折价成本也不尽相同。例如，附加赠送方式和套餐式折扣，通常需要对促销品进行特别处理，如分开包装、合并包装或分开存储、分开陈列等。因此，材料及处理过程的成本、存储成本以及陈列成本自然会相对提高，从而引起整个折价成本上升。

（2）厂商的接受程度。由于促销活动的处理问题、存货的处理问题、结算问题等，折价优惠这种促销方式并非总能得到厂商的支持。资料显示，在美国只有 50%～60%的食品或药品厂商愿意接受折价优惠的促销方式。

（3）折价优惠的时机。在每次运用打折手法招徕顾客时，应尽量“师出有名”，如选择母亲节、中秋节、儿童节等时机，且限期促销，这样不至于对企业形象造成负面冲击。消费者购物心理有时候是“买涨不买落”，要把握时机利用消费者消费心理来促销产品。折价优惠如果频繁使用，则会有损企业形象。

（4）对企业形象的影响。如果唐突的进行折价促销，会给消费者一种产品因卖不出去而降价的感觉，容易引起消费者的逆反心理。因此，连锁企业在进行折价促销的时候，给折扣起一个“好听”的名字，也是相当重要的。

相关信息8.1

美国联邦交易委员会关于折价优惠的有关规定

在美国，联邦交易委员会（Federal Trade Commission，FTC）关于折价优惠的有关事项有着明确的规定，规定如下：

（1）折价优惠只准用在产品零售价已相当稳定的商品。

（2）在12个月期间内，产品的销售量不能超过50%是通过折价促销来达成的。

（3）一年内任何品牌最多只能举办3次折价促销，而每次的间隔至少要在30天以上。

（4）每次的折价优惠，不论在陈列还是在印刷宣传品上，均需清楚地告知消费者以下信息：

品牌名称：××牌

平时售价：美金××分

现金折扣：美金××分

新　　价：美金××分

当零售商运用此折价促销术时，售价、折价多少及折扣后的新价等信息在举办折价优惠促销之前，最好及早请教相关的法律和商务顾问，咨询有关的法规，并确认企业的一切均依法执行，以有利于促销活动的顺利开展。

8.4.2　折价率

无论选择何种折价优惠方式，都必须先确定折价率。折价率如果过低，则对消费者的吸引力不足，无法达到促销的目的；而如果折价率过高，则对企业来说会造成折价成本过高，影响利润。一般来说，折价率应达到10%～20%才会有效。

确定折价率需要考虑以下因素：

（1）产品类别。产品类别不同，折扣的幅度也有一定差异。一般而言，选购品的折价幅度大一些，对消费者会形成强大的吸引力。

（2）品牌知名度。如果品牌知名度较低，则折扣率需要更大一些才能吸引消费者。

（3）品牌的生命周期。新品牌运用减价优惠的成效优于旧品牌，即新品牌可以用较少的减价获取较大的销售量。

（4）市场占有率。一个市场占有率低的产品，通常要比市场占有率高的品牌产品付出更高的减价优惠，才能吸引消费者，增加销售量。

（5）消费者类型。在连锁店，折价率较高才能吸引初次购买的试用对象。当折价率只有 6%～7%时，不管什么品牌、数量多寡，对新客户几乎不会有什么效果，它只会吸引某些老顾客的注意。

（6）购买数量。根据购买数量的多少给予不同幅度的价格折扣，一般购买量越大，享受到的价格折扣也越大。

8.4.3 折价时间

折价促销活动如果运作正常，销量应比平时增 20%以上。折价促销对销售量的影响在促销初期最为明显，随着活动的持续进行，增长幅度会逐渐下降。因此，一次折价优惠促销活动的时间通常设定为 2～4 周，一般不应超过 6 周。如果活动时间过长，消费者就会习惯折价，今后很难再将价格恢复到正常水平。总之，作为促销工具，折扣手段不能无限期地使用，连锁企业必须规定某种折扣的适用时间，以防止折扣固定化、经常化。

8.4.4 折价标识

折价标识的作用是吸引消费者注意折价优惠的商品，并明确折价优惠的幅度。这里最重要的是必须让消费者一看就知道折价多少，这比讲求美观而消费者却不清楚折价幅度来得有效。但是此标识的设计，虽然因折价需要印大，却也不能大到把品牌商标都盖住的地步。通常，消费者购物时习惯辨认商品的颜色及包装设计，所以千万记住，别让“折价标签”掩盖了商品标签，只要清楚到一看即知就够了。

折价优惠的促销标识要做到简单易懂，并且用消费者喜欢的语句来表达。例如，“现在购买只要 10 元”的促销语，就不如“现在购买为您省 10 元”更有吸引力，更能令消费者产生共鸣。因为前者有种让消费者“掏钱买”的味道，而后一句则是“帮您省”的感觉，在心理上的这种差别会导致促销效果的显著差异。此外，要把原价及减价后的现价同时标注，形成鲜明的对比。再就是标识牌的大小，讲求美观、清晰，但要不影响消费者对商品的观察。

最常用的折价标识的宣传方法是将折价标识与折价品包装相结合。通常有以下几种形式。

（1）折价标识在商品的标签上。设计此类标识时应特别注意，标识的大小不能盖过品牌商标，只要清楚到能令消费者一看即知的程度就够了。可以运用锯齿设计、旗形设计或其他创意设计，将折价优惠显著地告知消费者。图 8.1 是极富创意的一组折价标识的设计，很有新意。

图 8.1　折价标识的设计

（2）折价标识在软包装上。运用在软质包装上的折价标识不太容易设计，要求设计者费些心思或请教有经验的设计制作人员。图 8.2 为普通的支架式商品标价签，图 8.3 为嘉善东方名流商用塑料厂生产的悬挂式折价标识，都可用于软包装商品的折价（资料来源：http://jsdfmlsy.cn.china.cn）。

图 8.2　商品标价签

图 8.3　悬挂式折价标识

（3）折价标识在联结式包装上。当几个商品联结在一起做减价促销时，设计者可以将减价金额标示在套带上。这种运用方式通常被香皂、口香糖、糖果等一类的商品所采用。例如，特价“组合包装”的形式、保险刀架和一种新式刀片、文具盒、钢笔与尺子等。

一般而言，直接标示在商品上的折价优惠，比任何其他促销技术更能创造更为快速的销售行动。所以说，越复杂的折价优惠，越难引起消费者的兴趣，唯越简单越容易理解的折价促销，效果越好。

任务小结

折价优惠，又称为价格折扣，是指连锁企业通过降低商品的售价，从而促进消费者购买的一种促销方式。折价优惠可以说是对消费者使用最多、冲击最大，也最有效的促销“武器”，尤其对短期销量的提升有立竿见影的效果。

折价优惠促销方式虽然经常被连锁企业采用，但使用时要非常慎重，否则会极大地损害企业形象。折价优惠一般适用于以下情况：品牌成熟度高的商品、消耗量大且购买频率高的产品、季节性强的产品、接近保质期的产品等。折价优惠的方式包括直接折价、减价优惠、数量折扣、附加赠送、加量不加价、购物返券、套餐式折扣等。

折价优惠促销的策划要点：折价方式的选择、折价率、折价时间、折价标识等方面。

任务九　有奖积分促销

任务导入

有奖积分，也称为积点，在美国被称为商业贴花优惠，在中国业内俗语叫集点连续赠送促销。目前在市场上此类促销形式种类繁多，花样纷呈，但其核心的促销目的都是以建立再次购买某种商品或再次光顾某店为主，它以持续创造顾客忠诚度为目的，零售商或专业调研公司可以通过消费者持续的购买记录对自己品牌、品类、市场占有率以及客户消费态度进行调研分析，从而更有效地把握市场竞争动态。这也是商家将其作为长期促销工具的原因之一。通常积点促销在具体操作时表现为以下 3 种形式。

（1）消费者按照商家的指引，在限定的时间内或限定的商品内收集积分点券、标签或购物凭证等证明，达到一定数量时，则可兑换赠品。

（2）消费者重复或在一定的时间内多次购买某种商品或多次光顾某家零售店之后，才得到收集成套的赠品。

（3）消费者在集齐某套品牌商品后，获得此商品成套促销品并达到一定数量后，则可兑换超值礼品。

相关知识

9.1 认识有奖积分

“有奖积分促销”也称为积点促销，是一种先消费后获赠的促销方式，是顾客在消费后得到分数或点数，当累计到规定的分数或点数时，即可获赠相应的奖励。该奖励既可以是现金，也可以是礼品，或者是下一次购买的折价优惠券等。这种促销方式，对于“使顾客再度上门消费”或使“本店的顾客不被竞争对手所抢走”具有良好的效果。

1．有奖积分促销的优点

（1）有奖积分促销可以利用会员制的形式来锁定目标消费群，降低营销成本。会员制是连锁企业普遍使用的营销方法，针对企业会员开展“积点促销”活动，馈赠和优惠老顾客，这是在竞争激烈的市场上争夺顾客效果较好的促销方式。

（2）有奖积分促销可以培养消费者对本企业的忠诚度。在促销活动中，消费者若要兑换奖品，必须累计到活动规定的相应积分，这就需要多次消费或多量消费，达到了刺激消费的目的。若要换取更好、更高档次的奖励，则需要重新积分，带动了更多的后续购买行为。同时，在重复消费过程中，通过行为对意识的影响，就会强化顾客消费某项服务、购买某种产品的习惯。

（3）有奖积分促销成本较低。相对于“赠品促销”、“折价促销”等其他促销形式，积分促销的成本还是比较低的。一方面，由于有奖积分促销活动可以在消费者购买商品时暂不予以奖励，而是在反复消费达到相应积分后才可兑换，相当于将企业提供奖品的成本分解到顾客的多次消费行为中。另一方面，许多顾客在有奖积分促销活动中消费信心不足，累计到较低档次奖励所需积分时即采取兑换行为，而很难累计到高积分兑换高档奖品。

（4）有奖积分促销可选择的赠品范围较大。这一点可以通过与赠品促销相比较看出来，赠品促销中赠品可选择的额度较低。例如，一个 30 元的商品，就算按 10%计算，赠品可选择额度也只有 3 元。而有奖积分促销需顾客消费到一定额度才可兑换奖励，并且赠品额度可以随着消费积分数的增大而扩大。当顾客对较低积分所能兑换的奖励没有兴趣时，可继续累计积分，使奖励额度积少成多直至可以兑换自己喜欢的奖励。而可选择额度越大，赠品的品类就更加丰富，对顾客的吸引力也就更大，更能刺激消费者多次购买。

（5）有奖积分促销活动可作为广告宣传的主题。目前市场上各品牌间的差异化程度越来越小，普通的广告很难引起目标受众足够的注意。有奖积分促销可以持续一段较长的时间，企业可利用这段时间进行宣传，优质的赠品则可作为推广的诉求点。

（6）有奖积分促销能够提高连锁企业的竞争力。一旦顾客消费后参加“有奖积分”活动，拥有了一定数量的积分，就不会轻易转向其他竞争店进行消费而浪费已有积分，同时顾客持本店积分卡消费，会拥有一种被认同的归属感，达到心理上的满足，就不会再在其他店铺之间徘徊，而是选择一家固定的店铺。另一方面，连锁企业可以将根据地段的商圈联合起来，变成一卡各地消费，所属店面通用一卡，共享顾客群，巩固企业已有消费群体。

2. 有奖积分促销的缺点

（1）有奖积分促销更适用于购买频率高、消耗量大的产品，而对于一些使用周期长、不经常购买的产品则作用不大，如家电、家具。

（2）有奖积分促销的方式吸引新顾客的效果较差，因为消费者在对连锁店没有认同感时，一般不会参加连锁店的有奖积分促销活动。

（3）有奖积分促销一般活动时间较长，特别是无时间限制的有奖积分促销，这是对顾客耐心的一种考验，会使很多顾客对它丧失兴趣，除非积分要求非常低或者赠品非常诱人。

（4）有奖积分促销在兑换方式的设计上若难度较高，也会减低参与者的热情。兑换点、兑换手续的方便与否都会影响兑换的难度，难度高会导致消费者对积分信心不足，对参与积分活动望而却步，缺乏参与活动的兴趣，甚至会使部分已参与者退出活动。

（5）有奖积分促销对活动期间的宣传效果要求高。如果连锁企业准备不够充分，宣传力度不够大，就不能使顾客产生参与的兴趣。因此，连锁企业在做有奖积分促销时，要求所属各店铺联动，营造浓烈的宣传氛围，否则很难达到预期的效果。

9.2 有奖积分的分类

根据是否有时间限制，可将有奖积分促销分为有时间限制的有奖积分促销和无时间限制的有奖积分促销。事实上，大多数有奖积分促销都会规定一个活动期限。

9.2.1 无时间限制的有奖积分促销

无时间限制的有奖积分促销是指顾客无论何时消费都可得到积分，只要积分累计到一定数量，就可兑换规定的相应奖励。

没有时间限制的“积点促销”使顾客有足够的时间积累更多的积分，扩大受惠额度，使连锁企业有充足的成本以提供较低的折扣和更高额的奖励来吸引顾客。另外，有充裕的消费时间可让积分信心不足的顾客打消顾虑，避免顾客因短时间内无法累积到足够的积分而放弃参加活动。同时，通过长时间对积分卡上存储的消费者购买记录，可以掌握详实的顾客购买数据，了解每位顾客每次购买的总量、主要偏爱哪类产品、产品使用的频率等信息，从而充分把握好向已有顾客销售的时机，有针对性地向顾客提出各项建议，更加有效地说服顾客接受企业销售的产品。例如，顾客今天买进了一台激光打印机，那么 3 个月之后，这个顾客就可能需要购买硒鼓。无时间限制的有奖积分活动有足够的时间来充分掌握顾客需求的各种信息，提高顾客满意度，有利于带来更多的后续购买行为。

没有时间限制的有奖积分促销活动不利之处在于，活动一经宣布，连锁企业就必须按照活动规则把有奖积分活动不断继续下去，即使效果不佳或企业经营项目发生变化，都不能轻易终止，以免使企业形象和信誉蒙受不良影响。

促销实践9.1

“贵妇人”积分卡　越积越美丽

“贵妇人”是一家很有特色的服饰店，因为其设计的服装都是为身材较为肥胖的女性穿着的，因此其顾客群相对来说比较稳定和单一。

在“贵妇人”经营之初，差异化竞争并不为服饰业所关注，所以“贵妇人”鲜有竞争者，销量一直都是居高不下的。

但是近几年来，各种服饰品琳琅满目，从矮的到高的，从胖的到瘦的，从小孩到老人，市场细分越来越具体，目标顾客群越来越小，“贵妇人”的销量明显不如以前，“贵妇人”决定采取促销方式来提高自己的销量。

“贵妇人”的营销部门认为，其品牌的消费者是一个特殊群体，比较容易区分，只要找准了顾客，再用相应的办法留下这批顾客，就可以保证销量了。

于是，“贵妇人”推出了“贵妇人”积分卡“越积越美丽”的促销活动，“只要消费，您就有可能获赠高档化妆品，为您的美丽锦上添花，让您越积越美丽”。对前来店内消费的顾客实行记名消费方式，如果第一次消费的时候顾客留下详细资料并办理“贵妇人”积分卡，那么可以立即享受一系列优惠活动，并开始进行积分。

第一次消费立即可以得到一份“贵妇人”牌化妆品试用装一套，积分卡上的金额按照原价计算。从第二次开始，在以后任何时间来店消费，只要金额比上一次的有所增加，就可以得到化妆品一份，每次赠送的化妆品可根据顾客的需要来提供，避免雷同。

在顾客生日和重大喜庆节日的时候，持有积分卡的顾客将可以免费享受“贵妇人”提供的祝福贺卡和一份“贵妇人”生日祝福装化妆品一套。

积分不限时间，在顾客购物的累计金额达到5 000元时，将获赠价值500元“贵妇人”美白套装，获赠后累计金额又从零开始。

因为其积分条件及积分礼品都相当的诱人，“贵妇人”留住了不少的老顾客，又通过老顾客的介绍和自身积分促销的宣传，吸引了一大批前来消费的新顾客，基本上形成了一个比较稳定的、可观的顾客源，销量增加了不少。

由此案例我们可以看出：

（1）“贵妇人”的消费群体比较单一，并且其促销的目的就是要从单一的消费顾客群体中获得更好的销量。所以采取积分促销的方式，既可以留住一大批目标消费者，又可以稳定的提高销量。

（2）顾客在办理“贵妇人”积分卡的时候，留下了详细的顾客资料，对于专门服务于肥胖人群的“贵妇”来说，这些资料都是非常宝贵的，既有利于其生产部门开发出更适合胖人体形的服装样式，又有利于“贵妇人”营销部门进行数据行销，将其当季的主打产品目录邮寄给消费者。

（3）积分促销有一个好处就是，可以非常便利和快捷的统计销量，省却一部分财务管理的费用。

（资料来源：祝文欣编著．促销实战攻略．北京：机械工业出版社，2006）

9.2.2 有时间限制的有奖积分促销

大多数积分促销活动都会规定一个时限，即在规定的促销时期内，顾客满一定额度的消费才能得到积分，并且只有在规定的促销期限内顾客达到规定的积分数才能兑换礼品。如果超过了规定的促销期限，顾客消费不但得不到积分，以前的消费积分也作废了。

促销实践9.2

“蒸发”了的积分

2006 年的“十一”期间，某女士在一家商场购物时，发现一知名化妆品专柜正进行促销活动。当时营业员热情地介绍：顾客在这个专柜购买 500 元产品，可免费获得一张积分卡，然后消费 1 元便积 1 分，一年内积 5 000 分以上，就可以得到公司赠送的新产品。面对柜台上展示的一套只有积分才能换领的化妆品，她被说服了，当即买下 500 多元的产品，获得了积分卡。此后，她又多次到该柜台购买价格不菲的化妆品，到了 12 月份，她的积分卡上已经有了 3 000 多分。但进入 2007 年，她却意外地发现自己的积分竟全部“蒸发”了！

营业员告知，由于去年她的积分卡上的积分不足 5 000 分，她的积分已自动归零，今年只能开始重新积分。感觉受骗的该女士这才想起：办理积分卡时，商家并未告知“一年”的积分期限是否从办卡之日起计算，遂投诉至工商部门。

（资料来源：http://finance.sina.com.cn/roll/2007/01/13）

有时间限制的积分促销活动可以有效提高顾客在短期内的消费次数或消费金额，而且对于企业自身而言有时间限制更易于控制活动成本。因此，企业更愿意采用这种有时间限制的有奖积分促销活动。但是，因为有时间限制，如果活动的宣传力度不够，顾客的反应滞后，导致规定的时间内参与活动的人不多，就达不到企业促销活动的目的。因此，限定时间的积分促销，企业一定要注意先期的活动宣传。并且，活动的难度不能太大，毕竟提供给顾客参与的时间有限。

此外，企业举办有奖积分促销活动还应注意竞争对手的动向，如果对手此时正在举办消费送礼形式的赠品促销活动时，那么积分促销应对的效果明显不佳，因为对大部分人来说立即获赠远比慢慢等待获得赠品更有吸引力。

9.3 实施有奖积分

实践表明，积点促销存在预算开支与库存紧密配合，促销赠品的准备与消费者持续消费的兑奖绩效，以及促销过程中因时间过长消费者持续消费的耐性、不可控的市场变化等问题，所以在高效率的现代社会，长时间的积累、收集印花对许多繁忙的消费者来说太麻烦，会使部分消费者失去耐心，半途而废，吸引力逐渐变小，他们需要的是快，在短时间内就可以得到的利益。所以企业在采用积分促销方式时，事前需要周密的考虑，精心策划。

9.3.1　奖品的选择

有奖积分促销是连锁企业惯用的促销方法，活动中赠品的选择会直接影响促销效果和企业形象，因为顾客参加积分活动的目的就是使自己能享受一些优惠或者得到一些赠品。目前，很多连锁企业在终端赠品的选择方面存在很多问题，其实只要把握一些最基本的原则，就会让顾客和店铺得到双赢的效果。

（1）注重促销品的价值感。连锁企业在组织有奖积分促销活动时往往会准备大量的奖品，希望通过活动带来更多后续的购买行为。在活动的宣传上，也更多的以奖品作为活动的一大诉求。但是，有许多企业出于成本的考虑，往往选择低档次、质量不过硬的产品作为奖品，使顾客领到奖品后大失所望。还有一些企业，在宣传过程中故意夸大奖品的价值，一个六七元的剃须刀摇身一变就成了六七十元。这样的奖品，有经验的顾客一看就知道是虚假宣传。如此选择奖品的行为，使消费者有被欺骗的感觉，不但不能提高顾客的忠诚度，反而会影响到企业的信誉和形象。

（2）注意奖品的可得性。在有奖积分活动策划过程中，要特别注意以方便消费者为原则，活动规则尽可能简单易懂、一目了然，活动的时间、地点设置也要便于奖品的领取。为了防止消费者因积分信心不足而放弃，要选择几款少量积分即可换得的奖品。这样，消费者会更乐于参加积分活动。如果消费者辛辛苦苦积分到一定额度，但却发现赠品兑换手续非常烦琐，甚至由于宣传不到位而错过兑换时机，那么就会有被愚弄的感觉，也就更谈不上培养顾客忠诚度了。

（3）注意奖品和企业定位的关联性。在设计积分活动奖品的时候，要选择能够体现企业定位的商品。例如，美容连锁企业应选择护肤品作为奖品，服饰连锁企业应选择与企业服饰风格相匹配的精美饰品作为奖品……这些奖品使消费者随时能和连锁企业的形象定位产生联想。否则，要么奖品对消费者没什么作用，要么消费者在使用奖品的时候不会想起赠送奖品的企业。

促销实践9.3

大中电器积分卡

大中电器积分卡

凡在大中电器购物满1 500元，凭原始销售票据及本人身份证并填写申请表的顾客，即可成为大中电器积分卡持卡人。

一、积分获得途径

在大中电器连锁店购物的顾客按所交现金（支票），均可办理积分卡，获得相应积分；使用积分购物的额度，不再参与积分。

二、积分卡积分规则

每一元现金等于一个积分（大中电器保留对积分规则的修订权）。

三、积分卡积分的使用

1. 可享受大中 VIP 服务的全部内容，包括大中空调服务、大中小家电服务、大中音响服务、大中手机服务、大中精品服务、大中计算机服务、大中冰洗服务、大中厨卫服务。

2. 积分换礼品。

3. 积分返现。

4. 积分卡抽奖等超值活动。

5. 积分在使用后会在积分卡内相应扣除。

6. 积分可在大中电器抵现消费（每卡每日消费积分的上限为 50 000 个积分）。

四、积分卡退换货积分管理

退货时，使用现金或信用卡付款部分采用原支付形式退回，使用积分付款部分以积分形式退回积分卡内；购买该商品时所获得的积分，退货时以积分形式从积分卡中扣除。若原积分已被使用，且卡中剩余积分不足以支付时，按 100 分 = 1 元的标准以现金方式补齐。

换货时，遵循先退后买的原则，进行现金、积分的相关处理。

五、积分卡积分有效期

积分卡有效期自购物办卡之日起至本年度 12 月 31 日内有效，来年需再次交易激活方可使用。

六、积分卡的补办

补办时，原卡内积分有效期不变。原积分卡内的累计积分和消费记录将自动转移至新卡。补卡需交积分卡补办手续费 10 元。

七、积分查询

1. 可至大中任意一家门店服务台凭积分卡查询。

2. 可致电大中任一家门店服务台凭身份证号码查询。

八、积分卡增值服务内容

“大中电器积分卡”持卡人在获得大中电器积分资格的同时，也将同时成为通卡公司会员，有权获得通卡公司提供的各项通卡会员服务项目。持卡人在通卡联盟商户处消费，可以获得通卡积分奖励或享受通卡持卡人优惠折扣服务。

九、其他

本服务章程由大中电器制定、修改和解释。

（资料来源：http://www.tongcard.com/dazhong/jfzc.html）

9.3.2 成本的控制

对于一个连锁企业来说，对数量庞大的消费者进行积分管理，这其中的日常活动管理和促销沟通非常复杂。如果不进行有效的成本控制，整个连锁企业将会陷入自己设计的成本泥潭里。一般来讲，有奖积分促销活动的成本主要由奖励成本和推广传播成本构成。

（1）奖励成本。由于奖励成本可以分摊到消费者的多次购买行为中，与其他促销形式相比较，有奖积分促销在这部分成本控制上已是占得先机。在满足消费者价值感的前提下，合理设计奖励额度，就不会造成由于奖励成本过高致使企业无法承担的局面。

此外，如果活动能够获得供应商的支持，将会大大降低连锁企业的促销成本。通过积分卡的管理，供应商可以获得大量的消费者购买数据，为今后完善生产和销售行为提供了充分、详实的依据。连锁企业和供应商联合促销，对达到规定积分数的消费者给予奖励，加强供应商与消费者的联系，提高了供应商的品牌知名度，又降低了连锁企业在活动中所承担的奖励成本，实现了双赢。

（2）推广传播成本。连锁企业在举办有奖积分促销活动时，要选择有效且经济的传播推广形式。某著名大型连锁企业，几乎从来不使用广播、平面媒体等大众媒介来推广他们的“积分卡”，因为直接给客户寄信，信息到达率更高，更能引起消费者的注意。而且，很多消费者认为，定期收到一些大公司的沟通信件，让他们有一种社会地位被抬高的感觉。在有限的目标市场里举办有奖积分促销的目的不可能是赢得更多的消费者，而是怎样增加单个消费者的价值，所以直接和消费者建立联系，既经济又有效。

目前，在单一连锁店举办有奖积分促销活动的基础上衍生出一种“积分联盟”形式的新型积分促销方式，旨在通过积分互认的方式共享各加盟企业的客户资源，以期达到包括加盟企业、客户和联盟在内的三者的共赢。借助积分卡联盟，所有加盟企业联合奖励客户，使各企业以较低的返利成本，获得更大的促销效果。同时，根据对持卡者消费行为的分析，可整理出加盟企业的忠诚顾客、新顾客与潜在顾客，通过各种方式向消费者发布企业的促销信息，使企业的促销更有针对性，大大减少宣传中的无效成本。

9.3.3　时间限制

作为活动传播的受众，消费者参与活动的行为有一定的滞后性，所以有时间限制的有奖积分促销活动的时间不宜过短，要留给顾客足够的时间以获得积分。活动时间短会给消费者造成一定的心理压力，使那些本来就积分信心不足的消费者很可能因此而放弃参与活动。一般来说，有奖积分促销不能像其他促销活动只有一两个月，甚至仅仅几天的活动时间，有时候一个组织严密、策划周详的大规模积分促销活动需耗时半年，乃至一年的时间。

任务小结

“有奖积分促销”也称为积点促销，是一种先消费后获赠的促销方式，是顾客在消费后得到分数或点数，当累计到规定的分数或点数的时候，即可获赠相应的奖励。该奖励既可以是现金，也可以是礼品，或者是下一次购买的折价优惠券等。这种促销方式，对于“使顾客再度上门消费”或使“本店的顾客不被竞争对手所抢走”具有良好的效果。

根据是否有时间限制，可将有奖积分促销分为有时间限制的有奖积分促销和无时间限制的有奖积分促销。实践表明，积点促销存在预算开支与库存紧密配合，促销赠品的准备与消费者持续消费的兑奖绩效，以及促销过程中因时间过长消费者持续消费的耐性、不可控的市场变化等问题，所以在高效率的现代社会，长时间的积累、收集印花对许多繁忙的消费者来说太麻烦，会使部分消费者失去耐心，半途而废，吸引力逐渐变小，他们需要的是快，在短时间内就可以得到的利益。所以企业在采用积点促销方式时，事前需要周密的考虑，精心策划。

任务十 POP 促销

任务导入

由于超级市场的出现，商品直接和顾客见面，大大减少了售货员，节约了商场空间，这不仅加速了商品流通的速度，而且缩减了商业成本，促进了商品经济的繁荣。但碰到的最尖锐的问题，就是如何利用广告宣传，在狭窄的贷架，柜台空间，在顾客浏览商品或犹豫不决的时候，恰当地说明商品内容、特征、优点、实惠性，甚至价格、产地、等级等，吸引顾客视线，触发顾客兴趣，并担当起售货员的角色，使顾客很快地经历瞩目、明白、心动而决定购买的购物心理过程。在这种形势下，POP 广告这种新的广告形式就应运而生，它在整个商品销售过程中成了一个“无声的售货员”。

POP 广告起源于美国的超级市场和自助商店里的店头广告。20 世纪 30 年代后期，POP 广告在超级市场、连锁店等自助式商店频繁出现，并逐渐为商界所重视。由于 20 世纪 60 年代以后，超级市场这种自助式销售方式由美国逐渐扩展到世界各地，所以 POP 广告也随之走向世界各地。

相关知识

10.1 认识 POP

POP（Point of Purchase），其英文原意为卖点广告，其主要目的是将商家的销售意图准确地传递给顾客，在销售现场直接促使顾客产生即时购买的冲动。

POP 广告的概念有广义和狭义之分。广义的 POP 广告，指凡是在商业空间、购买场所、零售商店的周围、内部以及在商品陈设的地方所设置的广告物，都属于 POP 广告。例如，商店的牌匾、店面的装潢和橱窗，店外悬挂的充气广告、条幅，商店内部的装饰、陈设、招贴广告、服务指示，店内发放的广告刊物、进行的广告表演，以及广播、电子广告牌等。狭义的 POP 广告，仅指在购买场所和零售店内部设置的展销专柜以及在商品周围悬挂、摆放与陈设的可以促进商品销售的广告媒体。如图 10.1 所示，这是两则百盛超市的悬挂 POP 设计，顾客一进入店门，视线便被 POP 强烈地吸引了，该 POP 设计采用了极富传播功能的红底金字：“店庆 • 新年”、“双喜临门”、“98 减 40 现金”等字样，广告效果明显。

（资料来源：http://www.k5a.net/print.asp?articleid）

POP 广告的特点如下。

（1）不受场合限制。POP 可以适应任何场合，它们陈列、展示在那里，不用通俗语言的自我赞美甚至吹嘘，而是用无声的形象说明存在的价值和品位，是一个最诚实的推销员。

肯德基门店前的那位山德士大叔，不论刮风下雨，不论是在美国还是在中国，每天都笑容可掬喜迎八方来客。麦当劳的那个金色拱门在全世界都是一样的颜色与造型，红、黄两色就是它最鲜明的标记。在任何国家，你不用说话，都走不错麦当劳的店门。

（2）经济划算。成熟的连锁企业已经很懂得在广告投入和效益分析上算账了，广告的成本是应当精心核算的。目前，电视、广播、路牌、报纸及移动广告的费用正在大幅攀升，首都机场高速路上的一幅路牌广告，费用竟达百万元之多，这促使企业在对媒体的选择上不得不十分谨慎。

相比而言，POP 的制作成本却很节俭，且在自家门内门外设计，更可以随心所欲。如果连锁企业自己能够策划并拥有美工，几乎花不了多少钱。即使请策划公司来做，费用也很有限。加上可随时根据季节、天气、消费者心理变化等情况做相应变动，其改造、创新、设计都很方便。

（3）呼唤消费者的潜意识。调查表明，人们进入连锁店并非一定都有明确的购买意识。有时虽有明确的购买意识，但却常常失望而归。原因固然有对商品本身的不满意，但有时也是因为商品之外的因素，如销售人员态度不好，店堂内环境不好。

图 10.1　百盛悬挂式 POP

更重要的是，一个消费者走进商店、酒楼、餐厅，他早已忘记了先前大众传媒告诉他的种种信息，他常变得不知买什么好，而此时店内的悬挂、张贴、摆放、展示等种种 POP 形象会唤起他的潜在意识，从而形成购买欲望。人们此时购买行为的 70%以上都是不在计划之中的。

（4）展示出“爱心”。表面上看，连锁店 POP 展示的是商品，其实那也是“爱心”。如果店主与顾客是朋友，销售活动就成了一种爱心的交流。消费者就不会再有被“掏”腰包，甚至上当的感觉了。连锁店的爱心是通过 POP 表现出来的，运用设计得好，可以得到充分的展示。

当顾客面对各种各类五光十色的商品时，常为之迷惑，不知所措。这时，如果有一则杰出的 POP 广告提示顾客的话，那真会让顾客喜出望外！POP 如同一个善意的向导，顾客会由衷地感谢店主的爱心。

（5）最终目的是为促销。许多连锁店，在柜台上都有许多可供人们随时取用的印刷品。对连锁店而言，这是一笔费用，但它所起的作用却不言而喻。介绍新产品，说明使用方法，进行艺术渲染，诸如此类的宣传活动，最终都会增加商品的销量。表 10.1 是日本一家超级市场 POP 广告短语促销效果的实际调查。

表 10.1　日本一家超级市场 POP 广告短语促销效果调查

商　　品	没有用 POP 的销售量	使用 POP 的销售量	增　长　率	POP 广告短语
洗衣粉　（500g）	22	40	82%	清爽一片，浓情无限
醋汁（3 000ml）	51	60	18%	调出生活美味
洗发水（750ml）	30	42	40%	想拥有更自然的头发吗
牛奶（250ml）	221	412	86%	健康你的生活
浓缩果汁（500ml）	12	23	92%	营养丰富的果汁送你美丽生活
炒锅	8	13	63%	盛满全家人的幸福享受
麦芽啤酒（250ml）	89	125	40%	让你的餐桌更营养更丰盛

10.2　POP 的分类

POP 广告在实际运用时，可以根据不同的标准对其进行分类，不同类型的 POP，其功能也不尽相同。

1．按照 POP 的体现形式分类

按照 POP 的体现形式进行分类，POP 分为招牌 POP、粘贴 POP、悬挂 POP、标志 POP、包装 POP、灯箱 POP。

（1）招牌 POP，包括店面、布幕、旗子、条幅、电动字幕等，用来向顾客传达企业的识别标志、销售信息。

（2）粘贴 POP，主要是以海报的形式反映店内商品信息、活动信息。

（3）悬挂 POP，包括悬挂在连锁超市内的气球、吊牌、吊旗、装饰物、包装盒等，主要用来活跃卖场气氛。

（4）标志 POP，是连锁超市内的卖场引导标志牌，用来向顾客传达购物方向、商品摆放位置。

（5）包装 POP，主要以礼品包装、赠品包装等形式促进商品的销售。

（6）灯箱 POP，将灯箱固定在货架的端侧或者上侧，起到指定商品的陈列位置和形成品牌专卖的形象作用。

2．按照摆放位置分类

按照摆放位置进行分类，POP 可分为外置 POP、店内 POP、陈列现场 POP。

外置 POP、店内 POP 及陈列现场 POP 的形式与功能，如表 10.2 所示。

表 10.2　外置 POP、店内 POP 及陈列现场 POP 的形式与功能

名　称	具体形式	功　能
外置 POP	连锁超市招聘、旗子、布幕、条幅	（1）告知顾客这里有一家连锁超市
		（2）告知顾客这家连锁超市所售商品的种类
		（3）告知顾客这家连锁超市正在做促销活动
店内 POP	卖场引导 POP、特价 POP、气氛 POP	（1）告知顾客某种促销商品的陈列位置
		（2）告知顾客某种商品的促销形式及优惠幅度
		（3）传达商品情报及厂商信息
陈列现场 POP	展示卡、分类广告、价目卡	（1）告知顾客连锁超市某种商品的品质、使用方法、厂商名称
		（2）帮助顾客挑选商品
		（3）告知顾客广告品或推荐品的位置、尺寸及价格
		（4）告知顾客商品的名称、数量、价格，以便顾客做出购买的决定

3．按照 POP 所起的作用分类

按照 POP 所起的作用进行分类，POP 可分为气氛类 POP 和促销类 POP 两大类。气氛类 POP 主要作用是烘托卖场气氛，构建卖场与众不同的个性文化风格与理念。促销类 POP 的功能主要在于通过简洁的信息，有效地刺激顾客的购买冲动，实现成功的交易。二者的区别如表 10.3 所示。

表 10.3　促销类 POP 广告与气氛类 POP 广告的功能与区别

名　称	具体形式	功　能	使用期限
促销类 POP	手制的价目卡、拍卖 POP、商品显示卡	代替店员出售商品	拍卖期间或特价日，多为短期使用
		帮助顾客选购商品	
		促进顾客的购买欲望	
气氛类 POP	形象 POP、消费 POP、张贴画、悬挂小旗	制造店内气氛	一般性长期使用，具有季节性特征

4．按照 POP 在使用过程中的时间分类

按照 POP 在使用过程中的时间进行分类，POP 可分为长期 POP、中期 POP、短期 POP。

（1）长期 POP 广告是指使用周期在一年以上的 POP 广告类型，主要包括门店招牌、柜台、货架及企业形象广告。这类 POP 广告一般由连锁企业统一设计并制作，这些 POP 所花

费的成本都比较高，使用周期也比较长。

（2）中期 POP 广告是指使用周期为一个季度左右的 POP 广告类型，主要包括季节性商品的广告、连锁店以季节性为周期进行宣传的 POP、周期性使用的橱窗等，这类 POP 广告的使用周期一般在一个季度左右，故属于中期的 POP 广告。中期 POP 广告的设计与投资，可以在长期 POP 广告的档次下，作适当的考虑。

（3）短期 POP 广告是指使用周期在一个季度以内的 POP 广告类型。例如，柜台 POP 展示卡、展示架以及连锁店的减价、甩卖招牌等。由于这类广告的存在都是随着连锁店某类商品的存在而存在的，只要商品一卖完，该商品的广告也就无存在的价值了。特别是有些商品由于进货的数量以及销售的情况，可能在一周、一天甚至几小时就可售完，所以相应的广告的周期也可能极其短暂。对于这类 POP 广告的投资一般都比较低，设计也相对不太讲究。当然就设计本身而言，仍然在尽可能的情况下，做到符合商品品位。

10.3 实施 POP 促销

走进一家连锁超市，铺天盖地、多种多样的 POP 广告，让你眼花缭乱，目不暇接，一次次视觉冲击接踵而至，这无疑是购买前最后的广告。

10.3.1 设计 POP

根据 POP 广告的特性，在设计 POP 广告时必须做到如下几点。

（1）明显的视觉诱导性。POP 广告的首要任务是引起消费者的注意，并激发起他们的兴趣，诱导他们去接近商品，这是 POP 广告策划的根本。

（2）服从于企业的整体形象。POP 广告策划必须与连锁企业的整体形象相吻合，依据企业或品牌的整体性来制作，考虑连锁企业广告表现的统一性。

（3）具有鲜明的个性。POP 广告的策划与设计在形式上要新颖独特，别具一格，不同的 POP 广告应用不同的形式与风格，具有很强的视觉表现力，引人入胜，有助于强化企业的鲜明个性，使人一眼就能识别。

（4）突出广告商品的特性。POP 广告作为“商品交易场所的最终广告”具有直接的促销作用。不同商品的 POP 广告设计，无论在造型上或视觉处理上均有明确诉求的对象，突出商品的内在性格，促使消费者都能很快识别商品的特点与性能，刺激消费者的购买欲望。

总之，POP 广告以促进购买、增加销售为目标，以准确传递商品信息给消费者为已任，要求 POP 广告定位于消费者，要了解消费者的生理和心理需求，只有这样才能起到介绍商品，指导消费，招徕顾客，扩大销售的作用。

10.3.2 制作 POP

（1）材料选取。POP 广告一般选用纸质材料，如海报纸、模造纸、粉彩纸、丹迪纸、牛皮纸、珍珠板、色纸、绵纸、皱纹纸、塑胶板等，但不管用哪种材料，均以白色横长方形为好，使用有色的纸时以浅色为好，这样便于传达信息。

（2）书写方法及内容。POP 广告以从左到右横写为原则，文字要说明商品的特征、使用方法、商品价值等，防止错字、繁体字等产生。另外，POP 是一种“淡化艺术的艺术”，所以装饰性不要太强，以免削弱消费者对 POP 内容的认知。

（3）常用工具。POP 制作常用的工具有三角板、直尺、美工刀、平头笔、各种型号的铅笔、广告色、剪刀、画板、胶带等。

（4）宣传文句的制作。在制作 POP 宣传文句时，要注意应选用简短、有力的文字来表现 POP 要传达的内容，而且要做到使顾客充分地了解商品的特性及使用方法，在字数上 15～30 字为限。

10.3.3 设置与摆放 POP

POP 广告的摆放是否具备科学性，直接影响到使用效果。因此，在 POP 广告设置与摆放过程中需要注意以下几方面的问题。

（1）POP 广告的设置与摆放高度要合适。如果 POP 广告采取的是悬挂式，则悬挂的高度既要避免因距离商品太远而影响促销效果，又要防止遮挡消费者的视线；如果 POP 广告采取的是张贴式，则张贴的高度要距离地面 70～160cm 的高度范围内比较合适，这正是人们的最佳视觉范围。

（2）POP 广告的设置与摆放数量要适中。POP 广告并非越多越好，数量过多的 POP 广告会让人产生厚重和压抑感，遮挡通道内的消费者视线，影响购物心情，产生适得其反的效果。

（3）POP 广告的设置与摆放时间要与促销活动时间保持一致。过期的 POP 广告要及时清理掉，以免给消费者造成消费误导。

（4）POP 广告与商品之间的摆放位置要合理。如果要把 POP 广告放在橱窗或者货架上，要避免遮住商品；如果把 POP 广告直接贴在商品上，要注意 POP 广告的尺寸不能比商品本身还大，一般应该粘贴在商品的右下角。

（5）POP 广告在使用过程中需要保持清洁整齐，如果有撕毁现象，应及时更换或擦新。

任务小结

POP（Point of Purchase），其英文原意为卖点广告，其主要目的是将商家的销售意图准确地传递给顾客，在销售现场直接促使顾客产生即时购买的冲动。

POP 广告的概念有广义和狭义之分。广义的 POP 广告，指凡是在商业空间、购买场所、零售商店的周围、内部以及在商品陈设的地方所设置的广告物，都属于 POP 广告。例如，商店的牌匾、店面的装潢和橱窗，店外悬挂的充气广告、条幅，商店内部的装饰、陈设、招贴广告、服务指示，店内发放的广告刊物、进行的广告表演，以及广播、电子广告牌等。狭义的 POP 广告，仅指在购买场所和零售店内部设置的展销专柜以及在商品周围悬挂、摆放与陈设的可以促进商品销售的广告媒体。

POP 广告在实际运用时，可以根据不同的标准对其进行分类，不同类型的 POP，其功能也不尽相同。按照 POP 的体现形式进行分类，POP 分为招牌 POP、粘贴 POP、悬挂 POP、标志 POP、包装 POP、灯箱 POP；按照摆放位置进行分类，POP 可分为外置 POP、店内 POP、陈列现场 POP；按照 POP 所起的作用进行分类，POP 可分为气氛类 POP 和促销类 POP 两大类；按照 POP 在使用过程中的时间进行分类，POP 可分为长期 POP、中期 POP、短期 POP。

任务十一　以旧换新

任务导入

新时代的人们懂生活，品生活，享生活，提倡节能、健康、时尚、绿色的环保生活。应人们生活要求家居业催生出地板以旧换新模式。这样的营销模式不仅降低了地板的生产成本，同时又做到了低碳环保，可谓是无可挑剔的好方法。以旧换新的营销模式完全符合现代人们节能、环保的生活要求，地板回收行动正在全国范围内刮起一股新的潮流。

目前，国内消费者整体的购买能力逐渐增强，家具市场需求量随之逐步增大，地板业也如此。因为地板行业是极度依赖林业资源的，随着林业资源的日益匮乏，地板产品的原材料成本提高。所以如何在不降低地板品质的情况下降低地板的生产成本便成为地板企业深究的问题。以旧换新营销模式在这样的环境下应运而生。它不仅减少了地板原材料的使用量，提高资源能源利用效率，同时也降低了地板生产过程中的碳排放量。这样的举措促进了节能减排和循环经济发展也进一步扩大与促进消费者的需求，是一个很好的良性循环。

我国的以旧换新业务，除传统的家电、汽车产品外，还有相机、手机等电子产品，目前又有了一个新的成员——地板，相信还会有新的成员不断加入。

相关知识

11.1　认识以旧换新

以旧换新也就是以旧货换新货，在价格上对顾客实行一部分折让的促销方式。随着产品更新速度越来越快，以旧换新促销必将越来越显示其独特的优越性。

以旧换新促销的优点，主要在于它能消除新商品销售的障碍，免得消费者因为舍不得丢弃尚可使用的旧商品而不买新商品。另外，以旧换新也为那些过时的商品找到了一个折价的机会，因此能鼓励消费者及时淘汰更换过时的商品，购买新潮的流行时髦商品。

以旧换新实质上是变相降价，但能避免直接降价带来的种种副作用。在实际工作中，很多商家担心降价会贬损商品形象，引起消费者对商品质量的怀疑，或担心降价会引发同行中竞相降价的价格战，往往使用以旧换新变相降价。这样做既能收到降价的促销效果，又可避免降价带来的负面影响。

以旧换新的缺点，主要是促销成本较高，且促销范围相对狭窄，只适用于促销高中档耐用消费品，且操作起来较为麻烦，需要准确测算折价标准和折价幅度，易形成负面影响。

相关信息 11.1

由财政部、商务部联合发布的《汽车以旧换新实施细则》（以下简称《细则》）2009 年 7 月 13 日正式出台。《细则》规定，四类汽车可享以旧换新补贴，金额从 3 000 元到 6 000 元不等。正式实施的《细则》将老旧汽车的补贴标准和“黄标车”的补贴标准进行了分开设定。

报废老旧汽车的补贴标准分别为：报废中型载货车，每辆补贴人民币 6 000 元；报废轻型载货车，每辆补贴人民币 5 000 元；报废微型载货车，每辆补贴人民币 4 000 元；报废中型载客车，每辆补贴人民币 5 000 元。

“黄标车”的补贴标准分别为：报废中型载货车，每辆补贴人民币 6 000 元；报废轻型载货车，每辆补贴人民币 5 000 元；报废微型载货车，每辆补贴人民币 4 000 元；报废中型载客车，每辆补贴人民币 5 000 元；报废小型载客车（不含轿车），每辆补贴人民币 4 000 元；.报废微型载客车（不含轿车），每辆补贴人民币 3 000 元；报废轿车、重型载货车、大型载客车、专项作业车，每辆补贴人民币 6 000 元。

2012 年 7 月 25 日，国家财政部、商务部联合发出公告，重新修订了老旧汽车报废更新补贴车范围及补贴标准。根据该标准，补贴幅度为 18 000 元和 11 000 元两档，主要针对农村客运汽车、城市公交汽车、重型载货汽车等商用车。根据该公告，2012 年 1 月 1 日～12 月 31 日期间交售给报废汽车回收企业的，符合条件的各种商用车，其中农村客运车辆补贴标准为每辆车 11 000 元人民币，不同载客数的城市公交车补贴标准为每辆车 11 000 元、18 000 元人民币，重型载货汽车补贴标准为每辆车 18 000 元人民币。

11.2 实施以旧换新

11.2.1 选择合适的产品进行以旧换新

以旧换新促销的商品主要是使用寿命长、价值较大的产品。

由于技术进步的不断加快，产品换代越来越快，常常使得一些产品的市场生命周期短于产品的使用寿命。例如，电视机，20 世纪 90 年代以前生产的彩电其使用寿命还没有到期，可在样式和一些辅助功能上（如遥控、多频道）已明显落伍。这样就使得这些电视机的拥有者，颇有一种“鸡肋”的感觉——“用之无味，弃之可惜”。另外，厂商面对的市场仅仅是新组建的家庭，生产能力远远过剩，短期内甚至达不到规模效益。这就迫使厂商急于拓展消费市场，促使拥有现有产品的家庭提前淘汰现有产品，促进新产品的上市，为新产品“催生”。因此，从某种意义上来说，以旧换新的促销手法，实质上具有通过以旧换新进行变相降价，以达到市场渗透的目的。但如果旧产品的生命周期并不长，或自身价格不高，则市场上并不存在因旧产品而阻碍新产品上市的阻力，以旧换新的作用就不大。

11.2.2 掌握旧商品的折价标准

以旧换新，消费者最关心的主要还是手中的旧货如何折价。现在商家所采用的做法，挫伤了顾客参与活动的积极性，尤其是那些手头旧货尚比较新的顾客。因此，在条件允许的情况下（指企业有充足的人力和精力），连锁企业还是应当确立不同的折价标准，以区别对待新旧程度不同、原有价格不同的旧货。

11.2.3 控制旧商品的折价幅度

掌握旧商品的折价幅度，不仅关系到促销活动对顾客的吸引力的大小，也直接关系到促销活动的经济效益。因此，要根据企业的促销目标、促销预算以及市场上竞争产品的情况来科学制定折价幅度，使企业既扩大了商品的销售，又能保证一定的盈利。

11.2.4 把握促销活动的时间

以旧换新活动在什么时间展开，是长期开展还是定期开展，这些都要精心策划，关键是要根据促销效果来进行效益上的测算，如果得不偿失，就应停止以旧换新的促销活动。

任务小结

以旧换新也就是以旧货换新货，在价格上对顾客实行一部分折让的促销方式。随着产品更新速度越来越快，以旧换新促销必将越来越显示其独特的优越性。我国的以旧换新业务，除传统的家电、汽车产品外，还有相机、手机等电子产品，目前又有了一个新的成员——地板，相信还会有新的成员不断加入。

实施以旧换新促销，首先要注意以旧换新产品类型的选择，其次要掌握旧商品的折价标准，控制旧商品的折价幅度，最后还要把握促销活动的时间。

任务十二 联合促销

任务导入

2003 年 12 月 3 日，格兰仕、康宝等 11 家知名企业在北京高调签署了《互动联合营销联盟公约》，宣布试水大规模的跨行业互赠联合促销模式。次日，联盟共同推出“优惠套餐组合”。消费者购买联盟内任一企业的任一产品，均可获赠总值不超过 5000 元的各式优惠券，消费者凭相应产品的优惠券到指定地点购买时，价格上可享受优惠券的同等面值折扣。在格兰仕的设想中，联盟企业可以借乘格兰仕遍及全国的两万多个终端，搭售他们的产品，同时，他们的终端也能推广格兰仕的产品，几十家战略盟友同力推广，就会有几十万、上百万个终端，这样势必会大幅降低产品的市场推广成本，自然就为终端售价的调整预留了不少的空间。看起来，这仿佛是格兰仕书写的一幅大写意画。“联合促销”一推出，立刻吸引了业内和舆论界的强力聚焦。

联合促销，是促销的高级形式，是单独促销的转变和升华，对目标消费者和潜在的消费对象构成的冲击波更大，影响力更强。

相关知识

12.1 认识联合促销

联合促销是两个或两个以上的商品、品牌或企业合作进行的促销活动，以扩大活动的影响力。这种方式的最大好处在于联合促销的各方以较少的促销费用取得较大的效果。

例如，苏宁电器与苏宁银河百货签订《合作协议》，联合开展日常促销活动。苏宁电器在南京地区连锁店联合苏宁银河国际购物广场（苏宁银河）共同举办“满就送购物券”的促销活动，顾客在双方购物所获赠的购物券均可充当同等金额的现金，可在苏宁电器南京地区各连锁店及苏宁银河消费时通用。苏宁银河为江苏苏宁电器股份有限公司（江苏苏宁）控股子公司，主要开展高档百货的经营，目前在南京拥有两家门店。家电连锁、百货连锁的经营模式不同，苏宁电器和苏宁银河在促销方面的互补合作，取得了可喜的业绩。

1．联合促销的优点

（1）成本费用由各方分摊，降低了各方促销的投资，却可能收到更好的效果。1998 年 12 月至 1999 年 1 月，全日美实业（上海）有限公司、北京汇联食品有限公司、美国雅培制药有限公司等婴幼儿产品企业，联合举办了免费爱心大礼包赠送活动。包中有“嘘嘘乐”免洗尿裤 4 片，“汇力多”婴儿苹果泥 1 瓶，“雅培”奶粉试用装 1 包，“五月花”面巾纸试用装 1 包。这种多家企业联合起来派送的样品包，费用由几家公司分摊，花钱少而且效果好。

（2）有时能获得单独促销无法获得的效果。武汉市中南商业大楼的布匹销售专柜，曾专门请了几名技术高超的裁缝在其旁边开设“店中店”，此举吸引了很多消费者前去买布，因为可以就近请好裁缝为自己量体裁衣。有的消费者干脆请裁缝做自己买布的参谋，不但布匹销售增加了不少，裁缝店生意也非常火爆，这种联合促销达到了单独促销无法达到的效果。

（3）名牌商品的联合促销，可以借对方产品的知名度为自己增加新的消费者群。2000 年 6 月至 8 月，摩托罗拉与桑塔纳联手合作，购买汽车的用户都可获得摩托罗拉 DSP 车载免提通话系统及手机 1 部。上汽与摩托罗拉公司的这种捆绑合作，目的在于通过不同产业间名牌产品的组合，期望能以品牌的震撼力激活各自的市场。

（4）弱势品牌如果能与强势品牌联合促销，可借对方的知名度提高自己的形象，带动弱势品牌的销售。当然，要做到这一点，弱势品牌在合作中通常要付出更高的代价。现实中，有的厂家把自己滞销品牌的折价券，放进畅销品牌的包装中或包装上，发送给消费者。还有的超市在收银机的账单纸带反面，印上另一家生意萧条的电影院购买电影票的折价券，不但促销了电影票，对超市的销售也有一定的好处。

2．联合促销的缺点

（1）联合各方所承担的费用难以商定，利益冲突较难摆平，相互关系较难处理。

（2）促销活动的时间、地点、内容和方式较难统一，各方都希望选取对自己最有利的促销时间、地点、内容和方式。

（3）促销活动开始后，各方为了把顾客吸引到自己周围，或提高自己产品的销量，有可能互相拆台，使合作伙伴成为竞争对手。

（4）在联合促销活动中，要突出本企业或本企业经营商品的特色，有一定困难。

12.2 联合促销的类型

（1）不同行业企业的联合促销。这是联合促销最常见的形式，不同行业之间不存在竞争关系，而且还可以优势互补。众所周知，“小天鹅”与“碧浪”在许多大专院校开办了“小天鹅—碧浪”洗衣房。在“碧浪”洗衣粉的包装上写着：“推荐一流产品小天鹅洗衣机”；“小天鹅”在销售时，则赠送“碧浪”洗衣粉给顾客试用。由于“小天鹅”与“碧浪”都是品牌产品，双方不存在竞争关系，这种不同行业企业的联合促销能产生品牌叠加效应，达到双赢目的。

（2）企业经营的不同品牌联合促销。同一企业不同品牌的联合促销，也能达到单一品牌促销无法达到的效果。1998 年年底，上海太太乐调味食品有限公司推出了多品牌联合促销活动，消费者购买“太太乐”鸡精、宴会酱油、任选两款调味包、一个礼品袋，一共只需花 10 元钱。这些商品原售价为 19 元左右，接近 50%的折价优惠。这种不同品牌的联合促销，可以用来搭卖滞销商品，比单一品牌折价促销效果更好。

（3）制造商与经销商之间的联合促销。例如，北京贵友大厦对全场商品 8 折促销，其中厂家承担 10%的降价损失，贵友大厦承担 10%的降价损失，商品打 8 折后双方都有钱可赚。又如，武汉中商集团于 2001 年 3 月投入 2 000 万元，低价买断长虹 29 英寸超平彩电 1.1 万台，以低于市场价 400～1 000 元的价格抛售，仅 4 月 6～16 日，就售出 2 500 台。这种厂、商之间的合作促销，不但效果好，而且流通环节少、资金回笼快，产、销双方都乐于接受。

（4）同行企业之间的联合促销。俗话说“同行是冤家”，但同行之间并不是没有合作的余地。由一家企业单独举办产品看样订货会，很难吸引众多客商；而多家同行企业联合起来，共同召开一个订货会，展示各自的产品，这样才能吸引众多客商前来看样订货。同行企业也需要互相利用，借助对方，达到双赢目的。在目前同行企业众多的情况下，这也是一条提高本企业竞争力的重要途径。

12.3 实施联合促销

联合促销主要分为两种形式：企业内部不同品牌的联合促销、不同企业不同品牌之间的联合促销。第一种较为常见，而第二种比较少见，但发展比较迅猛、前景更广阔。由于第一种相对比较容易操作，因此在这里主要介绍第二种联合促销的操作方法。

12.3.1 寻找合作品牌，达成协议

联合促销，最重要的是必须找到一个真正可以、并且又非常合适的和自己的品牌一起联合进行促销的品牌。通常情况下，任何合作的终极目标都是要实现双赢。因此，在寻找可以联合促销的品牌的时候，首先必须将双赢作为合作的前提。在现实的操作中，并非所有的品牌都适合进行联合促销，因此必须遵循一定的原则去寻找合作品牌。

（1）消费习惯法，即从自身品牌的功能、用途出发，按照消费者的消费习惯，来寻找合作品牌。如酱油品牌联合鸡精的联合促销，因为根据消费者的消费习惯，在煮菜的时候，消费者往往放了酱油，最后还得加点鸡精。同样，休闲食品品牌可以联合啤酒品牌，家具品牌可以联合电器品牌等。

（2）创新法，即突破传统的思维和模式，将不同产品或服务进行嫁接，来寻找联合促销品牌。例如，中秋节期间，月饼生产厂家联合 EMS 特快专递，全国范围内免费送月饼上门的促销。

（3）连锁法，即根据品牌本身的上游或下游消耗品使用情况来寻找合作品牌。例如，打印机品牌可以联合打印纸品牌，汽车品牌可以联合石油或润滑油品牌，洗衣机品牌可以联合洗衣粉品牌等。

12.3.2 寻找契合点，明确共同目标

任何促销都会有主题，有主题就需要有通过这个主题的促销所要达成的目标。因此，在找到了自己联合促销的伙伴之后，第二步是要明确促销的目的，找到所联合进行促销的不同品牌的契合点，然后才能在这个基础之上确立双方所要达成的共同目标。无数企业联合促销的成功经验表明：联合促销的品牌契合点越大，共同目标越接近，联合促销的效果将会越大。所以企业决不可忽视在如何寻找更多契合点、制订更合理的促销目标上的努力。

三九药业当年联合《新周刊》一起进行品牌的推广，实际上就是一场大型的联合促销。三九药业的一些新非处方药急需打开市场、扩大知名度；而《新周刊》也刚在媒体界出道，没有什么知名度，也迫切需要有知名企业在其媒体上露脸、暴光。利用这个共同的契合点，双方一拍即合，举行了一系列的促销活动。在整个合作当中，三九药业只付给了《新周刊》很少的费用，就赢得了一个品牌宣传的平台；而《新周刊》也凭借和三九药业的合作，在医药界赢得了更多的广告客户。最终，联合促销的双方都皆大欢喜！

12.3.3 制订一个双赢的方案

任何促销活动的成功实施，都离不开有一套有效、可行的方案的指导。联合促销最大的目的是要实现合作品牌双方的共赢，这也是联合促销能否取得成功的关键。因此要达到这一目的，就必须制订一套高效、务实的双赢方案。值得注意的是，在方案的制订上，任何一方都必须以大局为重、均衡利益，决不能只顾一方利益而忽视另一方的利益。

至于联合的双方如何提供各自的资源、如何投入，可以根据双方所要达到的目标来衡量分配。根据我们的经验，在制订双赢的方案上，比较理想的方法，是由联合的双方各自列出自己在促销中所要达到的目标，并提出各自与对方合作的方式和意向；然后，策划公

司根据双方所列出的目标和合作方式，找出双方的共同点和可结合点，再根据这个来进行具体的联合促销方案的策划。这样一来，双方都会对方案比较满意。通过这种方式制订出来的联合促销方案较容易获得合作双方的认可，并很快可以得到执行。

12.3.4　强有力的贯彻执行

对于联合促销来说，制订了一个高效、可以实现双赢的方案，只是成功了 30%，更重要的 70%要看双方具体的密切配合执行。作为促销活动的类型之一，联合促销在具体执行时，也必须遵循事前测试、事中监督，事后评估的三个流程。

但与一般的促销活动不同的是：联合促销进行的不是单一品牌的促销，两个不同背景和文化的品牌进行促销，难免会有磕磕碰碰的事情发生。因此，为了保证联合促销万无一失，联合促销的双方必须组成由各自市场部经理和第三方策划公司组成的总指挥中心，专门负责整个促销活动人力、物力、财力的配合和协调，并针对联合促销活动的每一个细节进行把关，严格按照既定的方案执行到位，把联合促销整个项目的执行力发挥到极至。

促销活动执行的好坏和优劣关系到促销活动的成败，更关系到双方品牌形象的美誉度。这一点对于联合促销来说，也是更为重要的事情。因此，为了控制促销的质量和把持联合双方利益的公平，联合促销的双方还可以在第三方策划公司的参与下，成立由联合双方人员组成的促销执行巡视小组，专门负责监督联合促销的执行情况。一旦发现问题，巡视小组就可以及时向总指挥中心汇报。而总指挥中心也可以根据具体情况，在最短的时间内做出反应，将问题带来的损失控制到最小。

12.3.5　后续跟进、总结，完美谢幕

当整个联合促销结束之后，进行联合促销的双方必须及时对促销中出现或等待解决的问题进行跟进。例如，该给予售后服务就给予售后服务，该兑现的促销奖品就给以兑现。在所有问题得到解决之后，联合促销的双方必须对整个促销活动进行总结和归纳，将一些非常宝贵的经营用于下一次的合作。

促销实践12.1

美国马克威尔牌咖啡与日本面包公司的联合促销

20世纪60年代中期，美国的马克威尔牌咖啡在日本先后进行了3次大规模的样品派送，共送出咖啡样品 1 800 万份，派送办法是把咖啡样品封在一斤装的面包包装内。

第一次派送时间是 1965 年 3～5 月，共 3 个月。马克威尔牌咖啡的生产厂家与日本第一屋制面包公司合作，把咖啡样品夹在 1 斤装的面包包装内，送出了 200 万份样品，范围遍及日本全国。结果面包销量和咖啡销量都有惊人的增长，使得日本其他面包公司纷纷要求参加派送。

第二次派送时间是 1965 年 10 月到 1966 年 1 月，共 4 个月。马克威尔牌咖啡的生产厂商与日本 7 个地区的 7 家面包公司合作，其中 6 家面包公司是东京第一屋制面包公司、大阪的神户屋制面包公司、名古屋的敷岛屋制面包公司、福岗的粮友屋制面包公司、仙台的

虎屋制面包公司、札幌的罗巴面包公司，7个地区共送出样品600万份。

第三次派送是在1966年秋季。除第二次派送样品的7家面包公司外，新增加了静岗地区的惠比寿制面包公司、新泻地区的郁金香食品公司、福井地区的富士面包工业公司。10个地区的10家面包公司共送出样品1 000万份。

这一联合促销活动取得了巨大的成功，具体表现在以下几个方面。

（1）马克威尔牌咖啡销量猛烈上升，过去不卖咖啡的面包店都开始代销该产品，并把这种咖啡陈列在主要的、正面的货架上。

（2）面包店因销售附带了咖啡样品的面包，生意特别好。

（3）面包工厂的业务量因此增加了35%，派送结束后，这种业务量仍持续了好久。

（4）消费者品尝样品后，才知道马克威尔牌咖啡是最好的，从此改变了消费习惯，认牌购买马克威尔牌咖啡。

这次联合促销之所以获得成功，主要原因如下。

（1）咖啡和面包有共同的目标消费者。一般来说，以面包为主食的人，绝大多数有喝咖啡的习惯，所以选择面包作派送咖啡样品的载体，非常合适。

（2）合作双方互惠互利。附送咖啡增加了面包销量，选择面包派送能准确瞄准咖啡的目标消费者，双方有共同利益，当然一拍即合，同心协力。

（3）面包和咖啡搭配得当，符合人们的饮食习惯，从而能吸引更多消费者。

（资料来源：马绝尘.企业管理.2007-2-1）

任务小结

联合促销是两个或两个以上的商品、品牌或企业合作进行的促销活动，以扩大活动的影响力。这种方式的最大好处在于联合促销的各方以较少的促销费用取得较大的效果，是促销的一种高级形式。

联合促销主要分为两种形式：企业内部不同品牌的联合促销、不同企业不同品牌之间的联合促销。第一种较为常见，而第二种比较少见，但发展比较迅猛、前景更广阔。实施不同企业不同品牌之间的联合促销，第一步，寻找合作品牌，达成协议；第二步，寻找契合点，明确共同目标；第三步，制订一个双赢的方案；第四步，强有力的贯彻执行；第五步，后续跟进、总结，完美谢幕。

任务十三　特价促销

任务导入

拿到超市促销海报，还得费力去海量的商品内找特价商品，这样是不是很累？为了方便市民购买特价商品，家乐福近日推出了特价商品专区，供消费者挑选。家乐福所设置的特价专区，一般在扶手电梯的一端，顾客从电梯上就能看到，各种特价商品整齐明了地摆放着。

我们经常见到不少商家在卖场周围向消费者派发各种促销海报，特价商品需要消费者细心查找，有的消费者也就没有了耐心，随手一丢，促销海报散落一地。这样的促销，既让促销效果打了折扣，也污染了卖场周围的环境。家乐福的这一小小变化，极大地方便了顾客购买，也为顾客节省了不少时间。

连锁企业促销，一定要以顾客为中心开展，这是促销的不二法宝。

相关知识

13.1 认识特价促销

特价又称为商品降价销售、特卖、打折销售、让利酬宾、折扣优惠等，是商家使用最频繁的促销工具之一，也是影响消费者购物最重要的因素之一。特价促销是企业在一定时期内降低一定数量商品的售价，或适当的减少自己的利润，以此反馈消费者的销售促销活动。

特价促销的优点，在于提高商品在货架上的注目率，吸引消费者注意，并鼓励购买。降价能直接了当地给消费者带来切身利益。顾客选购商品考虑的主要因素仍是价格。另外，降价的另一个优势是具有一定的弹性，企业完全可以掌握促销品的数量，且对促销的每一个环节都可进行有效控制。

特价促销的缺点，在于不能从根本上解决商品销售不畅的问题。特价促销只能达到短期内增加销量的目的，而且如果时机选择不当，可能会出现销量增加而利润下降的现象，产品的价格难以提升和复原。尤其是批发市场，批发市场最擅长的就是低价销售，不仅损害企业利润，还容易造成虚假的市场繁荣，误导企业的营销决策。

13.2 实施特价促销

13.2.1 选择恰当的促销时机

在产品品质高度同质化，品牌形象相差无几的情况下，降价促销是企业促进销售、争夺市场份额的杀手锏。降价促销的策划实施往往基于以下原因。

（1）价格因素是市场销售不畅的首要瓶颈。

（2）商品接近保质期，又存在较大库存。

（3）季节性很强的商品面临淡季，厂家急于回笼资金。

（4）抵抗竞争对手的促销行动。

（5）企业通过降价来对市场进行“洗牌”，夺取更多的市场份额。

13.2.2 选择特价商品

并不是所有的商品都适合做特价促销，一般消耗量大、购买频率高的快速消费品往往是特价促销运用最多的商品，如洗衣粉、奶粉和纸巾等。在特价促销时，一般每次只选择一个品种作为特价商品。特价促销的商品选择，往往考虑以下因素：

（1）品牌成熟度高的商品。

（2）消耗量大，购买频率高的产品。

（3）季节性很强的产品。

（4）接近保质期的产品。

（5）即将被淘汰的商品，如技术、包装等已属于弱势的商品。

（6）同质化程度高的产品。

（7）有特点且利润高，尽管已销售较长时间，但尚未被顾客认可，仍需培育的产品。

13.2.3 确定促销期限和降价幅度

特价促销活动的时间一般在 2 周左右，不要超过 1 个月时间。事实上，几乎所有的连锁店在举办特价促销时，一次活动的持续周期均控制为 12～15 天，在这一段活动周期内含有两个双休日，这样才能够涵盖更多的消费者人群。15 天周期一般是针对新产品或新品牌而言，随着新产品或新品牌在市场上的知名度逐渐提高，一次特价促销的持续周期可以逐步缩短，成熟品牌大多数是在周末开展短期的特价促销活动。

特价促销的幅度要适当，特价幅度太小，不能引起顾客的购买欲望，促销效果不明显，也就等于浪费促销资源；特价幅度太大，在提高短期销售额的同时，利润损失惨重，而且容易引起其他店铺的抱怨，也会带来破坏价格体系等负面影响。特价的商品降价幅度要有一定的竞争力，通常以低于同种商品中销售得最好的商品价格为宜。据调查，对快速消费品而言，特价幅度在 10%以下时，几乎收不到什么促销效果；特价幅度至少要在 15%到 20%以上，才会产生明显的促销效果。

商品不同，特价幅度也不同。品牌知名度较低的商品，特价幅度要大些；而知名品牌，小幅度的降价也会产生很好的促销效果。经常开展促销的品牌，其降价幅度要大些；而很少开展促销的品牌，其降价幅度可以小些。此外，一个品种大幅度特价促销比几个品种小幅度特价促销效果要好。

13.2.4 发布特价促销信息

特价促销要针对目标顾客将促销信息发布到位，让更多的人知道促销的信息。在费用投入有限的情况下，一定要做好现场促销信息的发布。

（1）陈列在非常显眼的位置。连锁店可以设立特价品专区，位于大厅中央，十分醒目。特价促销要争取最显眼的陈列位置和最大的排场，争取堆码和端架陈列，让顾客一眼就能看到特价商品。

（2）做好特价品现场的宣传。在店外通过促销信息栏、自制的展板、横幅、海报和促销展示台等发布特价信息；店内通过广播、产品陈列、现场海报、导购人员导流与推荐、堆码及喊话器等手段吸引顾客和传递促销信息。

（3）利用好特价标签。特价标签要标出原来的价格和现在的特价，以方便顾客比较两种价格，有效突出“特价”，还可以写“特惠”字样，以增强顾客的价格敏感度。标示清楚、醒目的特价标签，是增加购买的动力之一，既可增加产品陈列的醒目宣传告示效果，又让顾客买得明白，可对同类产品进行价格比较。把特价标签直接挂在商品陈列架上，最能吸引顾客立刻购买。因为顾客不但一眼能看到特价金额、降价幅度，同时能看到特价商品，刺激顾客的购买。

（4）利用好特价 POP。特价促销时必须使用“特别价格标识”，即特价 POP，内容应包括品牌规格、原价格、新价格、起止日期等信息。最重要的是必须让顾客能一目了然，一看就知道减价了多少，“一看即知”是特价 POP 的基本要求。

13.2.5 管控特价促销过程

（1）备足货源，及时补货。特价促销事先要对销量有一个预估，查清卖场的库存，补足货，并有足够备用货源，库存不足时及时补上，防止脱销。为了防止万一出现缺货，最好在促销信息的发布上注明“数量有限、购完为止”，以免引起纠纷。

（2）加强导购，拦截顾客。特价促销期间最好能安排导购员在现场，对顾客进行有效拦截。导购员不仅要引导顾客购买，还要及时理货和补货。

（3）及时恢复正常价格。特价促销结束后，连锁店要及时将价格恢复到正常价位，并拆除现场所有的特价促销信息发布工具。

（4）评估特价促销的效果。促销结束后，对于特价促销的效果从销量、费用、正/负面影响、顾客反应、竞争品牌的销售表现等方面进行综合分析，检讨促销目标，总结经验与教训，并整理成文。

任务小结

特价促销是企业在一定时期内降低一定数量商品的售价，或适当的减少自己的利润，以此反馈消费者的销售促销活动。特价促销的优点在于提高商品在货架上的注目率，吸引消费者注意，并鼓励购买；缺点在于不能从根本上解决商品销售不畅的问题。

企业实施特价促销需要注意：选择恰当的促销时机、选择特定商品为特价商品、科学确定促销期限和降价幅度、对目标顾客发布特价促销信息、管控特价促销过程。

任务十四 折价券促销

任务导入

在美国，1995 年每户家庭平均拥有折价券达到 3 000 张，最终被使用的折价券平均每个家庭达到 80 张。大多数个人偶尔使用折价券，只有 27%的美国消费者表示他们每次在购物时都使用折价券。整体而言，女性比男性更加频繁地使用折价券，这可能是因为妇女会更多地从事日常的购物工作。大量使用折价券的人更多的是儿童，他们购买食品时经常使用折价券；还有就是退休者或者全职家务劳动者，这可能是因为收集和组织折价券需要花费大量的时间。证据表明，在经济不景气时或者当消费者担心他们未来的经济状况时，消费者更有可能使用折价券。

相关知识

14.1 认识折价券促销

折价券（又称优待券或优惠券）是一种证明，证明持有者在购买特定商品时可凭此券按规定少付一些钱。折价券促销，是指以折价券为购物凭证，消费者在购物时可以享受一定折扣优惠的促销方式。

折价券一般需要通过各种媒介送达消费者手中，其优惠内容如果能够引起消费者兴趣，消费者会收集保留，以便在下次消费时使用；如果优惠较小或不符合消费者的即时需求，则不能引起消费者兴趣，也就不能达到促销的目的。例如，肯德基往往向那些购买肯德基食品的顾客赠送一些折价券，凭借这些折价券，顾客可以在下次消费时以低于正常店面标价的价格买到指定的食品。这样的折价券促销对于那些忠诚顾客而言无疑是具有强大的吸引力的，我们经常可以看到很多年轻人或者儿童拿着大把的折价券在店内饶有兴致地考虑该用哪些折价券组合去购买肯德基的食品。

促销实践14.1

“肯德基”折价券

“肯德基”与老竞争对手“麦当劳”的折价券之争由来已久。这些折价券以套餐优惠、折价优惠、学生优惠等方式，通过上门免费派送和消费赠送的途径，派送到消费者手中。虽然这些折价券都标明有效日期，但新一轮的折价券很快就产生，同时优惠内容组合也有新的变化。作为一种促销手段，“肯德基”似乎打破了“产品促销期不宜太长”的促销原则，事实上这种长期促销手段已经成为一种变相的降价销售手段。他们的目标并不是促销后能提高多少销量，而是在长期促销价下能产生的销量。

肯德基及类似快餐企业将折价券作为吸引顾客就餐、培养忠实顾客的常规市场工具，这种营销策略由来已久。

其成功之处不仅在于折价券引人入胜的精美设计，还在于每一次的折价券促销，所针对的都是不同的产品。从这个程度上也给予了消费者一定的新鲜感，并为企业结合整体市场战略，推广不同类型的新产品做出了贡献。

当然，这种方法的长期使用，会影响到消费者的关注程度。在当今竞争激烈的市场状况下，消费者需要持续不断的刺激，但刺激的途径可以通过其他促销方式的不断变换来达到，如赠送、免费试用等，而不是一种促销方法的重复使用。

1．折价券促销的优点

（1）消费者对折价金额一目了然。折价券提供了一种针对消费者降低价格的手段，同时与折价促销相比，折价券促销能够更明确地向消费者显示出节省的具体金额，有利于消费者进行购买前的计算比较。

（2）有利于知名品牌推广新产品。折价券促销的方式能吸引对品牌有一定好感或已经试用过产品并对产品感到满意的消费者，所以连锁企业可配合知名品牌的厂商借助这种方法推介新产品、新品种、新口味，或者拓展新市场。

（3）鼓励重复购买，培养忠诚顾客。当企业经营的商品与竞争者差异不明显时，要培养消费偏好，除了进行企业形象的建设之外，也需要培养消费者购买本企业商品的习惯。折价券促销通常是对老顾客施行优惠，通过多次分阶段使用折价券促销方式，可以提高消费者来本店购物的频率，使其成为企业忠诚的顾客。

2．折价券促销的缺点

（1）兑换的过程比较难控制。不同的地区和时间，不同的折价券分送方式，以及折价券的不同创意表现等，都会影响到消费者的参与程度，而这些因素如何作用于消费者是一个很难预测的问题，由此带来的兑换率的不确定性直接影响到促销经费预算和成本收益估算。

（2）不适合于新的品牌或知名度不高的商品。当消费者面对一个产品价值未知或者并不了解的产品时，无论折价券提供了多大的折扣，他们都无法判断是否值得去使用折价券购买产品。因此，消费者的参与度比较低。

（3）不成功的折价券设计会损害企业形象。折价券促销本质还是价格折让，使用这种促销方法会在一定程度上损害企业形象。因此，连锁企业应精心设计和制作折价券，通过折价券尽可能传递出产品或服务的信誉度和美誉度，提高折价券的兑换率。

（4）和折价促销相比，折价券会增加额外的工作量。印制、分发和回收折价券，以及与厂商进行结算，都将给连锁店带来繁重而琐碎的管理负担，同时增加运作成本。另外，要说服厂商协助连锁店进行这类促销活动，也有一定困难。

14.2 折价券的适用范围

折价券主要用于向商品或服务的消费者提供即时折扣或延迟折扣，其目的是使消费者进一步增强对商品或服务的注意，从而刺激消费者产生强烈的购买欲望，扩大产品的销量。

（1）产品价格比市场上同类产品价格高。如果连锁企业商品销售价格比市场上竞争者的同类商品销售价格高，使用折价券可以降低消费者的实际购买价格，促进销售量的增加。相对于直接降价而言，折价券可以避免对品牌形象的冲击。

（2）差异化不明显的产品。差异化不明显的商品对消费者的利益点也就不突出，也就没有绝对的竞争优势，可以通过长期采用折价券促销，培养消费者的品牌忠诚度，培养消费者购买该产品的习惯。

（3）消费者对产品的价格敏感度高。如果消费者对产品的价格敏感度高，而且当企业的商品销售出现停滞或下跌时，使用折价券，能够有效刺激消费量的增加，增加销售收入。

（4）推广新产品或开拓新市场。不论是现有产品或新上市产品，运用折价券促销均能刺激消费者试用。所以，可用来推荐新口味、新规格，或其他产品线的延伸。此时，折价券如果与免费试用装同时使用，促使那些尝试过某产品并对该产品满意的消费者使用折价券购买产品，从而实现第一次购买。

相关信息 14.1

使用折价券最多的 18 种产品（1995 年，美国）

1. 燕麦和早餐食品。
2. 药物和保健用品。
3. 清洁剂。
4. 宠物食品。
5. 护发用品。
6. 口腔卫生用品。
7. 盒装肉。
8. 调味品、肉汁和调味料。
9. 面包和烘烤食品。
10. 皮肤护理产品。
11. 肥皂和洗浴用品。
12. 治疗感冒的药品。
13. 制成食品。
14. 纸质产品。
15. 冰淇淋产品。
16. 家庭用品。
17. 维他命。
18. 除臭剂。

（资料来源：唐•舒尔茨著．黄漫宇译．促销管理的第一本书．中国财政经济出版社，2005）

14.3 实施折价券促销

14.3.1 选择分发方式

连锁企业在决定进行折价券促销之后，首先应该确定采用何种折价券分发方式。折价券的分发方式一般分为四种：直接分发、媒体分发、随商品分发、特殊渠道分发。企业应根据各种分发方式的优缺点及其适用情况，选择相应的折价券分发方式。

（1）直接分发。连锁企业直接分发折价券，通常有直接邮寄、逐户分送、店内派送及店头派送四种，其中又以店内派送为主。

① 直接邮寄。用邮寄的方式将折价券送达消费者。这种折价券适用于有准确的目标顾客资料、产品价值较高或目标消费群较特殊的产品，如高级化妆品、照相器材等。其优点是针对性强，缺点则是成本较高。

② 逐户分送。通过登门拜访的形式将折价券送到消费者手中。这种方式针对性强，但是折价券分发的数量相对有限，并且辐射范围也要小很多。

③ 店内派送。在连锁店直接向消费者分发折价券，可以采用无条件分发的形式，在店内设柜台“欢迎索取”，也可以采用凭购物凭证分发的形式。其针对性最强，优惠券的使用率也最高。

④ 店头派送。通过店头派送方式，将折价券送到消费者手中。这种方式的优点有两个：一是可以充分保证折价券的送达率；二是由于折价券的发送对象是有选择性的，因此使用率也相应提高。

（2）媒体分发。第二个主要散发折价券的方式，是通过媒体发送。如今，国内消费者在报纸、杂志、周末或周日附刊或其他印刷媒体上，均可经常看到中外公司各类折价券的踪迹，由于传播媒体读者对象的不同，各种类别的折价券也应选择对口的媒体。

① 报纸分发。报纸上的折价券可单登也可多家联刊。单登的折价券，通常是由一家广告主自行刊登在报纸广告上。联刊式刊登的折价券，则是有几个零售商的折价券组合起来刊出广告。联刊式折价券是由非竞争性的零售商组合起来，所有参加联刊的零售商的折价券，均在某一共同主题下，依统一格式排列刊登。

② 杂志分发。杂志上折价券通常有两种形式：一为刊于内页广告上，二为彩色插页式优惠卡。“广告页上折价券”（On-page），意指在杂志内页中的商品广告上，附带了企业的折价券。“插页式折价券”（Pop-up），通常设计成独立的折价券，插在商品的正常广告页间，或是附连在正常广告页上，一般其纸质总比杂志用纸要厚，尺寸也较小，常直接装订或粘贴在杂志上。此种插页方式，使折价券极易脱颖而出，读者很自然地立即看到它。因此，消费者对这类折价券的使用率，要比“广告页上折价券”高出60%之多。

③ 周日附刊或特刊分发。在周日报纸附刊和杂志特刊上运用的折价券有两种：一种为一般折价券，通常为报纸或杂志正常广告页的一部分；另一种则称为“独立式夹页”，经常采用单页或单份，其上之折价券另外印刷，并不属于常态报纸周日附刊或杂志特刊的一部分。运用的方式，常夹于报纸中或杂志中。其所以称为“独立式”，乃因无论任何情况，均不会连附于报纸或杂志上。

（3）随商品分发。随商品发送折价券，通常在吸引消费者下次购买时享受优惠。其运用的方式可分为“包装内”和“包装上”两种。

① 包装内分发。所谓“包装内”，即指将折价券直接附在商品包装里面，在包装上以“标贴”特别注明，以吸引消费者的注意。不过当食品类商品使用包装内折价券时，应特别小心处理，因为食品管理的规定极为严格。例如，何种形式规格的折价券才可置于食品包装内，即纸张材料、印刷方式等均在限制之内。这种方式外资和合资公司运用较多，国内

企业也正逐渐认识并采用。

② 包装上分发。包装上折价券，意指在包装上某处附有折价券，它可能是在包装标签纸上或印在纸箱上。例如，三花奶精的折价券即印在罐上标签的背面，以广为招徕。

③ 交叉分发。某商品的折价券可以放在其他不同类别的商品包装内或包装上，称为“交叉分发”。例如，美国亚瑞（Arrid）公司想扩大连锁店的陈列空间和强调其止汗剂的产品特色，于是委托 Cross-Ruff 促销顾问公司协助，集结了另外十种品牌合作举办一个联合促销活动，特别推出一种折价券，价值 1.55 美元，仅限购买这 10 个品牌的商品使用，此折价券则是附于亚瑞公司产品盖上。亚瑞公司不仅为其他商品提供分送折价券的机会，更为自己创造了额外的价值，以吸引消费者的注意。

（4）特殊渠道分发。目前市面上出现数种小型但却成长快速的折价券发送方式，在餐饮业更为流行。较常见的有通过折价券分发机分发、将折价券印在收银机列出的发票背面、商店的购物袋上、冷冻食品包装袋上、街头促销宣传单上等。

美国尼尔森促销顾问公司以三年的时间，对折价券的散发方式进行调查。调查显示，美国 20 世纪 80 年代通过日报刊登折价券的比率最高，高达 48%以上，第二为独立式夹页达 18.49%，第三为杂志为 13.3%。

14.3.2　确定折价幅度

折价幅度，也就是折价券的价值。折价券促销的前提是让消费者感受到具体的折价幅度，这样才会刺激消费者购买。

对于折价幅度，很多顾客似乎有一个极限，在某个价值以下他们不会对折价券发生兴趣，将折价券用于购买特定的商品。因此，连锁企业必须试着识别他们想影响的顾客类型，然后将折价券的价值设定在那些顾客对他们产品预期的临界值附近。

近年来，折价券的价值在不断提高，折价券的使用已经为顾客节省了越来越多的钱。企业在设计折价券的折价幅度时，应考虑以下三个因素。

第一，产品的促销成本。折价幅度过大，会使得产品的促销成本上升，进而影响销售利润率。

第二，产品的利润率。对于利润率较低的产品，降价空间本身不大，折价券促销无法发挥更大作用。因此，折价券促销多用于利润率较高的产品。

第三，产品的促销效果。折价幅度过低，不会引起太多消费者的关注，因而无法达到促进销售的目的。

因此，连锁企业应该如何设计折价券的折价幅度呢？研究认为，一般在零售价 10%至30%的金额是理想的折价券面值，也能获得最好的兑换率。

14.3.3　制作折价券

折价券可以设计成任意大小或各种不同的外形。然而，对连锁企业而言，通常喜欢照纸币大小和形状来印制，因为这种形状的折价券，易于被消费者辨认。当折价券本身并无特殊的造型要求或限制时，其首要原则就是：“如果您要的是一张折价券，就应该把它做得像张折价券。”因为用任何文字技巧或俏皮词句无谓的卖弄，只会令消费者更觉不知所云，混淆不清，进而减弱了折价券的使用效果。所以折价券最好能与促销主题紧密相联，其信息的传达理应清晰且响亮以引人注目，至于“艺术美感与创意技巧”则是次要工作，可以置后考虑。

折价券有一个非常重要的部分，我们称它为“样板文件”或者说是折价券的细节内容，即用简单的文案对消费者说明折价券的使用办法。这方面有一些标准格式可供参考，一般可以在正面，也可以在背面，完全视折价券的规格大小和形式而定。图 14.1 为和园烧肉连锁店新店开业分发的折价券，主要内容包括折价幅度（7 折）、折价原因（新店开张）、折价期限（11.25～12.15）、折价条件（消费 155 元）、广告语（忠于原味，我们将全力以赴）。

图 14.1　和园烧肉店折价券

（资料来源：http://www.eatingsky.com.cn/voucher/Info/134）

折价券的内容应该简单而清晰，一般包括以下内容。

第一，折价券的使用条件。最好加上一小段极具销售力的文案诉求以鼓励消费者多多使用。

第二，折价券的有效期限。在折价券背面的文案中，应醒目地注明折价券的有效期限，使人易看易读，防止过期的折价券误兑。

很多连锁企业发行折价券时往往对折价券的兑现有一定的条件，比如只有购买指定商品才能打折，或者只有在指定的有限时间内才能打折等，这些条件必须在消费者领取折价券时给予充分说明。如果不作说明，很容易在折价券执行时引起消费者的不满，让消费者觉得有受骗上当之嫌，不但难以达到预期目的，反而会使顾客满意度下降，得不偿失。

14.3.4　管控兑换率

折价券兑换率，是折价券促销活动中最难确认的一件事。尽管平均兑换率已设定，却总在最后还是有不寻常的结果出现。在折价券促销活动中，兑换成本是最主要的部分，但在这方面，很不幸地说，我们对预测工作实在没什么信心。基于此，我们只好运用常规、“经验法则”及以往的经验来作为判断的依据。

通常，报纸是目前最常使用的折价券分发工具，而包装内、包装上折价券的兑换率却为报纸的 6 至 10 倍。图 14.2 是不同途径分发折价券的兑换率示意图，可以看出分发方式只是影响兑换率高低的因素之一，此外还有许多其他因素存在。例如，在连锁店内各类商品规格之大小、数量之多寡、同级或同类型商品的销售率高低等，这些因素对折价券兑换率有极深的影响。因为大多数的调查研究指出，同类商品在连锁店内销售越多时，此类型商品的折价券兑换率，相对地也跟着提高。现举例说明，假设某一商品在连锁店内的销售率为每千元约占 6 元，则其折价券兑换率会比销售率每千元只占 2 元的商品高 3 倍，更比销售率每千元约占 1 元的商品高 6 倍。此外，另一影响兑换率的因素为折价券的折价比率，即折价券的价值与商品售价差额的比较，通常实际的折价金额对折价券兑换率的影响也极密切。由研究获悉，零售价 10%～30%的金额是理想的折价券面值，也必获得最好的兑换率。而周转快速的商品，其兑换率也常常较高，自然折价券面值的折价比率越高者，其兑换率更明显增升。

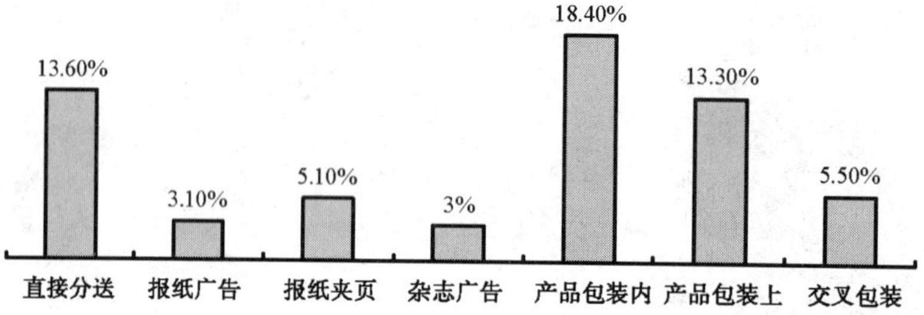

图 14.2　通过不同途径分发折价券的兑换率

（资料来源：姜玉洁，宗清辉，陈静宇．促销策划．北京大学出版社，2005）

另外，商品铺货比率也是影响折价券兑换率高低的一大因素。例如，某一商品拥有 90%的铺货率时，其兑换率为 50%铺货率时的 2 倍。但令人惊异不已的是，商品的市场占有率、竞争品牌的活动及商品认知度等，对兑换率的影响竟然小得出乎正常的预料。

影响折价券兑换率的主要因素，概括如下。

（1）折价券递送方式。

（2）商品等级、大小。

（3）折价券的到达率。

（4）消费者对商品的需要度。

（5）消费者的品牌认知度。

（6）品牌忠诚度。

（7）品牌的经销能力。

（8）折价券面值。

（9）新或旧品牌商品。

（10）折价券促销广告之设计与表现。

（11）折价券的折价条件。

（12）使用地区范围。

（13）竞争品牌的活动内容。

14.3.5 避免误兑

折价券的兑换非常重要，因此误兑的状况必须时刻留心。糟糕的是，误兑的问题却时常发生。误兑，不是消费者故意欺骗，就是消费者一时疏忽，以致形成一个日益严重的问题。尽管迄今仍没有一个完整的数据来预测确实有多少误兑率或数额发生，但是美国布莱尔的一项研究显示，消费者的误兑率最高为54%，最低为14%，平均约为33%。可见，“误兑”确实是一个相当严重的问题。除了真正的误兑以外，还有一些不法之徒故意冒用，他们通常故意剪下报纸或杂志上的折价券大批贩卖，甚至仿造折价券，然后向粗心大意的连锁店兑换。因此，唯有小心翼翼地规划并执行折价券活动，才能确实避免误兑的发生。记住，折价券就等于是金钱！表14.1是由美国唐纳利营销公司开发的一份误兑率预测表。由表14.1得知，某些媒体的折价券误兑率竟高达45%。因此，每一次折价券促销在策划如何控制兑换率时，企业必须密切注意误兑问题。

表14.1 折价券误兑预估表

分送方式	误差程度
杂志	
广告页上	8%～10%
插页式	12%～15%
报纸	
联合刊登	25%～30%
独立插页式	30%～45%
周日附刊	12%～15%
直接信函	
联合刊登	0～1%
单独刊登	0～1%
产品包装	
包装内	0～1%
包装外	0～1%
现场立即兑换	8%～10%
其他	
定点分送	15%～20%
附样品的折价券	3%～5%

降低误兑的途径有以下几种。

（1）务必视折价券如金钱，通过设计、发送及处理的过程监控，来防止大量的误兑。

（2）折价券的价值切勿过高，以合理的折价为准。

（3）单一品牌的折价券其价值不应超过用来递送之媒体的价格，或产品本身的价值。

（4）力求优待办法清晰易懂，不易混淆。俏皮或耍小聪明的表现，只会造成消费者更难以理解。

（5）某商品在区域内的铺货率超过50%时，才可运用折价券促销。

（6）务必让消费者易于承兑。

（7）设定一个规章并严格遵行。千万不要犹豫或拒绝兑换，那只会引人口舌，同时也是明显的欺骗。

（8）先将促销方案和分发方式加以测试，假设无法确定此活动是否可行时，请勿广及全国举办，甚至只是局限于某区域也无此必要。

除此之外，还有一项重要的原则务必切记：决不可以让折价券易于仿制或模仿。因为今日的复印机性能卓越，效果逼真，复印正是冒用折价券的邪道中最简单的方法之一。为了防止这种欺盗状况的发生，对价值高的商品而言最好的应对之道，就是以四色印刷折价券，如此一来，除非折价券的价值相当高，大多不会甘冒犯罪之险来复制彩色折价券。

总而言之，折价券“误兑”是一件极为严重的问题，无论如何应尽可能地设法运用各种方式，减少其发生的可能。

14.3.6 控制费用

与折价券有关的费用有两种：分发费用和兑换费用。

分发费用是将折价券送达顾客所发生的费用，包括印刷、安排版面或者插页，以及直邮的邮资。兑换费用与将折扣支付和分配给顾客有关。计算一次折价券促销的费用相当容易，企业只须收集所有实际发生的费用或可能发生的费用，两者合计即可。举例说明，假设某连锁企业在某一地方报上刊登一则广告，上面附有0.15元的折价券，当下次再来店购买商品时，可享受折价0.15元的优惠。连锁企业在预估此次折价券的活动花费时，首先假设报纸广告费是1 000元，发行量是10万份。如果此时企业希望借助平常的报纸刊登折价券促销广告，以获取一般的兑换率，则预估的折价券促销花费会是多少呢？

第一步，必须先加上报纸广告费1 000元。另外，假设广告制作费为250元（此费用包括设计、打字、插图、撰稿、图片摄影等，这些都是刊登报纸广告必须的花费）。所以，在核算兑换费用之前，企业先支出了1 250元。

接下来，企业采用平常的报纸刊登折价券广告，预估可达一般的兑换率，以报纸发行量的2.8%计。以发行量10万份来计算，则约有2 800张折价券会来兑换（1 000 000×2.8%）。则2 800张折价券的费用是：

每张折价券面值0.15元	420元（0.15×2 800）
每张处理费0.07元	196元（0.07×2 800）
每张的邮资及促销公司费用0.035元	98元（0.035×2 800）
合　计	714元

由此可见，每张折价券的兑换成本，不再是面值0.15元而是0.255元（714÷2 800），或可说成2 800张折价券兑换支出总计为714元。若是再加上报纸版面费1 000元，及制作费250元，则此次折价券促销的花费合计将达1 964元。以此金额推算2 800张的兑换支出，平均每张高达0.7元（1 964÷2 800）。当然，如果折价券兑换率高于2.8%，则促销花费势必

提高，但是每张的平均支出却相对降低。

运用此种推算方式，可预估任何类型的折价券兑换费用。连锁企业可利用各种类型兑换率来推算折价券的回件数。无论如何，还是保守一点较好，所以企业应切记预估和实际往往总有一点差距。

任务小结

折价券（又称优待券或优惠券）是一种证明，证明持有者在购买特定商品时可凭此券按规定少付一些钱。折价券促销，是指以折价券为购物凭证，消费者在购物时可以享受一定折扣优惠的促销方式。

餐饮连锁企业在利用折价券促销时，一要选择适当的方式分发折价券，如直接分发、媒体分发、随商品分发、特殊渠道分发；二要确定折价幅度，一般在零售价 10%至 30%为宜；三要设计和制作简捷而清晰的折价券；四要管控兑换率；五要避免误兑；六要控制好促销费用，分发费用和兑换费用。

任务十五　主题促销

任务导入

餐饮企业一年中常见的促销主题如下。

一月份促销主题：

（1）元旦迎新；

（2）新春优惠；

（3）结婚送好礼；

（4）年终优惠购物。

二月份促销主题：

（1）年夜大团圆；

（2）激情情人节；

（3）欢乐元宵节；

（4）充实寒假。

三月份促销主题：

（1）春游烧烤；

（2）快乐春游；

（3）“三八”为我骄傲。

四月份促销主题：

（1）愚人节玩具礼品展销；

（2）清明节踏青郊游。

五月份促销主题：

（1）劳动节活动；

（2）母亲节活动；

（3）端午节活动。

六月份促销主题：

（1）儿童节活动；

（2）谢师宴；

（3）父亲节活动。

七月份促销主题：

（1）欢乐暑假；

（2）暑假自主旅游。

九月份促销主题：

（1）中秋节礼品；

（2）教师节贺卡。

十月份促销主题：

（1）秋季美食；

（2）国庆节旅游；

（3）重阳节登山。

十一月份促销主题：

（1）冬季火锅；

（2）烤肉节。

十二月份促销主题：

（1）冬令进补火锅；

（2）圣诞节；

（3）岁末迎春。

抓住有利的时机，开展主题促销活动，吸引八方宾朋，不仅可以提升营业额，而且可以树立企业的良好形象。

相关知识

15.1 认识主题促销

主题促销是一种非常规促销，是指围绕一个主题而实施的促销活动，有时则配合社会或商圈特定事件而实施。从目标消费群体中发掘形式新颖、特色鲜明、富于感染力的主题，以此作为活动推广的核心，整合各种要素，在终端与消费者之间形成互动的氛围，最大限度地拉近消费者与产品、消费者与企业的心理距离，发展并巩固一批忠诚的消费群体。所以，主题促销除了要促进销售外，力求提高企业的美誉度，对企业形象产生正面效用，从而最有效地推动企业销售业绩的持续增长才是其最终目标。

主题促销的特点如下。

（1）针对性强。主题促销最大的特点就是针对性强。针对一个商品门类而展开的主题促销活动，会使这个门类商品销量有数倍甚至高达 10 倍的爆炸性增长，类似特卖会的作用，可以聚集相当高的人气。当然，对消费者而言，主题消费还有一个好处，就是让理性消费者可以避开消费的高峰，从容地选择。

（2）指导性强。由于主题促销的非常规性，所以在操作活动时，需要由相关人员对一般工作人员进行指导。通常情况下，是由连锁企业的策划者负责在方案操作、程序、规模、媒体传播等方面给予全面指导。

（3）主题明确。主题促销活动之所以能在消费者心中留下深刻的印象，是因为它具有明确的主题。主题促销通常都会在整个活动中提出一个有吸引力的活动主题及口号，以引起更多人的关注，明确传达企业及品牌形象，凸显企业的经营特色。如果缺乏明确的主题，促销活动将会陷入失败的困境。

（4）时效明显。主题促销都有明显的时限，活动仅限于一定时期，“过期不候”。这种时效性也是主题促销活动吸引顾客的一个重要特征，因为这无形中给人们造成了一种紧迫感。

15.2 主题促销的分类

15.2.1 以商品为主题的促销活动

主题促销的商品一般选择特色鲜明的商品，要有针对性的策划一系列活动，如螃蟹节、啤酒节等。在举办主题商品节时，尤其是作为连续性商品节的第一届，要加大宣传力度，在视觉上要给人以一定的冲击力，广告语要简洁、明快，强调使消费者过目不忘，统一所属连锁店的视觉形象。

促销实践15.1

青岛国际啤酒节

青岛国际啤酒节始创于 1991 年，每年在青岛的黄金旅游季节 8 月的第二个周末开幕，为期 16 天。节日由国家有关部委和青岛市人民政府共同主办，是融旅游、文化、体育、经贸于一体的国家级大型节庆活动，由开幕式、啤酒品饮、文艺晚会、艺术巡游、文体娱乐、饮酒大赛、旅游休闲、经贸展览、闭幕式晚会等活动组成。节日期间，青岛的大街小巷装点一新，举城狂欢；占地近 500 亩、拥有近 30 项世界先进的大型娱乐设施的国际啤酒城内更是酒香四溢、激情荡漾。节日每年都吸引超过 20 多个世界知名啤酒厂商参节，也引来近 300 万海内外游客举杯相聚。

15.2.2 以季节特点为主题的促销活动

由于商品本身的某些使用特性使很多商品的使用具备一定的季节性，相应的这些商品的销售就有了销售的旺季和淡季，如饮料、啤酒等。针对这些特点，可以把季节性促销分为应季促销和反季促销。

企业在商品旺季采取一定的促销手段来迅速提升销售额的做法称为应季促销；在销售淡季也往往以极大的优惠力度来进行反季商品的销售，就是反季促销。在市场竞争日趋激烈的状况下，如何在商品的销售淡季提升销售额成了完成全年销售计划的关键。而企业在进行季节性主题促销的时候往往把应季促销和反季促销结合起来，而且反季促销的力度越来越大、手段越来越多。

促销实践15.2

火锅美食节六大活动“涮”出好滋味

秋冬时节天气转冷，三五好友围着热腾腾的火锅，涮着羊肉、海鲜、青菜，其乐融融。就在这个火锅飘香的时节，由半岛都市报社和青岛市饮食文化研究会共同主办的“可口可乐杯”第七届青岛火锅美食节又拉开了帷幕。2010年11月12日到2011年1月7日，我们会邀请你一起来评选岛城最佳特色火锅，一起去参与火锅达人的互动节目，还会举行“火锅情缘对对碰”和连环消费中大奖等多个精彩活动……近两个月“热腾腾”的火锅美食季，保管让你尽享火辣美味“嗨”翻天。

涮锅：吃火锅还有权威推荐

火锅美食节期间，我们在推广不同火锅美食特色的同时，也会对一些大家关注的特点话题展开谈论，如哪家火锅店是用真正地道的材料熬出火锅老汤；谁家火锅店的后厨跟卫生放心；火锅店的各项主料都是从什么渠道进来的等，让市民每周都能通过《半岛都市报》火锅节的栏目，了解到最权威、最详尽的火锅美食地点、渠道、食材的信息，能够安全、卫生、放心的品尝岛城最地道、最好吃的火锅美食。

评选：最佳火锅店由您做主

“可口可乐”第七届青岛火锅美食节上，《半岛都市报》设置了青岛十大人气火锅、青岛十大营养火锅、青岛十大品位火锅三大综合奖项，以及岛城最受欢迎火锅、最具特色火锅、最具知名度火锅、最具文化底蕴火锅等众多单项奖的评选，邀请市民来参与投票。

交友：“火锅情缘”促进交流

吃火锅不仅是一个享受美食的过程，同时也可以是一个交友互动的契机。今年火锅美食节期间，“火锅情缘对对碰”将继续与市民见面。据了解，这项活动旨在通过为年轻时尚、热爱生活、健康向上的都市青年未婚男女提供一个安全、健康又形式活泼的交友、交流机会。

实惠：连环消费中大奖

火锅节期间，吃火锅不仅能享受激情，还能获得实惠。据了解，从火锅美食节开幕初期，一项全新的“火锅节连环消费中大奖活动”就已经开始推出。在每周《半岛都市报》的火锅美食节专题页面和半岛网“吃情食趣”论坛上都会公布一批参与活动的商家名单，这些商家都将给消费者提供消费优惠信息，市民到这些商家消费，不仅可以享受优惠，还可以要求商家在“火锅节连环消费中大奖”消费名单上加盖商家公章，注明消费日期及金额，然后把加盖商家公章的证明邮寄到半岛都市报消费事业部，即可参与抽奖活动。

爆爽：看谁能当“火锅达人”

与往年单纯吃火锅不同，今年的火锅美食节，还新增了一个互动性很强的“火锅达人”活动，“火锅达人谈火锅”漫画和征文大赛，“火锅达人品火锅”互动活动等都将在火锅美食节期间陆续推出。活动期间，凡岛城所有热爱火锅美食的读者均可报名加入“火锅达人”俱乐部，并参与“火锅达人谈火锅”漫画、征文大赛活动，凡优秀者均有机会入选“火锅达人”俱乐部，参与推荐相应的火锅商家并对参节商家进行点评，并可获得免费到火锅店吃火锅的机会。

专业：高峰论坛同期推出

在 2011 年 1 月月初，“可口可乐”第七届青岛火锅美食节还将举行火锅高峰论坛，邀请参节的火锅商家和业内人士就岛城火锅企业目前存在的问题及发展方向进行深入的探讨，分享各自观点，为引领岛城火锅产业快速发展献计献策。

（资料来源：青岛大众网）

15.2.3 结合特定节日的主题促销活动

我国的消费者有一个消费思维定势：平时攒钱，关键或者重要时刻集中消费，而节日正是这样一个关键和重要时刻。在消费者的消费文化中，节日期间各商家一定会搞促销，价格会降低、产品种类更丰富，不急需的商品等到节日再买。在我国，从春节、端午节、中秋节、重阳节等中国传统的节日到“劳动节”、“儿童节”、“国庆节”、“建军节”、“教师节”等现代节日，再到“父亲节”、“母亲节”、“感恩节”、“圣诞节”等西方节日，甚至开业、店庆等商家自己的节日，一年大大小小的节日有数十个，如何搞好节日期间的促销活动，利用节日提升销售额、扩大企业影响是每个连锁企业必须要考虑的事情。

节日促销与一般的促销最大不同之处在于节日促销受传统的影响较大，所以更加需要注意节日的各种风俗、礼仪、习惯等细节，慎重选择促销商品、促销手段。

搞好节日促销，首先要有准确的活动定位，即准确寻找促销活动和节日恰当的结合点，确定促销主题。结合任何节日举办促销活动，一定要让促销显示出与这个特定节日的关联。针对不同节日，结合企业理念与节日文化塑造不同的活动主题可以明确传达品牌形象、凸显企业自身的特色，实现差异化促销，设计自己企业独特的促销主张与促销诉求，把更多顾客吸引到自己的柜台前，营造现场气氛，实现节日销售目的。

节日前后的时间安排也至关重要，节日促销的时间一般在节日及之前的一段时间，而时间的长短则视节日的隆重程度而定。春节、劳动节、国庆节等节日持续时间一般很长，而教师节、重阳节等通常只在节日当天有促销意义。如果与周末相连，时间一般可以适当延长。

此外，在节日促销的活动中还要注意媒体运用，一方面是媒体的宣传效果，主要是通过报纸、电视、海报等给顾客传达促销活动安排信息。另一方面是媒体的渲染效果，通过促销现场节日氛围的烘托和品牌亲和力的彰显，从视觉、听觉、味觉、嗅觉、感觉等来调动消费者的购买情绪，使消费者的情绪得到感染和“不正常”起来，消费者的节日情绪得到了氛围的回应，企业的主题活动也就得到了回报。

促销实践15.3

雀巢咖啡中秋节促销

中秋节前夕，秋雨潇潇的一个周末下午，在济南的某一大型超市门前，雀巢咖啡举行免费促销活动。促销小姐穿着鲜艳而整齐的公司服装，面带微笑，热情地为每一位路过客人递上一杯热咖啡；另一边的电视中播放着公司的简介和“味道好极了”的广告语。

这次促销巧妙之处在于以下几个方面。

（1）促销时间的选择（When）。中秋节前夕的周末，人们开始高度关注节日的到来，对节日的注意力开始提高，人们开始大量购物过节。此时搞促销，容易引起人们的关注，这体现了注意力促销。

中秋节虽然月饼是主角，但咖啡可以与月饼互补，进行互补营销，在吃月饼的同时喝上一杯芳香的咖啡，那感觉一定很不错。消费者在买月饼时会顺便买咖啡，因为广告语告诉你“味道好极了”。

（2）地点的选择（Where）。人们在超市购物结束后，一般都比较累比较渴，再加上秋后的小雨带给人丝丝凉意。此时热情的促销员为消费者送上一杯热咖啡，以解除劳累和口渴，使消费者心里心存感激，这一杯咖啡是一杯温情和芳香。消费者会从心里大大增加对雀巢咖啡的美好印象，为以后的消费打好了基础。

（3）促销对象的选择（Who）。这一大型超市属于档次较高的超市，逛超市者绝大部分都是年轻人和中年人，他们对咖啡有一定消费偏好并且有购买力，正是雀巢咖啡的目标消费者，在这里做促销针对性强，有效性高。

（4）促销内容的选择（What）。在促销中，服装统一，热情礼貌漂亮的促销员体现了雀巢公司的良好企业形象；“味道好极了”体现了公司品牌形象的宣传；品尝咖啡宣传了雀巢咖啡所具有的良好品质。

（5）促销方式的选择（How）。在超市门口促销，体现了决战终端的促销策略，消费者可以近距离感受到雀巢咖啡所具有的品质和魅力；既采用了人员推销，又采用了电视推销，体现了整合传播促销；免费品尝，体现的正是公司的一种晚赢利的营销策略。现在的免费让不知道雀巢咖啡的人知道它，让潜在的消费者变成现实的消费者，让现在的消费者增加对雀巢咖啡的满意度和品牌忠诚度。

（资料来源：http://www.51report.com/cbank/detail/56320.html）

15.2.4　以特定事件为主题的促销活动

此类促销活动特别强调特定事件或突发事件的时机掌握，若掌握得当，常会提高企业知名度及业绩。特定事件或突发事件，往往因为出乎意料，没有心理准备，使企业难有敏锐的反应。然而，精明的经营者会像快速反应的部队那样，迅速决策，及时分析，总能先他人一步抢占商机。

首先，经常关注并及时掌握社会及商圈内有关事件及新闻，并研究其对企业经营及消费者购物心理的影响。然后，若发现良好的促销主题，则立即确定促销的商品及营业部门，在最短的期限内推出促销活动以抢夺先机，塑造企业的经营特色和差异化。例如，我国台湾的 7－11 便利店除了以社区为邻居商圈之外，还举办过多次极具创意的主题性促销活动。其中，非常成功的一次活动，是针对台湾多起绑架儿童案而及时赞助举办的”把爱找回来”活动——呼吁父母们别让孩子走得太远，以免误入歧途，并在每个 7－11 便利店设立信箱，希望通过信箱的协助，让想回家的孩子和想念孩子的父母，一起把爱找回来。这一活动温馨、令人感动，成为连锁超市企业关心社会的成功典范。其结果，不仅凝聚了顾客对 7－11 便利店的好感与向心力，而且也使它的服务层次提高，让商圈或社区的居民视它为日常生活中不可缺少的便利店。

相关信息 15.1

主题促销的六大难题

1. 主题与消费者利益不相关

主题促销活动的主题一定是讲给顾客听的，而不是给老板看的。但很多企业策划的促销活动主题与消费者利益没有什么关系，可谓我行我素。这好比谈恋爱的时候老跟女友讲纳斯达克股市跌了多少和美国总统大选谁会赢等，对你的恋爱进程不会有太大帮助的。一家纸业公司庆祝它的 10 周年时搞了一个“真情十年”为主题的促销活动，你的“真情十年”和消费者有关系吗？消费者在乎你的“真情”吗？在乎你的“十年”吗？

2. 主题与品牌定位不相关

也有些企业的主题促销活动与其品牌定位毫无相干，形成两张皮。要么就弄个非常牵强的概念，硬邦邦地推下去；要么和自己品牌的定位、特色没有任何关系。2002 年，一家奶粉企业搞了一次“健康对口”为主题的买奶粉送牙膏活动。结果怎样？活动一开始就有大量牙膏送不出去，造成积压。经销商和销售人员倒好，那一年基本没有自己买牙膏。一个讲营养，一个讲固齿，怎能走到一块呢？“健康对口”的主题是否有些牵强了？

3. 主题不明确或不独特

一些企业做主题促销活动，要么主题不明确，要么主题过多，从而失去焦点。巩俐的《漂亮妈妈》电影上映后，不少美容院、健身房积极响应，搞了一系列“漂亮妈妈”为主题的促销活动。乍一看这个主题不错，很有时代感。但仔细琢磨就会明白，“漂亮妈妈”到底说明了什么，是美丽？还是瘦身？或是健康？不明确。

4. 主题难以传播

企业做主题促销活动，总是喜欢用些好听的词汇，诸如真情回报、关爱生命、辉煌十年、让爱永恒等。但从来没有考虑过，这些主题到底怎么传播。线上倒好，大不了拍一支广告片，但线下怎么办？尤其把这些主题落实到具体活动中的时候怎么处理？例如，类似“辉煌”等主题，通过什么样的促销活动表现出来呢？是赠送？是路演？还是特价？你的促销人员到底穿什么？说什么？等等很多问题都不好解决。

5. 游戏规则太复杂

每当要策划主题促销活动的时候，老板一般爱说两句话：一是活动要环环相扣，趁热打铁，要有突破；一是活动要扎扎实实地抓下去，各部门要全力配合。老板的本意是好的，但这往往会误导市场人员，尤其“环环相扣”一词促使市场人员设计出错综复杂的游戏规则。例如，你看到报纸广告，剪一角可申请会员；然后购买一次产品便获得优惠券；每次购买达到一定量可免费获得一份礼物；接下来把产品包装收集到一定程度，就可以免费兑换该产品一个等。消费者有这种耐心吗？

6. 容易被竞争对手效仿

无论是促销活动还是其他传播活动，一定要考虑竞争。必须在详细分析竞争对手的情况下才能考虑如何取悦消费者。否则，你做的事情对手也跟进就麻烦了，也许你前期的一切努力因此而毁于一旦。有一家牛奶企业搞了一个以“享天然赢健康”为主题的买牛奶送自行车活动。但遗憾的是，活动一开始他们的“冤家”就开始跟进，买牛奶送电动车。其实，这种效仿是可以阻止的，但他们忽略了。

（资料来源：http://huahong.hz.bodu.com/bloggermodule/blog_viewblog.do?id = 535001）

15.3 实施主题促销

主题促销，必须能够抓住顾客的需求和市场的卖点。一个好的促销主题会成为一个好的市场卖点，而要有好的促销主题，促销人员的创意是相当重要和关键的。

15.3.1 寻找一个有效的主题

促销主题是整个促销活动的灵魂，选择一个好的促销主题就是主题促销活动成功的一半，所以连锁企业要针对自身的具体情况制定一个有吸引力的鲜明主题。

一个有效的促销主题应符合以下要求。

（1）相关性。主题促销活动的主题是和消费者的利益息息相关的，所以一定要有可信度，不能使消费者觉得有欺诈的嫌疑。同时，必须要能够吸引消费者的注意，让消费者感兴趣，使消费者能从中感受到一种亲和力、看后留有深刻的印象。

（2）统一性。主题促消活动的主题必须与连锁企业的定位一致，必须能够向消费者传达企业所倡导的信息，切忌所选主题与企业定位脱节。这样，企业的经营理念才会通过促销活动在消费者中有所积淀，进而影响到消费者的长期消费行为，这一点是通过主题促销实施企业战略的关键所在。

（3）独特性。独特性是指主题促销的主题必须鲜明而有特色，结合企业、商品自身的特点，避免陷入甩卖风、打折风、赠送风等促销误区。有的企业搞了点特价、品尝、路演就说自己举办了一次主题促销，结果除了提升了短期业绩外，对扩大企业影响力、提高顾客忠诚度没有太大的影响。由于市场竞争日趋激烈，许多企业一窝蜂的举办各种主题促销，如何选择一个明确的主题使消费者觉得新颖、时尚；使媒体觉得有价值，愿意报道；使竞争对手难以效仿、跟进等成为主题促销活动成功的关键。

（4）传播性。促销活动的主题必须易于传播，只有传播出去才能被消费者所认知。所选主题一定要简洁、易记，让消费者一目了然、琅琅上口、过目不忘，最好在一定程度上能够引起正面的社会舆论，使促销主题深入人心。另外，一定要便于表现，活动的主题是通过具体的促销手段体现出来的，从什么角度确定活动主题更有助于提升活动的表现力一定要考虑在内。

15.3.2 把握促销规则

连锁企业在进行主题促销活动的策划时，要解决策略层和操作层所涉及的诸多问题。

策略层要回答下列问题：本次促销活动是否符合促销产品的生命周期、是否可以有效阻击竞争对手、是否有足够的活动预算等。

操作层要回答下列问题：活动计划是否易于执行、消费者是否容易感知、媒体和厂商等合作伙伴是否能够接受。否则，活动规则太复杂，具体执行人员无法充分领会要点，厂商不予支持，活动就很难开展下去。

克服这些问题，充分把握活动规则就一定要做到：制定活动规则的过程要严谨、复杂，尽可能考虑到所有相关问题；而活动规则的执行过程则要简单化、易于操作、易于控制。

15.3.3 传播促销主题

企业开展促销活动的主要原因是巩固老顾客和吸引新顾客。但是若促销活动传播不到位，老顾客会因为购买习惯而不能从活动中得到实惠，而新顾客会因为不了解活动本身而未被吸引。所以，要实现促销目标，就要在考虑预算的前提下做好主题促销活动的传播。

（1）设计并统一使用主视觉。在确定促销主题后，这个问题很容易被忽略。为了便于主题的传播，要设计一个 ICON，而且表现手法要符合 VI 要求，并统一使用，无论在广告里还是在海报上，使用方法要严格统一，大小比例及颜色都要严格把关。

（2）要均衡传播。许多企业认为促销活动是线下的事，可以通过促销装、终端展示和人员推广等手段达到传播的目的。线下传播的确非常重要，尤其是终端展示尤为重要，连锁企业所属各店面一定要把活动的气氛、气势充分营造出来。而事实上主题促销活动一定要在线上和线下均衡传播。线上主要靠电视、报纸、杂志和网络等媒体，必要时采取新闻等方式进行补充。

（3）要不断刷新传播内容。促销传播是有时段性的，要紧随活动进程及时调整传播角度和方向，刷新活动的传播内容。在充分考虑促销活动短期性特点和节约费用的原则指导下，拍摄 2～3 支 TVC。媒体和终端传播，根据活动节奏内容也可以随时更新。这样，可以提高与消费者的沟通效率。需要注意的一点是：没有特殊情况，促销活动的主题不能变。

（4）促销资源要均衡匹配。企业自身的市场定位、短期的市场份额目标、商品策略、价格策略、物流能力、企业资金来源、竞争格局、宏观环境等都影响着促销活动的投入和回报。因此，连锁企业在做促销传播策划时必须对全部资源进行均衡匹配，不能在某一方面投入过多的资源，而其他方面资源却不足。

在具体促销的传播管理上，充分利用店面的氛围、媒体的宣传攻势来营造、凸显连锁企业自身的整体形象。例如，利用企业大型宣传看板、店内指引标识、企业周围的灯箱道旗广告、DM 的发放等使消费者清楚地知道促销的内容；利用电台、电视台、相关报刊等多种媒体将促销活动最大限度地宣传出去。宣传的重点是企业形象、连锁店的服务理念、活动的主题及内容、活动举行的时间及地点。

15.3.4 寻求厂商的支持

连锁企业运作一次主题促销活动往往需要一定的人力、物力、财力投入，仅凭连锁店一己之力开展活动，很容易因为资源不充裕或具体活动实施不够专业而影响到最终结果。如果能够通过有效的沟通获得厂商多方面的全力支持，活动效果会有明显改善。但是，目前大多数厂家的经营战略是针对全国或局部重点地区的整体运作，对于处于销售终端的连锁店往往是鞭长莫及，甚至根本不关注、不了解其实际运营状况。而且，即便对连锁店有所支持，往往也是锦上添花而非雪中送炭，销售状况越好的连锁店越能得到厂商的支持。

对于连锁企业而言，在提倡自我管理、自我创新的同时要加强与厂商的沟通、合作，避免因得不到厂商支持而影响促销活动的效果。做好一次大型主题促销活动，需要争取厂商在以下几方面的支持。

（1）使厂商在商品供应或者铺货、赊销等方面给予支持，或者给予折扣点上的特殊支持。

（2）使厂商给予促销费用上的支持，如配发免费宣传用品，给予一定额度的广告投入。

（3）使厂商派专业人员给予促销活动以专业培训与指导。

（4）争取在活动期间厂商给予让利支持或奖励返点。

任务小结

主题促销是一种非常规促销，是指围绕一个主题而实施的促销活动。与其他促销工具最大的不同在于主题促销不仅可以提高营业额，还可以树立企业良好形象。

主题促销的关键是有一个好的主题，企业可以以商品为主题，可以以季节为主题，可以以节日为主题，还可以以特殊事件为主题。除寻找一个有效的主题之外，企业在实施主题促销时，还要注意把握促销规则、传播主题、寻求厂商的支持等。

任务十六 会员卡促销

任务导入

会员卡泛指普通身份识别卡，包括商场、宾馆、健身中心、酒家等消费场所的会员认证。它们的用途非常广泛，凡涉及需要识别身份的地方，都可应用到身份识别卡，如学校、俱乐部、公司、机关、团体等。

会员制服务也是现在流行的一种服务管理模式，它可以提高顾客的回头率，提高顾客对企业忠诚度。很多的服务行业都采取这样的服务模式，会员制的形式多数都表现为会员卡。一个公司发行的会员卡相当于公司的名片，在会员卡上可以印刷公司的标志或者图案，为公司形象作宣传，是公司进行广告宣传的理想载体。同时发行会员卡还能起到吸引新顾客，留住老顾客，增强顾客忠诚度的作用，还能实现打折、积分、客户管理等功能，是一种确实可行的增加效益的途径。

相关知识

16.1 认识会员卡促销

会员卡促销又称为俱乐部促销，是指连锁企业以某种利益或服务为主题将顾客组成一个团体，开展宣传、销售、促销等营销活动。加入俱乐部的条件可以是缴纳一笔会费，也可以是购买一定量的商品。

开展会员卡促销最大的好处是通过俱乐部形式将消费者凝聚在企业周围，与顾客直接沟通，使之成为企业的忠实顾客。

促销实践16.1

如家酒店会员卡手册

一、申请会员

1. E 会员：通过官网 www.homeinns.com 或其他指定渠道免费注册。

2. 家宾普卡会员：E 会员达到 2000 积分升级为家宾普卡会员；至如家快捷酒店、莫泰连锁旅店各分店前台申请，售价 40 元，即可成为家宾普卡会员；登录官方网站在线购买会员卡。

3. 家宾金卡会员：当家宾普卡会员积分达到 2000 分时，可登录官方网站使用积分兑换，升级为家宾金卡会员。

二、适用范围

1. E 会员及家宾会员均适用于如家快捷酒店、莫泰连锁旅店各分店。

2. 如家铂金卡仅限会员本人在如家快捷酒店使用，入住前需出示铂金卡。

3. 莫泰 stay merrylin 会员卡仅限在莫泰连锁旅店使用，并请在 2012 年内至莫泰各门店更换。

三、会员权益

服务项目		E会员	普　卡	金　卡
房费折扣		9.5 折	9.2 折	8.8 折
积分累计	电话预订/上门入住	—	¥1 元=1 分	¥1 元=1.5 分
	官网预订	¥1 元=1 分	¥1 元=2 分	¥1 元=2 分
	客户端/WAP 预订	¥1 元=2 分	¥1 元=3 分	¥1 元=3 分

续表

服务项目		E会员	普　卡	金　卡
积分兑奖		★	★	★
快速 check-out		★	★	★
预订优先		无	★	★★
预订保留		可延迟至 19：00	可延迟至 19：00	可延迟至 20：00
延时退房		13:00	13:00	14:00
餐饮折扣	美林小厨（正餐）	—	9.5 折	9.5 折
会员专享促销		★	★	★
通信赠阅		★	★	★
*会员活动、会员礼品等		★	★	★

注：

1. 加*标记的项目将配合酒店活动，不定时间、不定区域进行，预订酒店时请参见相关活动信息。
2. 酒店房价以各分店前台实际挂牌为准。
3. 会员优惠折扣不得与酒店促销房型、免房、中介房价等优惠同时享受。
4. 一个会员账户一日内可享受五间客房的对应折扣优惠（非会员仅享受折扣，不享受积分及其他权益）。

四、会员积分

1. 积分查询：

网上查询：登录如家酒店网站 www.homeinns.com 进行查询。

电话查询：拨打电话 400.820.3333，客户服务中心帮助您进行会员积分查询。

酒店前台查询：由酒店前台服务人员帮助查询您的积分。

2. 积分兑换：

进入官网 www.homeinns.com 在线兑换相应礼品。

积分兑换礼品的标准及规则均以最新公告或目录为准。

礼品兑换之后，不能调换或者退还。

入住如家快捷酒店或莫泰连锁旅店产生的积分，均计入会员账户中心内。

3. 积分说明：

积分仅限酒店内客房消费，餐饮、小商品、洗衣等消费不列入积分。

会员以对应优惠价格本人入住时可享受积分，部分特别价格或非本人入住均不享受积分。

会员积分（自该笔积分生效日起）两年内有效。

当会员出现 no-show（未事先通知而自行取消预订）时，将扣除 200 积分。提前向酒店或预订中心取消订单的会员不扣除任何积分。

五、会员账户管理

1. 会员账户中心

如家酒店集团会员账户中心为旗下各品牌会员自助服务通道，提供各类会员消费信息查询、积分查询及使用、个人账户设置等服务。同时持有如家快捷酒店和莫泰连锁旅店会员卡或旗下同一品牌多张会员卡，其会员积分，均统一计入会员（个人）账户中心，账户中心积分在旗下各品牌通用。

2. 个人资料维护

会员必须如实准确地提供个人信息，遇有资料内容变化时应及时告知酒店更新。否则对会员因此而受到的损失酒店将不负任何责任。

如家酒店集团保证会员的个人资料信息，在未征得会员本人同意时不向任何第三方透露（遇法律程序除外）。

3. 一人多卡说明

同时持有如家快捷酒店及莫泰连锁旅店会员卡：在预订入住时，会员账户中心默认选择其中折扣最大的会员卡验证及使用。

4. 电子优惠券

登录官网个人会员中心内“我的优惠券”进行电子优惠券查询及获取。

六、会员注意事项

1. 会员卡仅限会员本人使用，并请同时出示身份证等有效证件。不同会员间的积分不能累积或转换，会员卡一经售出，不得退换。

2. 申请会员成功后，连续两年未产生消费者，将注销会员身份。

3. 如遗失会员卡，可在酒店前台办理，需收取工本费 10 元。

4. 会员中心接纳凡满 16 周岁的中国公民以及外国友人为会员。

5. 如家酒店集团有权在事先通知或事先没有通知的情况下，法律允许范围内，可对本手册使用细则及服务内容进行修改及补充。

6. 本手册有效期：2012 年 1 月 1 日～2012 年 12 月 31 日。

（资料来源：http://www.homeinns.com/member_shouce.html）

实行会员制的企业，其会员可以享受到以下利益。

（1）享受连锁企业提供的价格优惠。持有会员卡的顾客在购物时可以享受比非会员更大的折扣，购买超过一定金额的商品时，还可以享有分期付款的待遇。此外，连锁企业还可以对会员实行特殊优惠日活动，对持卡会员每半月或一月中有一天优惠购物。

（2）享受连锁企业提供的优质全面服务。会员在购物时可以享受保险及送货上门等服务，享受连锁店定期举行的会员联谊活动，并获得精美礼品。此外，连锁企业还定期为会员提供最新商品信息的印刷小册子，介绍商品的性能、用途、价格等，使会员可以享受电话订货、送货上门的优惠服务。

（3）享受年底提供的现金返还。连锁企业可以根据会员在一年内的消费总额多少，在年底时给予一定比例的返还，从而增加会员的实际利益。

促销实践16.2

7天，新会员免费住一晚！

1. 参与方式：

登录 http://www.7dayssiinn.com/新会员注册页面成功注册的7天会员，注册后三个月内预订且入住全国任一分店，同时满足以上2个条件的会员，在离店后第二天即获赠一个“免费房法宝”，法定一周后生效，可享有一晚免费入住异地城市（与首晚入住城市不同）7天分店大床房。

2. 活动细则：

免费房有效期为3个月，仅限会员本人预订及入住；通过7天网站提前一天以上预订，预订后不能取消及更改，逾期未到免费房权利不再保留；免费房不参与积分累积，不参与其他会员优惠返还。

3. 会员专享：

注册入住1晚后可享受异地免费房1晚；
线上预订免费赠送睡前牛奶；
2000积分可兑换免费大床房1晚；
享受会员价、享受会员专享房型；
88元入住7天新店；
预定保留到19：00；
退房延迟到13：00。

（资料来源：http://www.7dayssiinn.com/）

16.2 实施会员卡促销

16.2.1 发放会员卡

连锁企业招募会员的办法和入会的条件，通常有以下几种情况。

（1）只要缴纳一小笔会费，并填写会员资格申请表，就可以成为会员。武汉徐东路平价商场就是采用这一办法招募会员。

（2）只要购买了企业的产品，并填写会员资格申请表，就可以成为会员。江苏隆力奇集团征集会员的办法是：顾客在 1999 年 3 月 31 日之前，将 1 个隆力奇纯蛇粉外包装上的指定标志及本人姓名、身份证号码、地址、邮编、电话号码等寄往指定地点，就能成为“隆力奇会员”，会员将得到专函通知。

（3）既要缴纳会费，又要购买商品，才能成为会员。“贝塔斯曼”书友会入会的必要条件是：交 18 元入会费，并购买 2 本优惠价格的图书。

（4）顾客在购买企业的商品后，企业通过有奖征答吸收其中一部分优胜者成为会员。博士伦公司的“明眸一族”俱乐部就是用这种办法吸收会员。

（5）顾客只要提交有关材料，证明自己符合会员的必要条件，就可以成为会员。

16.2.2 登记会员卡

会员在最初进行会员登记时，连锁店也就获得了消费者的一些基本信息，包括消费者姓名、性别、年龄、职业、月平均收入、性格偏好、受教育程度、居住范围等，这些信息对于连锁企业针对会员进行个性营销分析提供了可靠的依据。在消费者消费结算时，通过读卡机读取会员卡，客户关系管理数据库就会保存该持卡人的消费记录信息，并且将会员此次消费商品的品牌、型号、价格、数量、消费时间等信息都记录下来，为企业以后的增值服务提供可靠的信息。这些是连锁企业完善会员卡系统进行客户关系管理的第一步，也是关键的一步，没有这些信息，在以后的活动中就不能进行准确的定位，就不能进行人性化的、个性化的服务。

16.2.3 遗失补办会员卡

（1）当会员卡遗失后，由原持卡人到连锁企业重新办理一张会员卡。

（2）由连锁企业有关人员根据挂失人提供的单位名称和持卡人姓名，在系统中找到原有的用户资料，补发同号码的会员卡。

（3）连锁企业不对会员卡遗失期间的消费积分损失负责。

16.2.4 会员卡的使用与积分

持卡顾客在购物时出示会员卡，或提供会员卡编码，由销售人员根据卡号在会员销售界面中录入销售订单，并给以相应的优惠政策。购物完成后，会员卡管理系统自动根据购物金额和预先定义的积分规则增加该会员积分。会员卡一般采用消费积分、奖励制度，积分和奖励制度由连锁企业统一规定。

任务小结

会员卡促销又称为俱乐部促销，是指连锁企业以某种利益或服务为主题将顾客组成一个团体，开展宣传、销售、促销等营销活动。加入俱乐部的条件可以是缴纳一笔会费，也可以是购买一定量的商品。开展会员卡促销最大的好处是通过俱乐部形式将消费者凝聚在企业周围，与顾客直接沟通，使之成为企业的忠实顾客。

任务十七　网络促销

任务导入

Internet 虚拟市场的出现，将所有的企业，无论其规模的大小，都推向了一个统一的全球大市场，传统的区域性市场正在被逐步打破，企业不得不直接面对激烈的国际竞争。如果一个企业不想被淘汰，就必须学会在这个虚拟市场中做生意。

相关知识

17.1　认识网络促销

网络促销是指利用计算机及网络技术向虚拟市场传递有关商品和劳务的信息，以引发消费者需求，唤起购买欲望和促成购买行为的各种活动。

网络促销是通过网络传递商品和服务的存在、性能、功效及特征等信息。多媒体技术提供了近似于现实交易过程中的商品表现形式，双向的、快捷的信息传播模式，将互不见面的交易双方的意愿表达得淋漓尽致，也留给对方充分思考的时间。因此，网络营销者不仅要熟悉传统的营销技巧，而且需要掌握相应的计算机和网络技术知识，以一系列新的促销方法和手段，促进双方达成交易。

网络经济时代的到来，网上促销作为新兴事物与传统的促销有着其自身的优势：

（1）节约费用。网上促销是一对一的、双向的、理性的、消费者主导的、非强迫性的、循序渐进式的、个性化的、低成本的促销，因此降低了广告等促销成本。

（2）良好的沟通，提供个性化的产品和服务成为可能。利用网络顾客可参与产品的设计、开发、生产，从而获得真正喜爱的、符合自己个性的产品和服务。

（3）形式多样。互联网络超越时空限制，传播信息速度快、容量大，能检索、可交互，具备传送文字、声音、动画和影像的多媒体功能，较之传统的媒体，表现要丰富得多，正可发挥营销人员的创意。

17.2 网络促销方式

网络促销是在网络营销中使用的手段之一，在适当时候利用网络促销，可以更好地促使转化销售，更好地为销售服务。一般来说，网上促销主要有以下几种形式。

（1）打折促销。打折促销是最常见的网络促销了，这需要所销售的产品必须有价格优势，才容易打折，或是有比较好的进货渠道。

现在，很多人在网上热衷于团购。团购（Group Purchase）就是团体购物，指认识或不认识的消费者联合起来，加大与商家的谈判能力，以求得最优价格的一种购物方式。根据薄利多销的原理，商家可以给出低于零售价格的团购折扣和单独购买得不到的优质服务。团购作为一种新兴的电子商务模式，通过消费者自行组团、专业团购网站、商家组织团购等形式，提升用户与商家的议价能力，并极大程度地获得商品让利，引起消费者及业内厂商、甚至是资本市场关注。

促销实践17.1

美团网，每天团购一次！

价值 285 元的温斯顿大佬披萨西餐厅 5～7 人套餐，仅售 99 元！

餐厅名称：温斯顿大佬披萨西餐厅

餐厅地址：唐山南湖休闲美食广场 2-501 号

联系电话：0315-6818599

内容	单价	数量/规格	小计
头盘（以下 2 选 1）			
田园沙拉	16 元	1 份	16 元
水果沙拉	16 元	1 份	16 元
副菜			
鸡米花	18 元	1 份	18 元
主菜			
披萨	168 元	1 份/20 寸	168 元
饮品			
特调橙汁	68 元	1 扎	68 元
小吃			
大佬薯条	15 元	1 份	15 元
价值	285 元		285 元
美团价	99 元		99 元

购买须知：

- 有效期：2012 年 7 月 6 日至 2012 年 8 月 6 日
- 有效期内周末、法定节假日通用
- 美团券使用时间：07:00～24:00
- 本单无须预约，咨询请致电 0315-6818599
- 本单不限制购买数量
- 凭美团券到店消费不可同时享受店内其他优惠
- 每桌不限美团券使用张数，每张不限使用人数
- 仅限堂食，不提供餐前外带、餐毕可免费打包
- 仅限大厅用餐，店内没有包间
- 酒水、饮料等问题，请致电商家咨询，以商家反馈为准（资料来源：美团网唐山站）

（2）拍卖促销。网上拍卖市场是新兴的市场，由于快捷方便，吸引大量用户参与网上拍卖活动。拍卖促销就是将产品不限制价格在网上拍卖。

近几年兴起一种极端的网上拍卖叫秒杀。秒杀（SecKill）一词，来自足球赛事，最早用来形容一场足球赛事最后阶段的进球，因为这时的进球是一击致命的，没有反击的时间。秒杀用于电子商务，就是网络卖家发布一些超低价格的商品，所有买家在同一时间网上抢购的一种销售方式。由于商品价格低廉，往往一上架就被抢购一空，有时甚至只用一秒。

促销实践17.2

365 秒杀团，精品团购每一天！

今日团购：7 月《画皮 2》继续上映，陈凯歌力推爱情悬疑大片《搜索》，柳岩上演《十二星座离奇事件》，3D《冰川时代 4》带来超级惊喜刺激……新星剧院原价 50 元的电影票，秒杀价一律 30 元！

本站为新星剧院特价电影票独家发行媒体，支付宝、财付通特约商家，支持支付宝、财付通、各大银行卡网上银行、信用卡在线支付。订购成功后请等待几秒即可收到手机短信：带有券号和密码的电子秒杀券，（每张票一条，偶尔有延迟的请多等待几分钟），您只需在新星剧院大厅收银台出示此条短息核对券号和密码后即可获得入场电影票。

泗洪新星影院位于泗洪文化大世界三楼，是中影集团旗下的五星级标准 3D 影城，电影院采用了代表了当今电影工业最高 3D 技术的，国际上的最先进的数码视听设备，包括进口放映设备、杜比数码 SRD、DTS 等系统还原设备、美国 QSC 功放系统、德国施耐德高端镜头以及高清晰巨幅银幕等。超舒适豪华座椅，您无论在全场的任意座位都将得到完美的观赏角度。阶梯状交错排列，让您的视线没有任何干扰。

新星影院的另外一个亮点是它的配套服务。大堂设有电子显示屏，提供最全面的影片资讯，观众随时了解影片动态，观看自己倾心的电影；先进高效的售票系统将在最短的时间内为您提供最优秀的服务；观众足不出户，可以通过 365 秒杀团 www.365mst.com 在线购买超低折扣优惠电影票，给您的观影活动带来了极大的便利！

（资料来源：http://www.365mst.com）

（3）搜索引擎促销。搜索引擎促销是通过搜索引擎优化、搜索引擎排名以及研究关键词的流行程度和相关性在搜索引擎的结果页面取得较高排名的促销手段。搜索引擎优化对网站的排名至关重要，因为搜索引擎在通过 Crawler 或者 Spider 程序来收集网页资料后，会根据复杂的算法来决定网页针对某一个搜索词的相关度并决定其排名的。当客户在搜索引擎中查找相关产品或者服务的时候，通过专业的搜索引擎优化的页面通常可以取得较高的排名。

相关信息 17.1

搜索引擎优化（Search Engine Optimization，SEO）是一种利用搜索引擎的搜索规则来提高目的网站在有关搜索引擎内的排名的方式。由于不少研究发现，搜索引擎的用户往往只会留意搜索结果最前面的几个条目，所以不少网站都希望通过各种形式来影响搜索引擎的排序。

搜索引擎定位（Search Engine Positioning）和搜索引擎排名（Search Engine Ranking）是较为流行的搜索引擎优化方式，主要目的是增加特定关键词的曝光率以增加网站的能见度，进而增加销售的机会。搜索引擎优化的主要工作是通过了解各类搜索引擎如何抓取互联网页面、如何进行索引以及如何确定其对某一特定关键词的搜索结果排名等技术，来对网页进行相关的优化，使其提高搜索引擎排名，从而提高网站访问量，最终提升网站的销售或宣传的效果。

（4）微博促销。随着微博的火热，即催生了微博营销、微博推广。每一个企业都可以在新浪、网易等网站注册一个微博，然后利用更新自己的微博内容，或者有大家感兴趣的话题，发表意见与大家交流，这样就可以达到营销的目的。微博促销，就是企业借助微博这一平台进行的包括品牌推广、产品宣传等一系列的营销活动。

促销实践 17.3

黑黛公司从讲故事开始回到讲故事

上海黑黛增发服务有限公司成立于 2008 年，以创新的“健康物理增发技术”闻名全国。黑黛公司在新浪的微博诞生后，黑黛让 14 个直营中心的 70 名员工写微博故事，内容是客户对新技术的体验，并链接到博文。有兴趣的用户会通过链接进入 24 小时咨询中心，还可以预约到线下直营中心体验。一般讲受众在经过几次的对话和体验以后，接受服务的比例会很高。一旦接受了服务，新的故事又源源不断出现在微博上，形成营销上的良性循环。

（5）论坛促销。企业利用论坛这种网络交流平台，通过文字、图片、视频等方式发布企业的产品和服务信息，从而让目标客户更加深刻地了解企业的产品和服务，达到宣传企业品牌、加深市场认知度的营销目的。论坛促销是以论坛为媒介，参与论坛讨论，建立自己的知名度和权威度，并顺带着推广一下自己的产品或服务。运用的好的话，论坛推广可以是非常有效果的网络营销手段。

（6）短信促销。短信促销，顾名思义就是以短信平台发送手机短信的方式来达到促销的目的，包括文字短信和彩信。短信促销是基于中国移动、中国联通、中国电信直接提供的短信接口实现与客户指定号码进行短信批量发送和自定义发送的目的。随着经济的不断发展和营销手段的不断更新，短信促销已经成为一种新的促销方式。

（7）E-mail 促销。电子邮件促销，是在用户事先许可的前提下，通过电子邮件的方式向目标用户传递价值信息的一种网络促销手段。E-mail 促销有三个基本因素：用户许可、电子邮件传递信息、信息对用户有价值，三个因素缺一不可，缺少一个，都不可能称之为有效的 E-mail 促销。

17.3 实施网络促销

根据国内外网络促销的大量实践，网络促销的实施过程可以由以下 6 个方面组成。

（1）确定网络促销对象。网络促销对象是针对可能在网络虚拟市场上产生购买行为的消费者群体提出来的。随着网络的迅速普及，这一群体也在不断膨胀。这一群体主要包括三部分人员：产品的使用者、产品购买的决策者、产品购买的影响者。

（2）设计网络促销内容。网络促销的最终目标是希望引起购买。这个最终目标是要通过设计具体的信息内容来实现的。消费者的购买过程是一个复杂的、多阶段的过程，促销内容应当根据购买者目前所处的购买决策过程的不同阶段和产品所处的寿命周期的不同阶段来决定。

（3）决定网络促销组合方式。网络促销活动主要通过网络广告促销和网络站点促销两种促销方法展开。但由于企业的产品种类不同，销售对象不同，促销方法与产品种类和销售对象之间将会产生多种网络促销的组合方式。企业应当根据网络广告促销和网络站点促销两种方法各自的特点和优势，根据自己产品的市场情况和顾客情况，扬长避短，合理组合，以达到最佳的促销效果。

（4）制订网络促销预算方案。在网络促销实施过程中，使企业感到最困难的是预算方案的制订。在互联网上促销，对于任何人来说都是一个新问题。所有的价格、条件都需要在实践中不断学习、比较和体会，不断的总结经验。只有这样，才可能用有限的精力和有限的资金收到尽可能好的效果，做到事半功倍。

首先，必须明确网上促销的方法及组合的办法。

其次，需要确定网络促销的目标。

最后，需要明确希望影响的是哪个群体，哪个阶层，是国外的还是国内的?

（5）衡量网络促销效果。网络促销的实施过程到了这一阶段，必须对已经执行的促销内容进行评价，衡量一下促销的实际效果是否达到了预期的促销目标。

（6）加强网络促销过程的综合管理。

任务小结

网络促销是指利用计算机及网络技术向虚拟市场传递有关商品和劳务的信息，以引发消费者需求，唤起购买欲望和促成购买行为的各种活动。网络经济时代的到来，网上促销作为新兴事物与传统的促销有着其自身的优势：节约费用、良好的沟通、形式多样。

网络促销是在网络营销中使用的手段之一，在适当时候利用网络促销，可以更好地促使转化销售，更好地为销售服务。一般来说，网上促销主要有以下几种形式：打折促销、拍卖促销、搜索引擎促销、微博促销、论坛促销、短信促销、E-mai 促销。

根据国内外网络促销的大量实践，网络促销的实施过程可以由 6 个方面组成：确定网络促销对象、设计网络促销内容、决定网络促销组合方式、制订网络促销预算方案、衡量网络促销效果、加强网络促销过程的综合管理。

任务十八 文化促销

任务导入

中国人讲吃，不仅仅是一日三餐，解渴充饥，它往往蕴涵着中国人认识事物、理解事物的哲理，一个孩子生下来，亲友要吃红蛋表示喜庆。“蛋”表示着生命的延续，“吃蛋”寄寓着中国人传宗接代的厚望。孩子周岁时要“吃”，十八岁时要“吃”，结婚时要“吃”，到了六十大寿，更要觥筹交错地庆贺一番。这种“吃”，表面上看是一种生理满足，但实际上“醉翁之意不在酒”，它借吃这种形式表达了一种丰富的心理内涵。吃的文化已经超越了“吃”本身，获得了更为深刻的社会意义。

中华饮食文化就其深层内涵来讲，可以概括成四个字：精、美、情、礼。这四个字，反映了饮食活动过程中饮食品质、审美体验、情感活动、社会功能等所包含的独特文化意蕴，也反映了饮食文化与中华优秀传统文化的密切联系。

精——是对中华饮食文化内在品质的概括，从选料、烹调、配餐至饮食环境，都体现着一个“精”字。孔子曰：“食不厌精，脍不厌细”。

美——体现了饮食文化的审美特征。这种美，是中国饮食活动形式与内容的完美统一，是指它给人们所带来的审美愉悦和精神享受。孙中山先生讲“辨味不精，则烹调之术不妙”。

情——是对中华饮食文化社会心理功能的概括。吃吃喝喝，不能简单视之，它实际上是人与人之间情感交流的媒介，是一种别开生面的社交活动，正所谓“饮德食和、万邦同乐”。

礼——是指饮食活动的礼仪性。中国饮食讲究“礼”，《礼记·礼运》中说：“夫礼之初，始诸饮食。”礼指一种秩序和规范，坐席的方向、箸匙的排列、上菜的次序等都体现着“礼”。

相关知识

18.1 认识文化促销

文化促销就是指通过餐饮旅游企业所具有的人文、地理、历史等文化内涵所具有的文化品位、艺术氛围、内容新颖、形式活泼等特点所进行的促销活动。

文化促销，要求餐饮旅游企业的装修要别具格调，店堂内可悬挂名人字画，室内摆放花草古玩、根雕、墙饰、门饰，服务员穿着民族服饰或古装，举办音乐餐会、歌舞伴餐、模特表演、猜谜开奖，并可备台案、笔墨纸砚，供宾客即兴作画赋诗，也可印制精美的企业历史画册或菜谱等供食客欣赏，多方面、多形式地创造一个文化氛围，创造餐饮文化场景，达到食、情、景、意、趣、乐的交融，以给宾客留下美好的记忆。

这样，不仅能直接增加餐饮企业收入，更能扩大企业的知名度，树立企业良好的市场形象。

相关信息 18.1

文化营销

文化营销，简单地说，就是利用文化力进行营销，是指企业营销人员及相关人员在企业核心价值观念的影响下，所形成的营销理念以及所塑造出的营销形象，两者在具体的市场运作过程中所形成的一种营销模式。

企业卖的是什么？麦当劳卖的仅是面包加火腿吗？不是，它卖的是快捷时尚个性化的饮食文化（QSCV 形象）；柯达卖的仅是照相机吗？不是，它卖的是让人们留住永恒的纪念；中秋节吃月饼吃的是什么，难道我们吃的仅是它的味道吗？不是，我们吃的是中华民族传统文化——团圆喜庆；端午节吃的是粽子吗？不是，端午节我们是在吃屈原——吃历史文化；过生日吃的是蛋糕吗？不是，吃的是人生的希望与价值；喝百事可乐喝的是什么？喝的是它所蕴涵的阳光、活力、青春与健康；喝康师傅冰红茶喝的是什么？喝的是它的激情、酷劲与时尚。

18.2 文化促销的内容

文化促销决不仅仅是在餐厅唱唱卡拉 OK、表演文艺节目或举办一些美食节，成功的文化促销必须契合时代背景，把握市场脉搏，调动各种文化因素创造需求，创新产品与服务，获取竞争优势，吸引顾客并赢得满意。

（1）主题促销。文化促销的主题是时代的产物，它以主题方式营造一种深层次的文化营销理念，以个性化、定制化、特色化的产品和服务来感动特定的顾客群而发挥巨大的魅力，如球迷餐厅、热带雨林餐厅、硬石餐厅、浦江乐园餐厅等。鲜明的主题特色和浓厚的文化内涵是主题促销的显著特点。主题促销的竞争策略是强调文化的差异性优势，主题的本质是文化，不同的主题由不同的文化内涵和消费群体所支撑。因此，主题促销应充分应用文化因素进行市场细分、市场定位和目标市场的选择。

主题促销成功的关键在于如何有效地寻找创造餐饮文化需求，科学和艺术地挖掘文化、设计文化、制作文化产品与服务，调动各种因素来深化特色、营造文化气氛和丰富文化内涵。

（2）文化“包装”。餐饮产品的文化“包装”，将文化寓于产品设计、生产环节中，创造高品位的文化氛围，以文化点缀和装饰产品，增强产品的亲合力，提高宾客满意程度。

首先是菜品的文化“包装”，从命名、选料、加工、切配、造型、烹调到器皿的选择、装盘等方面都应充分考虑文化的渗透，巧妙地利用文化差异增添产品的魅力。例如，用乳鸽做的脆皮烧乳鸽被称为“喜鹊迎春”，用鹌鹑、菜心做的甜食称为“大地回春”，用鸡和虾做的玉树麒麟鸡被称“龙凤呈祥”，用莲子、百合做的甜食称“百年好合”，用鲜菇、青菜做的鲜菇扒菜胆称“福寿双全”，用榆耳、竹笋做的上素被称为“祝君如意”，用带子、果仁、雀巢做的菜称“满载而归”等。这些意图美好、喜庆吉祥的菜名适时地运用会给宾客带来极大的心理满足和精神的愉快。

其次，中国菜品还用其独特的烹调工艺、令人赏心悦目的原料色彩搭配与精美的造型来展现丰富的艺术文化魅力。例如，喜庆宴席上的“孔雀开屏”、寿宴上的“松鹤延年”、婚宴上的“龙凤呈祥”、表达美好祝愿的“骏马奔腾”等菜品，在构图上讲究虚实结合，在造型上既重形似，也重神似，让人赏心悦目，激起宾客的共鸣与感动，这些文化艺术内涵丰富的菜品不仅给人以口福，也给人以眼福，极大地活跃了餐饮气氛。

（3）文化服务。餐厅的装饰布置、服务器械、服饰、语言、服务方式等方面都充满着丰富多彩的文化风格和情调，若能针对宾客的不同需求，创新文化服务模式，一定会取得极好的促销效果。

服务文化促销成功的要点是要充分调动餐厅服务环境的各种文化因素的力量，烘托餐饮主题激起顾客精神和情感的共鸣，并且要具有特色。几幅字画、几张老式照片、几件象征时代特征的物品、歌曲音乐或文艺表演，有针对性文化内容的有奖猜谜、艺术插花、食雕展台、不同文化风格的餐具酒具等，都可产生浓郁的文化情调，激起顾客的情感共鸣。

在服务过程中，融合酒文化、茶文化、菜品文化的民族和地域色彩，创新设计文化内涵丰富的服务方式，在迎宾、砌茶、斟酒、上菜、结账、送客等服务过程中，巧妙地将民俗礼仪、风土人情、菜肴典故、名人轶事、现场烹饪等内容，艺术地嫁接到餐厅服务环节中来，展示文化服务的特色，提供产品的品位，增加餐饮消费价值链，使顾客回味无穷，这无疑会大大增加宾客的满意度。

（4）品牌文化。餐饮企业的品牌名称是文化营销的重要切入点。首先，饭店、餐厅的命名应努力融合更多的文化内涵，具有一定的文化审美价值，使名称本身就能得到社会公众的认同并产生好感，如顺风旅行社、全聚德烤鸭、如家快捷酒店等。

其次，企业的品牌借文化的力量渗透造势，会取得独特的功效。诸如利用各种节日融合民俗文化，举办各种主题活动，如举办美食文化节，重阳节敬老日活动，中秋节月饼品尝会，圣诞节、情人节举办文艺表演，举办餐饮技能比赛等，可谓异彩纷呈。由此可见，文化造势在餐饮促销中发挥了巨大的吸引力和感召力。但要注意的是不能盲目跟风，要有新的创意，展示自身的特色和风采。

相关信息 18.2

全聚德，餐饮文化的经典

“不到万里长城非好汉，不吃全聚德烤鸭真遗憾!”在百余年里，全聚德经过不断创新发展，形成了以独具特色的全聚德烤鸭为龙头，集“全鸭席”和 400 多道特色菜品于一体的全聚德菜系，备受各国元首、政府官员、社会各界人士及国内外游客喜爱，被誉为“中华第一吃”。周恩来总理曾多次把全聚德“全鸭席”选为国宴，并对全聚德进行了经典诠释:“全而无缺，聚而不散，仁德至上”。

全聚德始建于1864年（清同治三年），至今已有140多年的历史，创始人是河北冀县人杨全仁，他初到北京时在前门外做鸡鸭买卖，每天到摆摊售卖鸡鸭，他注意到，一间名叫“德聚全”的干果铺，招牌虽然醒目，但生意却清清淡淡。杨全仁抓住机会，用自己多年的积蓄买下了“德聚全”。

后经一位风水先生指点，“这虽是个风水宝地，但这间店铺甚为倒运，晦气难除，除非将其‘德聚全’的字号倒过来，改称‘全聚德’，方可冲其霉运，踏上坦途。”听了风水先生的话，他又请来一位对书法颇有造诣的秀才——钱子龙，书写了“全聚德”三个大字，制成金字匾额挂在门楣之上，这就是“全聚德”。杨全仁又以重金聘下专为宫廷做御膳挂炉烤鸭的一位姓孙的老师傅，经他烤出的鸭子外形美观、丰盈饱满、颜色鲜艳、色呈枣红、皮脆肉嫩、鲜美酥香、肥而不腻、瘦而不柴，为全聚德烤鸭赢得了“京师美食，莫妙于鸭”的美誉。

（资料来源：第一食品网）

18.3 实施文化促销

18.3.1 主题行动——文化促销的前提

文化促销的关键在于企业对文化的透析并在此基础上确定一种文化促销的主题——创造一种文化。没有这种通过企业精心雕琢的文化主题，文化促销将没有灵魂，企业不仅难以开展促销工作，而且难以把握、控制这项工作，甚至可能适得其反，给企业、社会、消费者带来损失。因此，当企业准备开展文化促销工作时，必须首先搞好主题行动，以使文化促销始终贯穿一条成功的主线。

确定文化促销主题的工作程序如下。

（1）消费者细分。文化促销是通过打动消费者来达到促销的目的，所以企业必须对消费者有准确的把握，也就是通过细分来确定目标消费者群。深圳竹园宾馆打的是“竹文化”牌。竹，在我国有着深厚的文化基础，它象征着气节、高尚，同时又给人一种清新、舒畅的感觉。竹园宾馆借此大办竹文化——以竹子为特色，以竹子为题材的文化活动，如植竹，让宾馆簇拥在竹林之中；宾馆用竹子装饰，别具一格；以竹子作为宾馆的视觉形象，同宾馆名称相互映衬；举办以“竹”为主题的书法与绘画活动等。

（2）文化定位。对文化促销而言，定位就是要找到能真正打动消费者的文化元素和文化“由头”，科学、适用的定位能把握文化促销的全局，在贴近目标顾客的同时，又能在出现意外情况时不失方向地灵活处理。

（3）围绕主题，制定促销策略。文化促销的定位确定了，文化促销的主题就基本确定了，为了使主题更具适用和操作性，就必须围绕文化促销的主题，提炼出几个基本策略思想和执行思路，这样才能使主题具有活力，具有说服力和竞争力。

18.3.2 创新思维——文化促销的灵魂

文化的共享性，说明文化促销的主题没有专用权和专利权，因此企业进行文化促销时，促销主题必须比竞争者更具冲击力、影响力和感染力。这一切都落实在文化促销的方案上，而促销方案的策划与制订，其灵魂在于创造性思维与创新性策略。

18.3.3 头脑风暴——文化促销的催化剂

文化促销方案的策划，需要集思广益，就需要调动各类人员的积极性、创造性，吸引众多的人参与，经过激烈争论、反复推敲、仔细分析，最后形成策划方案。为了确保方案的正确性、严密性，头脑风暴法不失为一种行之有效的方法。

（1）主题的讨论非常重要。主题不当则讨论无用，对主题讨论的要求是具体、明确。主题不要过大，过大的主题会难以把握；主题也不能过小，主题过小会限制人们的思维。

（2）注意信息的收集。头脑风暴法的基本目的是收集大量的不同设想和办法，以便使问题的解决得到可靠方案。所以头脑风暴法不适合解决那些需要判断的问题，如“该方案好不好？”

（3）“行—停”节奏是头脑风暴法常用技巧。就是主持人要求在 3 分钟内提出设想，用 5 分钟进行考虑，接着再用 3 分钟提出设想……如此交替进行。

（4）主持人把握会场秩序，如鼓励与会者轮流发言，不允许私下交流等，还可以用音乐、茶水、点心、水果等调节会场气氛。

（5）会后把各种设想归纳分类、打印或复印多份，再组织一个小组进行评价和筛选（这个小组一般由未参加讨论会议的人组成），从中选择出一个或多个满意方案。

18.3.4 行动方案——文化促销的指南

促销方案是促销策划的结果，是文化促销行动的实施指南，也是事中和事后实施测评的依据。在制订文化促销方案时需要明确两点：一是按照文化促销的特点和差异性，注意掌握文化促销方案执行中可能遇到的诸多问题；二是要注意掌握文化促销方案的书写格式，以利于企业准确、有效地使用。

任务小结

文化促销就是通过连锁企业所具有的人文、地理、历史等文化内涵所具有的文化品位、艺术氛围、内容新颖、形式活泼等特点所进行的促销活动，是促销的高级形式。

文化促销决不仅仅是在餐厅唱唱卡拉 OK、表演文艺节目或举办一些美食节，成功的文化促销必须契合时代背景，把握市场脉搏，调动各种文化因素创造需求，创新产品与服务，获取竞争优势，吸引顾客并赢得满意。主题促销活动、必要的文化“包装”、 文化服务、创新品牌文化等都是有益的促销内涵。

连锁企业实施文化促销时，注意：主题行动——文化促销的前提，创造思维——文化促销的灵魂，头脑风暴——文化促销的催化剂，行动方案——文化促销的指南。

任务十九　现场演示

任务导入

屈原在其《天问》一诗中曾这样写到：“师望在肆，昌何识？鼓刀扬声，后何喜？”意思是说：太公吕望人在肉店，姬昌为何就能认识？听到挥刀振动发声，文王为何那么欢喜？姜太公在铺子里卖肉的时候，总是有意把刀剁得叮当叮当响，并高声吆喝以招揽顾客，说明在古代演示销售就已经开始萌芽了。如今，现场演示销售更是在各行各业大行其道，因为现场演示无疑给消费者形成了强大的视觉冲击，这种冲击力要优于广告何止百倍千倍？

什么是现场演示促销？现场演示促销成功的心理原理是什么？如何进行现场演示？这些都是我们关心的问题。

相关知识

19.1　认识现场演示

现场演示是连锁企业为推广或销售某种商品或服务而进行的各种说明、示范活动，旨在向顾客宣传商品，让顾客近距离接触商品，从而使顾客接受并购买商品。

现场演示，实际上是促销的多种方法中的一种，通常在进行销售演示时都会同时提供咨询服务，以更大程度地方便顾客对企业及企业商品有深入的了解。

1．现场演示促销的优点

（1）商品或服务要想得到顾客的认可和接纳，首先必须取得顾客的了解和信任。现场演示能让消费者更为深入地了解商品，将商品的性能、特点全面而真实地展现在顾客面前。

（2）现场演示能向顾客提供强有力的说服证据，可以加深顾客对商品的实际感受，强化媒体广告的宣传效果。

（3）现场演示还可以节省促销费用。

2．现场演示促销的缺点

（1）现场演示的限制性较大，并不是每一种商品都可以做现场示范，但对服务产品正好相反，各种各项服务都可以在顾客面前演示与展示。

（2）演示对象的范围比较窄，只能是来店的顾客。

（3）演示的效果好坏受演示者的演示水平影响很大，如演示不当，反而容易产生相反的效果。

19.2 实施现场演示

根据现场演示的特点，销售服务人员或演示人员需要注意以下操作要点。

19.2.1 选择适合的服务项目

一般来说，几乎所有的服务项目都适合于进行现场演示，但需要具备以下两个特点。

（1）效果明显。操作简单、功能诉求性强的服务项目适合现场演示，可以将主要功能展示出来，效果明显。例如，汽车美容服务，经过美容店的清洗、打磨、上光，汽车立马焕然一新，形成对顾客的视觉冲击。

（2）卖点独特。商品或服务有独特的卖点，更能激发顾客的购买欲望。所以，现场演示一定要突出卖点，满足顾客的需要。例如，按摩保健，不同的按摩师有不同的手法与技艺，按摩师在按摩的过程中一定要讲述自己的按摩原理，让顾客不仅能够感觉到，而且效果明显。

19.2.2 设计演示方法

成功的现场演示往往能够一下子抓住顾客的视线，激发顾客了解、参与的欲望，迅速达成交易。因此，在设计演示方法时必须综合考虑如何吸引顾客、如何独出心裁、如何区别于竞争对手？通常，出众的演示方法应有以下几个鲜明的特征。

（1）突出演示重点。突出演示商品或服务最能吸引顾客的优点和利益点，如某儿童英语教育培训机构，经常邀请家长参与试听，让家长感受其独特的教育方式和方法，尤其是与学生的互动教学，让孩子随时感受到自己的优秀，也让家长看到孩子的成长。

（2）趣味性强。唐山有一家火锅连锁店，只要在这家连锁店吃过火锅的人都会记得一个非常让人吃惊的场面，那就是街舞拉面，大饱眼福。只见一个白衣舞面王子踩着街舞的曲子，手持面片上下翻飞，他把面片儿当做彩带，在头、腰之间任意舞动，将面拉得长而不断，好似蛟龙狂舞，赢得满堂喝彩。

（3）创造良好的现场气氛。一个好的演示一定要让顾客参与其中，乐在其中，从而由衷的称赞商品或服务带给他的享受。因此，在设计演示方法时一定要考虑如何邀请顾客参与，参与哪些演示环节，以实现良好的现场互动气氛。

（4）综合考虑演示的规范性、安全性。演示台上整齐划一的演示道具，干净的台面、演示人员得体的穿着不仅顾客看了舒服，而且也有利于提高品牌形象。设计现场演示活动必须为演示人员设计一整套的标准演示用语和演示动作，将演示活动流程化、程序化。演示人员必须熟练掌握要点后才可安排上岗。

当然，一个成功的现场演示活动，还必须综合运用其他手段来提高现场演示的成交率，如赠品、特价促销、限量销售等。

19.2.3 坚持“一个中心，两个基本点”

（1）以一个卖点为中心。通常，一场演示可能有3～5个卖点，但一般只有一个卖点是最独特的，那就是它的“个性”。演示人员必须反复宣传这个“个性”，让顾客接受它、认同它。现场演示最忌讳面面俱到，以至于最后变得没有重点。

（2）坚持两个基本点：演示要点、顾客关心点。演示要点是现场演示的动作要点、讲解要点，这两个要点在演示现场一定要“表演”到位。

演示要点：经常去规模较大的美容院洗头的顾客都知道，洗头也是有一套标准动作和程序的。例如，先按哪个穴位、后按哪个穴位，哪个穴位需要重点按摩都有明确规定，容易打动顾客的关键点一定要按标准演示，不得任意为之。

讲解要点：一定要遵循FAB法则对商品或服务的特性进行分解，将商品或服务的特性转化为顾客的利益点，让顾客觉得是在享受真正能够满足他需要的产品。需要强调的是，讲解一定要生活化、口语化，而不是死守着标准说词，一成不变，应该像拉家常一样，非常随意，顾客根本感觉不出你在做销售宣传。

相关信息19.1

FAB法则

FAB对应的是三个英文单词：Feature、Advantage和Benefit，按照这样的顺序来介绍，就是说服性演讲的结构，它达到的效果就是让客户相信你是最好的。

1. 属性（Feature）

有人经常把Feature翻译成特征或特点。特征，顾名思义就是区别于竞争对手的地方。当你介绍产品且与竞争对手的产品进行比较时，就会让顾客产生一定的抵触情绪。原因是什么呢？因为在FAB法则中不应把Feature翻译成特征或特点，而应翻译成属性，即你的产品所包含的客观现实，所具有的属性。例如，讲台是木头做的，木头做的就是产品所包含的某项客观现实或属性（Feature）。

2. 作用（Advantage）

很多人顾名思义地把Advantage翻译成了优点，优点就是你比竞争对手好的方面，这自然会让顾客产生更大的抵触情绪，因为你所面临的竞争对手非常多，相似的产品也很多，你的产品不可能比所有的产品都好。现实中的每一个产品都有各自的特征，当你说产品的某个功能比竞争对手好的时候，顾客就会产生非常大的抵触情绪。实际上，在演示中把Advantage翻译成作用会更好一些，作用就是能够给客户带来的用处。

3. 益处（Benefit）

益处就是给顾客带来的利益。例如，讲台是木头做的，那么木头做的给客户带来的益处就是非常轻便。FAB应该这样解释，这个讲台是木头做的，搬起来很轻便，所以使用非常方便。这样的结构，就是说服性演讲的结构，只有这样的结构才能让客户觉得你的产品满足了他的需求，并且愿意购买你的产品。

（资料来源：http://hi.baidu.com/8667586/blog/item/）

任务小结

现场演示是连锁企业为推广或销售某种商品或服务而进行的各种说明、示范活动，旨在向顾客宣传商品，让顾客近距离接触商品，从而使顾客接受并购买商品。现场演示，实际上是促销的多种方法中的一种，通常在进行销售演示时都会同时提供咨询服务，以更大程度地方便顾客对企业及企业商品有深入的了解。

根据现场演示的特点，销售服务人员或演示人员需要注意以下操作要点：

（1）选择适合的服务项目，一定是效果明显、卖点独特的；

（2）设计演示方法，出众的演示方法应有几个鲜明的特征：突出演示重点、趣味性强、良好的现场气氛、演示的规范性和安全性；

（3）坚持“一个中心，两个基本点”，以一个卖点为中心，突出演示要点、顾客关心点。

任务二十　付费赠送

任务导入

有线电视公司：邀收视费，送机顶盒；

通信公司：存话费，赠手机；

美容店：购美容年卡，送化妆品一套；

汽车 4S 店：购汽车，送装具；

教育培训机构：交学费，送学习材料；

……

这样的事例，想必我们并不陌生，这就是付费赠送。付费赠送，是所有促销工具中被用得最广泛、最长久的一种，被称为“老而可信的促销方式”。

相关知识

20.1　认识付费赠送

付费赠送是指企业为吸引消费者而采取的一种促销方式，即只要消费者在购买某种特定商品或享受某种特定服务的同时，免费或支付赠品的部分费用即可得到赠品。它的实质是顾客购物或享受服务后，卖方按一定比例将货款的一部分以实物形式退还顾客，以此促进销售。

付费赠送的特点如下。

（1）付费增送促销，除了花费低、易处理的优点外，还可以用来实现以下目的：用以提升品牌形象、增强广告效果等。

（2）付费赠送活动在全年的任何季节均适合举办，在活动中即使有某些季节性极强的商品，消费者也会照常购买，此促销行动的最大长处，就是时间的安排极富于弹性，活动可以随时展开，也可以随时结束。

（3）付费赠送这种方式运用得当，在培养消费者的忠诚度方面还具有极其神奇的效果，也许对消费者仅仅只有百分之几的优惠，却塑造出了企业体贴消费者、回报消费者的良好形象。

（4）一个普遍认同的原则是：付费赠送的兑换率大约不会超过此活动的总媒体广告发布率的 1%。

促销实践20.1

沃派 36 元套餐火爆促销，如下图所示。（资料来源：http://res.mall.10010.com/）

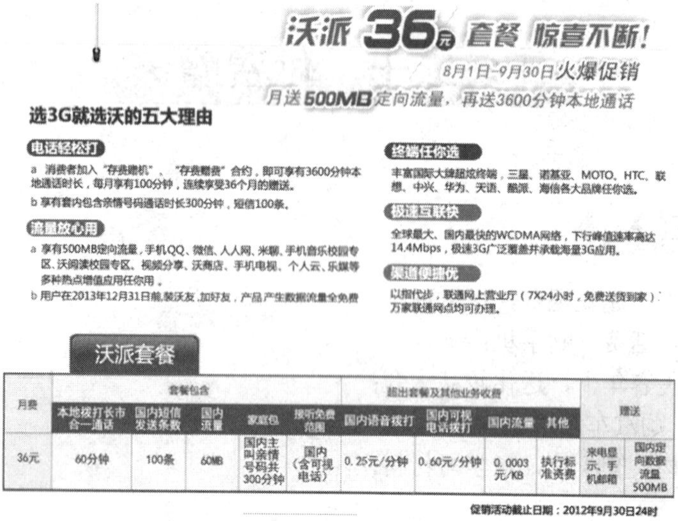

中国联通沃派 36 元套餐火爆促销海报

20.2 实施付费赠送

20.2.1 选择适当价值的赠品

选择赠品时必须考虑的因素有此次的赠送是否适当、促销的支出是否充足、是否符合消费者的需求等，而赠品的价值则是考虑的最主要因素。

一般来说，付费的赠品能评估出零售价值，最易于获得消费者的认同与承兑。最理想的兑换赠品付费，应是比赠品市面零售价低 30%～50%。总而言之，尽管赠品的价格正在逐步攀升中，但大部分的付费赠品仍以 10～80 元为其主要范围。

独特而卓越的赠品，常能提升其本身的价值。尤其是在一般店内买不到的东西，当然比那些随处可见的赠品，对消费者更具有诱惑力。

20.2.2 赠品的选择范围

（1）以饥饿营销产品作为赠品。某些高价值、高知名度的产品常常采用饥饿营销法则来开拓市场，先用各种手段提高品牌知名度，广铺渠道，然后再人为地造成缺货，让市场“饥饿”起来，让消费者很难买到，给人一种高贵难求的感觉。

付费赠送选择这类饥饿产品作为赠品，给人的感觉是，在这里能买到这种产品，而且价格比市场价格要低，何乐而不为？当然前提是需要购买你的产品才能获得购买赠品的资格。

（2）以低成本高利润产品作为赠品。选择低成本高利润的产品作为赠品是因为连锁店可以集中采购这类赠品，再以成本价向消费者付费赠送，形成极大的“付费赠品吸引力”，从而带动连锁企业商品的销售。顾名思义，低成本高利润产品其成本并不高，而零售价格很高。对于那些平时想买此类商品而又因为价格过高而望而却步的消费者，这时的付费赠品价格与市场价格形成强大的反差，将对他们具有极大的吸引力。

（3）以名牌产品、流行时尚、特殊产品作为赠品。名牌产品知名度、美誉度、忠诚度都比较高，选择名牌产品作为赠品可以利用名牌产品的知名度来提高待售产品的价值。付费赠品需要消费者支付的价格仅仅是成本价格，因此可以形成“名牌”与“价格”两大优势促进销售。

20.2.3 付费赠送所需费用

连锁企业在执行付费赠送时，通常只需花费极少的费用，甚至无须任何开销就可以运用自如。假如将赠品费用、赠品处理花费、邮寄开销等全由消费者承担，那么付费赠送活动的真正支出，应只限于广告和促销的花费，一般包括下列三项。

（1）媒体广告费，一般由厂商付费或由连锁企业和厂商联合支付。

（2）促销辅助物，如海报、邮寄优待券、POP 广告、陈列架及其店头宣传品。

（3）其他代理、执行费用（不包含消费者寄来的支出）。

20.2.4 同时提供多种赠品，以吸引尽可能多的消费者

付费赠送促销活动，可通过多种赠品的提供而获得强化，既使某一赠品如果不能吸引消费者时，另一种赠品或许能获得消费者的青睐。通常，这些赠品总是成套组合或由互相关联的商品组成。

20.2.5 付费赠送效果的评估

通常情况下，对于付费赠送效果好坏的评估，常以消费者兑换赠品的数量作为衡量的依据。但评估促销成败与否的最正确的方法，应该是以针对全套促销活动计划所设定的目标，来作为评估的基准，而不是以赠品兑换的多寡来评定。

一个普遍认同的原则是，付费赠送的兑换率大约不会超过此活动的总媒体广告发布率的 1%。影响兑换率最主要的因素在于赠品本身的好坏、顾客阶层、商品的售价和促销优待价值的认同等。

20.2.6 付费赠送细节问题

一项成功的付费赠送促销活动在实施过程中会遇到许多困难，因此必须注意以下几个细节问题。

（1）强化包装。一个魅力十足的付费赠送若在包装上加以强化，不仅要在媒体广告上体现，还要在连锁店内体现，才能从竞争者环拥的丛林中脱颖而出。只有谨慎地选择妥帖的赠品，才能使促销活动办得有声有色。

（2）赠品是独一无二的。出色的付费赠送促销活动，关键在于所提供的赠品只能从此次赠送中获得，绝对无法从别处找到。越来越多的连锁企业极力挖掘具有独特价值的赠品，特别是流行又时髦的物品，因其特殊，而大受欢迎。

（3）注意赠品的兑换问题。赠品邮递遗失、运送时间的耽误、投递错误和一些潜在而未知的意外等问题，加上付费赠送必须支付费用，因此消费者对赠品处理的失误较其他促销（如邮寄）所导致的错误更为失望和反感。

任务小结

付费赠送是指企业为吸引消费者而采取的一种促销方式，即只要消费者在购买某种特定商品或享受某种特定服务的同时，免费或支付赠品的部分费用即可得到赠品。它的实质是顾客购物或享受服务后，卖方按一定比例将货款的一部分以实物形式退还顾客，以此促进销售。

企业实施付费赠送，需要注意以下操作要点。

（1）选择适当价值的赠品。选择赠品时必须考虑的因素有此次的赠送是否适当、促销的支出是否充足、是否符合消费者的需求等，而赠品的价值则是考虑的最主要因素。

（2）付费赠送活动的真正支出，应只限于广告和促销的花费，一般包括媒体广告费、促销辅助费、其他代理和执行费用。

（3）同时提供多种赠品，以吸引尽可能多的消费者。

（4）付费赠送效果的评估。

（5）一项成功的付费赠送促销活动在实施过程中会遇到许多困难，因此必须注意一些细节问题：强化赠品包装、选择独一无二的赠品、提高赠品兑换率。

任务二十一 DM 促销

任务导入

谈到 DM，我们都不会陌生，它是继报纸、电视等传统大众媒体后最能有效、准确地传播信息，被广泛使用的小众媒体之一，也是众多企业重要的促销方式之一。

DM 快讯已经成为连锁店不可缺少的宣传工具，随着连锁企业在国内外不断发展的需要，如何运用和制作好 DM 快讯，使它发挥应有的作用，是我们必须要做好的工作。

相关知识

21.1 认识 DM

DM（Direct Mail），可译为直复营销、直效行销、直接营销或直接回复式营销，在很多人的理解中，它仅仅是“直邮广告”的代名词。带着这种理解，DM 在国内众多公司常常处于微不足道的地位。简单的产品广告和语言不详的推广活动介绍构成的邮件没有任何实际意义。在互联网上，这种粗糙的广告邮件几乎已成为垃圾邮件的代名词。在各搜索引擎里，它的出现甚至越来越多地和诈骗事件联系在一起。这导致更多的公司放弃自己的 DM 业务，所以在国内较为常见的 DM 仅仅局限于夹在报纸中的零售商打折信息。与之相对应的是，2002 年，美国有 62%的公司使用 DM 作为营销手段，甚至有的公司 5 成以上的业务由 DM 实现。

由于 DM 快讯的特点在于“直接、快捷”，更兼有成本低、认知度高的优点，为连锁店宣传自身形象和商品提供了良好的载体。传统的媒体，如电视、电台、报纸、杂志、灯箱等媒体有它们自身的特点，但是在如何兼顾快速、直接、低成本、认知率高这几方面，DM 快讯有着它不可代替的独特作用。

相关信息 21.1

DM 思想的延伸

并不是所有企业都适合完整的 DM 策略，事实上单一的 DM 策略在更多情况下都并不具备足够的竞争力，它更适合作为一种客户信息传播思想贯穿在企业营销战略的各个方面。

在菲利普·科特勒为我们带来的关于整合营销传播的案例中，我们可以清晰地看到 DM 作为一种思想的延伸。

（1）企业与客户间的信息传播

惠普开展的“互动有声电话会议”计划极其成功，显示它已经熟练掌握了整合交流。这种电信会议就像大型会议电话一样，在会上，惠普的销售代表与实际的和潜在的客户讨论重大的行业问题及惠普的做法。为了吸引更多的人参与该计划，惠普采用了一个长达五星期、分七步走的“登记过程”。

首先，在会议召开的四周前，惠普寄出了一个有介绍性质的直接邮件，里面有一个 800 号码和商业回复卡。在对方收到邮件一两天后，惠普的电话营销人员给可能参与的人打电话，让他们登记参加会议，登记将立即用直接邮件确认。会议前一周，惠普寄出详细的介绍资料；会议前三天，惠普会再次打电话确认他们是否会参加。电信会议的前一天还会打最后的确认电话。最后，会议召开后一周，惠普利用后续直接邮件和电话营销来确认销售端并为销售代表建立生意轮廓图。

惠普把 DM 对回复的执著贯彻得非常彻底，细分的阶段性信息提供和反馈要求让客户更容易也更深入地参与到自己的计划中。正如结果显示的，它将回复率从传统方式的 1.5% 提高到 12%，提高了 8 倍之多。这个比例更是大范围散发资料远远不能比拟的。

（2）针对消费者信息传播

美国豪马克这个第一贺卡营销商为了与职业妇女建立联系，开发了三个极其成功的数据库营销计划，直接与它的总体广告计划连成一体。它们分别是："最衷心的祝福"、一份彩色的业务通信、一年六次寄给 350 万顾客；豪马克金冠卡，一项拥有 1 300 多万顾客的消费有奖计划；豪马克金冠目录，主要面对亲临商场的顾客，同时也针对 500 万～1 000 万邮购顾客。

"最衷心的祝福"计划是为了与豪马克最频繁、最忠诚的顾客建立良好的关系，这些顾客会定期收到含有关于新产品信息的公司专用邮件，附有优惠券和小奖品，从而把他们拉向全国范围的 5 000 家豪马克金冠商场。这些邮件还提供有关度假娱乐和赠送礼品的信息。豪马克的目标是为了与重要客户建立更加亲密、更富人情味的关系。"我们要把宣传搞得富有感情，而且目的明确"，豪马克的广告主管依拉 · 斯图尔兹说，"我们要让我们的'最衷心的祝福'计划名单上的每位妇女觉得她接到的是她的姐妹的来信。"

DM 策略所强调的反馈是两个方面：一方面是消费者即时购买的反馈；另一方面则更强调对传播方式是否有效的反馈。每一次反馈数据的分析都能让企业更清楚地掌握信息被哪些途径有效地传递到了哪些顾客手中，他们更喜欢接受怎样的传递方式和接受什么样的信息，并采取相应的调整。通过这个过程的重复，你就能更快地找你的重点人群，找到属于企业的 VIP。

DM 的应用重点不是其方法，而是其思想，细分人群，讲求信息针对性，强调信息传递和信息反馈的可衡量性。这一思想对于任何一种具体的促销方式都有着决定性的指导价值。

（资料来源：http://www.globrand.com/2006/05/13/20060513-205226-1.shtml）

DM 的优点包括以下几点。

（1）可以自由挑选目标对象。DM 可以针对企业所需要的目标对象邮寄，这是其他广告及促销方法所没有的优点，尤其与大众传媒的广告相比，这一优点更为突出。

（2）规模有弹性。DM 与宣传广告单相同，是一种连锁企业广泛利用的促销方法，几乎可以说不受连锁店规模大小的限制。从大型连锁店分发以万份为单位的 DM，到小型连锁店分发上百张 DM，都可以操作。一般而言，任何广告都有一个量化的界限，不达到一定的规模是不能发挥效果的，即有最低限费用与效果的比例关系。但 DM 可以根据目标顾客的规模拟订不同规模的 DM 计划，用较小的费用投入发挥更大的效果。

（3）说服力强。一般广告是在看节目或新闻时偶然映入眼帘的，往往并无主动看广告的意思，然而 DM 却在收受人打开信封时，可以在某一时间内独占其注意力。再者，因无空间的限制，DM 可以加入详细的内容，所以具有较强的说服力，让收受人可以理解较为复杂的信息。

（4）表现方法多元。几乎所有可以邮寄的东西，不论是什么，都可能作为 DM 的材料，颜色、大小、材料等限制较少。例如，有一种设计在打开信封时自动跳出来，颇引人注意。当然，我们也可以用高级的彩色印刷使人产生情绪，随附布料的样品以产生实物说服力，或者加入香料、附送光盘、VCD、录音带等。依个人能力，可以创造出多元的表现方法。

（5）诉求的亲切感。信件本来具有强烈的个人形象，信封上更填着本人姓名，而“××××阁下亲启”的明白表示，给收件人一种“交心”的亲切感。这里，关于 DM 信封的书写方式，有几点需要注意：收件人姓名书写避免用印刷方式；收件人名址最好采取手写方式或用写体制版印刷；字体力求端正明晰；书写名址千万不要有错字、白字或别字；职衔称呼不能有误，“以高称低”或“以低称高”都不好；信封上可加印“非收信人不得拆开”或“重要通知请即拆开”之类诉求，以使收件人产生优越感。

21.2 实施 DM 促销

21.2.1 收集、整理、储存顾客名单

DM 的成败视名单品质及数量的多少而定，所以收集、整理、储存顾客名单非常重要。

（1）收集顾客名单。能否寄给“有希望的顾客”即足以决定 DM 的效果。一般而言，DM 名单的收集方法有五种：一是以送赠品为条件，记录顾客的姓名、住址，并妥为保管；二是做调查工作时，附送小赠品，并记录顾客的姓名、住址；三是组织联谊会；四是向名单供应商购买；五是从各种名录中挑选做成诸如名人录、毕业生名录、纳税人名录、企业家名录等。

（2）挑选适当的对象。要从许多的名录中挑选出适当的对象名单并不容易，一般可以将名录予以卡片化，依其项目类别（如区域、兴趣、家庭构成、年龄等）予以分类检索，仔细整理，也可以将多个不同项目分别予以交叉而挑选出所需要的对象。

（3）淘汰“浪费的名单”。根据欧美、日本等国家的经验，平均每年有 15%～20%的人会变换住址，若在 DM 名单中有无法寄送的名址，就会白白浪费这一份 DM 的邮费。为了避免浪费，必须不断地整理更新对象名单，DM 决不能建立一个名单就毫无变更地使用下去，而必须经常核对并随时更新。

（4）顾客名单的内容。一般包括姓名、性别、年龄、住址、电话或 E-mail、职业、服务单位、收入等。

21.2.2 设计、制作 DM 文案、图片

DM 的最大反效果是将 Direct Mail 变成了 Dustbin Mail（垃圾邮件），因此如何提高 DM 的被开封率及其发送方法，提高精确率的内容设计就成为重要的课题之一。

为此，在强力要求有效运用 DM 优点的“创意”及活用 DM 的“多种表现力”的同时，更千万要注意如何表现出个人化的亲切感，是非常重要的。

此外，DM 使用信封的大小、形式、内容、功能、重量等，均可能受邮政局规范的限制，不仅会影响“邮资”，甚至会有不被“受理”而无法寄出的问题产生，所以需要特别加以注意。

信封可以说是 DM 成败的关键，故应特别讲究形状与图样，使顾客产生拆阅信封的兴趣。文案最为重要，是顾客决定要不要的关键，故应使用具有吸引力的标题，传达销售的要点。在文字上，要巧妙地强调对顾客的好处。

21.2.3　封装及填写名址

信封的封装及印刷收件人名址等，封信机、收件人名址印刷机等已广泛应用，可以大大提高作业的效率。不过，我们仍然提倡利用机械化的专门业者来代劳，利用打孔卡片系统，卡片本身就是顾客名单，因有打孔记号，可以随时检抽，其背面因涂有炭素颜料，可以并作印刷原版，从而达到一物三用的目的，只因每张制作成本较高，要注意保管。

利用计算机系统，将顾客名单从抽送到信封到收件人名址一次完成，并有直接一费装封付邮以及其他便利方法，可以大大提高 DM 的作业效率，但要注意，过分追求方便，会丧失 DM 个人化的亲切感，而让收件人产生例行公务的、机械化的刻板印象，如何补救这一缺点，是值得研究的课题。

21.2.4　送发邮件

送发邮件，重要的是掌握最佳的时效，依据其可能于何时被开封才最有效而决定发送时机。另外，也要考虑邮局的作业方便，事前的运送也很重要。

21.2.5　测定 DM 效果

效果测定是 DM 促销的一项重要工作。测定 DM 效果的方法有以下三种。

（1）要求顾客回信。

（2）附有赠送小礼品的兑换券。

（3）询问意见单。

除了这些一般的方法，附加回信用明信片，作为询问期望及意见等互相沟通的手段，也颇具效果。DM 操作流程，如图 21.1 所示。

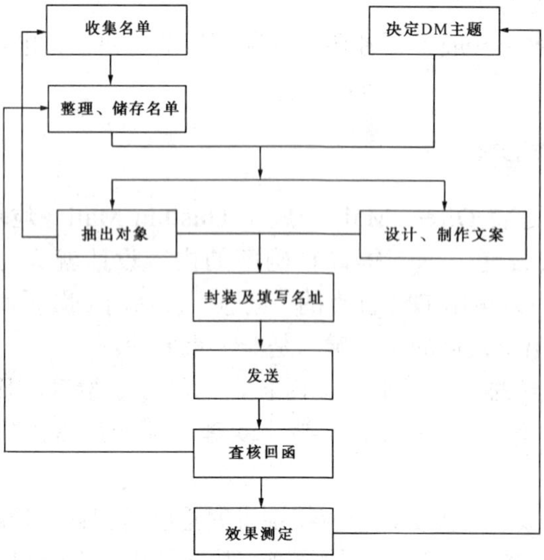

图 21.1　DM 操作流程

任务小结

DM（Direct Mail），即直邮广告，是企业将商品或服务信息直接邮寄给目标顾客，吸引顾客购买的促销方式，是西方企业促销的主要方式之一，目前也逐渐被我们的企业所重视，因为它有其他促销方式无法比拟的优势：目标对象自由挑选、规模有弹性、说服力强、表现方法多元、诉求亲切。

DM 促销的工作流程：收集、整理、储存顾客名单，设计、制作 DM 文案、图片，封装及填写名址，送发邮件，测定 DM 效果。

任务二十二　广告单促销

任务导入

有人列举了街头广告单的以下“四宗罪”。

（1）欺骗性：没经过审批，是不是“陷阱”？

（2）污染性：被丢得满地都是，环卫工人苦不堪言。

（3）低俗性：有的内容和配图不堪入目。

（4）随意性：自己印制，想怎么吹就怎么吹。

广告单是很多企业普遍采用的一种促销方式，尤其是一些中小商户和连锁企业，但如果我们的广告单像人们所说的那样：欺骗顾客、污染环境、内容低俗、言过其实，岂不悲哀！

连锁企业如何利用广告单促销，充分发挥其宣传优势，是我们必须考虑的问题。

22.1　认识广告单

对连锁零售业、服务业者来说，广告单促销是针对以自己店铺为中心的地区消费者，采取直接将产品的相关信息展现在宣传单上的一种促销方式，如图 22.1 所示。

图 22.1　巴黎恋人婚纱摄影广告单

广告单促销的特征如下。

（1）时效性好。做法较简单，可迅速做成，比其他媒体费时更少，能配合时机做广告，宣传效果高。

（2）没有浪费。广告单能自由选择发布的地区，故减少了不必要的浪费，并能自由地决定广告范围。

（3）容易产生速效。可以对准某一个地区寄出广告单，故容易收到速效。

（4）颜色和形状多样化。广告单的形状能自由选择，色彩与印刷没有限制，故可充分发挥创意。

22.2 实施广告单促销

22.2.1 制订广告单促销计划

一个好的广告单计划，必须具备下列条件。

（1）广告单的内容一定是消费者目前最需要的“有利购物信息”。

（2）发行广告单前需先将商品、陈列、POP 广告等准备好。如果广告单与卖场的情况不相符合，必定会导致顾客的不满。

（3）广告单一定要介绍一组相关商品。如果广告单只介绍某一种对顾客有吸引力的商品，就不会产生相应的威力。所以，制订广告单计划时，一定要考虑特定的商品群。

22.2.2 设计广告单

企业在策划广告单促销时，一定要注意构成广告单的三要素。

（1）文案，是广告单的文字主体部分，包括广告的主题及传播的内容。

（2）图案，是广告单中与文字相配合的图画、照片、漫画等，给人以崭新的感觉。

（3）设计，广告单的设计，对广告单的促销效果有很大的影响。

这里，需要注意广告单文案的一些特殊写法，列举如下。

（1）广告单要想出一个易读的口号，如“分享健康每一天”、“生有限，活无限”、“钻石恒久远，一颗永留传”。

（2）广告内容要有清楚的节奏感。

（3）要充分考虑文案与图画的关联。

（4）选用让人容易理解的文案类型：消息型，如“今年的游泳衣会涨价”；询问型，如“太太！年终资金的用途决定了吗？”；实证型，如“为何每个月的使用者越来越多”。

22.2.3 制作广告单

要让自己的广告单充满魅力，关键在于策划与制作。

（1）注意颜色的视觉冲击性，信息位置的科学性。一项涉及报纸广告色彩效果的研究发现，减价品新增销售的41%是由于零售商在黑白报纸广告中增加了一些颜色所致。另外，某些颜色如红色和黄色较其他颜色更加引人注目。

（2）在广告单上加一个编号，并说明号码在某时某地进行抽奖活动，抽到者将获得一份礼品。当然，这必须让发传单的人边发边讲清楚奖品的种类、数目、份额及价格。如果你不想花太多的钱在奖品上，只要有奖即可。

（3）加些个性设计，增加文化品位。例如，在广告单的反面或某个位置印上一个故事、一则笑话、一幅漫画、一个谜语或一盘象棋的残局。这些东西会给人一种精神享受，一定会产生极具影响的效果。

（4）变换样式，把广告单制成小而精致的广告卡。在这张卡的某个部位奉上一份来年的年历，这样，一定有人把你的广告卡珍藏起来。如果你的广告是面向学生宣传的，还可以把你的宣传单制成书签。

（5）将广告单变成公交车票。你可以和公交公司进行合作，把广告内容印在公交车票上，谁还舍得丢掉一张车票呢？况且，你一次性付给公交公司的钱顶多也只是月票的价格，反正比实际每张票的价格要便宜多了，这样虽然每张宣传单的成本会有所提高，但带来的广告效应却是巨大的。

（6）把宣传单和招聘广告捆绑在一起。如果你是新起步的经营者，既需要招聘店员，又需要促销商品，可以把两个广告做在一张宣传单上。一般来讲，招聘启事的吸引力是远强于促销广告的。当这张广告单发出去以后，你不仅可以招纳贤才，同时还为你带来丰富的宣传回报。

任务小结

广告单促销是针对以自己店铺为中心的地区消费者，采取直接将产品的相关信息展现在宣传单上的一种促销方式。广告单促销的特征：时效性好、没有浪费、容易产生速效、颜色和形状多样化。

实施广告单促销工作流程：制订广告单促销计划、设计广告单、制作广告单。

任务二十三　公益促销

任务导入

如今，一分钱已经买不了什么了，它显得那样渺小。一分钱真的就没有价值了吗？一分钱到底能做什么？农夫山泉“一分钱”公益活动——再小的力量也是一种支持。

2001 年第一届“一分钱”活动：支持北京申奥。农夫山泉公司和北京奥申委联合推出第一个“一分钱”行动：从现在起，买一瓶农夫山泉，你就为申奥捐出一分钱。

2002 年第二届“一分钱”活动：体育希望工程。农夫山泉公司向全国 24 个省、329 个市、县的 395 所学校赠送了价值 500 万元人民币的体育器材。

2004 年第三届“一分钱”活动：支持中国体育事业。“2008，我要去北京跑”，农夫山泉公司特地拍摄了农夫山泉《大脚片》，进一步展开“一分钱”的公益活动，支持中国体育事业。

2006 年第四届“一分钱”活动：饮水思源。“一瓶水，一分钱，每买一瓶农夫山泉就有一分钱用于帮助水源地的贫困孩子”，农夫山泉将筹集500万元，向长白山、千岛湖、丹江口、万绿湖四个水源地，捐助1001名贫困学生及十所学校，感恩水源地人民为保护水源做出的巨大贡献。

“再小的力量也是一种支持”，这就是农夫山泉始终倡导的公益精神。农夫山泉通过一瓶水一分钱的形式做公益事业，远远超出了企业行为，而上升为一个社会行为。持久的公益投入，正是农夫山泉留给人们深刻印象的关键。

公益促销实际上是一种企业形象宣传，也是一种信誉促销。信誉是企业形象的核心或灵魂，良好的信誉和形象会对顾客产生极大的信任和吸引力，从而有助于促销。

相关知识

23.1 认识公益促销

公益促销，也称为社会关心促销或利他主义的促销，是以关心人的生存发展、社会进步为出发点，借助公益活动与消费者沟通，在产生公益效益的同时，使消费者对企业的产品或服务产生偏好，在作购买决策时优先选择该企业的一种促销行为。

公益促销，并不是一个新概念，早在1981年美国运通公司便开始使用，它是在全国性的营销活动中利用与公益事业相结合的市场营销将信用卡的使用与公司捐赠相对应的第一家公司。1983年，该公司更是捐赠了170万美元以修复自由女神像。

社会责任可以说是公益促销的前提条件。在现代社会，片面追求企业利润最大化，是极其不可行的，实质上是以对社会资源和自然资源的掠夺为代价，是以牺牲社会公共利益为代价的。连锁企业在自身发展的同时，必须以符合伦理道德的行动回报社会，在市场竞争中自觉承担相应的社会责任，才容易在公众中获得更高的信任度，这将形成一笔可观的无形资产，使企业产品和服务对消费者具有更大的吸引力。

日本本田汽车公司总裁青木勤乘车外出，看到公路上如同蚂蚁般的汽车，排出了大量废气，污染了城市大气环境，便想到汽车生产厂家若不重视解决环保问题，最终会引起社会公众的不满。于是青木勤推出了“一车一树”的营销方针，规定每出售一辆车，必须到街上种植一棵树，后来拿出专门利润用于城市、公路植树。此举有益公众，树立了企业环保的形象，购车者纷纷优先选择本田汽车。环境对人类健康和文明进步越来越重要，因此企业经营者充分利用有利于环保的公益活动，树立良好的企业形象，促进产品销售，扩大市场，实为明智之举。

23.2 公益促销的种类

（1）显示人性化的公益促销。现代社会人们的工作日趋繁忙、工作压力渐增，人与人的交往、沟通越来越少，人情也越显冷漠。人性化的公益促销就是针对这种社会现象，显示企业的温馨面、人性化。这种公益促销活动最常见，如义卖产品将其所得捐助敬老院、孤儿院等。

（2）利用消费者普遍关心的具有新闻性的事件进行的新闻性公益促销。现实社会无时无处不存在新闻，把握消费者普遍关心的新闻事件的契机，对新闻事件中的人物或事件予以支持和帮助而展开促销活动，就是这种形式的集中体现。贫困地区许多学龄儿童失学的新闻一经报道，许多企业就为建立希望小学而捐资开展促销活动。一些企业的下岗职工生活困难经新闻媒介披露后，许多企业为使下岗人员再就业创造条件，东方航空公司招聘“空嫂”便是一种成功的新闻性公益促销。

（3）吸引消费者大众共同参与的参与性公益促销。从民心的角度，对某种社会现象提出善意的建议或尖锐的批评，唤起消费者大众的共同参与，以达到关心社会、回馈消费者的目的。例如，面对假冒伪劣产品泛滥成灾，消费者叫苦不迭，一些商家采取悬赏等系列促销活动，使消费者积极参与并受益。

（4）反映时代潮流的趋势化公益促销。社会在不断地前进，同时也存在着某些负面效应，预示未来的发展及揭示即将面对的问题，引起消费者的注意并顺应时代发展而展开的公益促销活动。例如，某净水器公司针对水资源日渐减少、水质污染而进行节水征文研讨、街头宣传等促销活动。

23.3 实施公益促销

23.3.1 选择恰当的公益活动

企业参与的各种公益活动形式是多种多样的，可概括有以下五种。

（1）赞助社会福利事业，如给养老院、残疾人保障工作提供帮助。

（2）赞助社会公益事业，如给教育事业、城市建设事业等提供支持。

（3）赞助社会体育事业，如协助有关单位举办体育比赛活动。

（4）赞助科技发展事业，如出资建立科技发展基金、设立人才奖励基金等。

（5）赞助社会文化事业，如出资举办各种知识竞赛活动、文艺演出活动、学术交流活动等。

企业选择何种公益活动进行促销，要根据企业经营商品的种类而定。例如，李宁主要参与的公益活动就是与其运动产品品牌相关的体育活动。麦当劳主要参与与儿童有关的公益活动，如北京的某麦当劳分店设有“麦当劳叔叔之家”，建于儿童医院附近，专门提供免费或低价的住宿环境，招待病童的父母。

23.3.2 坚持公益促销的原则

（1）有益于公众的原则。企业所提供的各种赞助必须有益于社会公众，为社会公众谋取相应的利益，以求得社会公众对企业的好感。

（2）有利于促销的原则。企业在提供各项赞助时，应注意与产品促销结合起来。例如，赞助体育比赛时，应在体育场地设置企业产品广告牌；赞助科技发展事业时，应以企业厂牌或牌号命名所设立的各种基金等，使赞助活动和广告宣传活动融合在一起，以取得产品促销的效果。

（3）量力而行的原则。企业向公益事业提供的各种赞助，必须是在企业人力、物力、财力的允许范围之内，不能超过自己的承受能力。否则，就会影响企业的经济效益，使企业陷入不利的困境。

23.3.3 制订具体的实施计划

连锁企业举办赞助活动应有计划地进行，应根据企业的赞助方针和政策，制订年度赞助计划，如赞助对象的范围、费用预算、赞助形式等。对赞助项目要进行审核评定，确定可行性，决定具体的赞助方式和数额，选择赞助的最佳时机，制订具体的实施方案。同时，必须对每项赞助活动进行效果测定。如果无计划地随意举办赞助活动，效果可能适得其反。

23.3.4 加强与传播媒介的关系

大众传播媒介承担着传播信息、引导舆论等社会职能，传播媒介对连锁企业公益活动的报道对消费者具有极强的引导作用，因而也在很大程度上影响企业的公众形象。企业必须充分利用传播媒介来为其服务，与之建立良好的合作关系，及时提供相关活动信息，使媒介了解企业。同时，也要积极创造具有新闻价值的公益事件，争取媒体的主动报道。

23.3.5 公益活动要有持久性

公益行为不仅要符合企业及品牌的核心战略，还要坚持到底。公益行为不等于一次活动、一次捐赠，而应成为企业的一种长期战略。在许多人的印象中，与公益事业相连的往往是跨国公司，如可口可乐公司十年如一日的支持中国农村教育的希望工程等，而鲜见国内企业的身影。其实，国内企业对公益事业的投入并不少，造成这种错觉的原因主要是由于国内企业更多的公益行为是因偶然的、孤立的事件被动参与。例如，只有当灾难性事件发生时，一些国内企业才会发起公益行为，而不像跨国公司那样具有系统性和长期性。所以，企业的公益营销活动一定要遵循品牌战略，并围绕一个主题坚持下去。

促销实践23.1

“过年了，关爱外来工，买手机报销车票”

2007 年春节期间，东莞大地通讯掀起一场“过年了，关爱外来工，买手机报销车票”回报社会的公益活动，一时间，大地通讯成为消费者和业界关注的焦点。

此次公益活动从 2007 年 1 月 27 日开始启动，至 3 月中旬结束。在东莞市委提出“海纳百川、厚德务实、建设新城市”的号召后，大地通讯作为东莞手机零售市场的老大，更应该积极响应政府号召，支持政府开展民心工程建设是自觉肩负的责任和义务。大地通讯为以广大外来工为主体的城市建设者报销返乡车票的公益行动，体现了大地通讯的社会责任感。这与大地通讯“诚信、责任、和谐”的企业发展目标相符合。

“过年了，关爱外来工，买手机报销车票”的公益促销活动，大地通讯集团执行总裁于新初的解说是，企业做公益活动，必须在市场规律指导下去做，因为我们也要吃饭。大地做公益活动也必须在力所能及的范围内去做，而且是有关联的，不可能偏离企业的关联度和业务去做。对于打工群体而言，他们有买手机的需求，在春节时这种需求会更大。现在，大地以“买手机报销车票”来回馈消费者，这是对消费者最好的支持。

（资料来源：信息时报，2007 年 2 月 6 日）

任务小结

公益促销，也称为社会关心促销或利他主义的促销，是以关心人的生存发展、社会进步为出发点，借助公益活动与消费者沟通，在产生公益效益的同时，使消费者对企业的产品或服务产生偏好，在作购买决策时优先选择该企业的一种促销行为。

企业实施公益促销时，首先要选择一个适合的公益项目，赞助社会福利事业，或赞助社会公益事业，或赞助社会体育事业，或赞助科技发展事业，或赞助社会文化事业；其次一定要坚持做公益促销的原则“公益+促销+预算”；再次要加强与传播媒体的关系，进行公益活动传播，提高活动的社会影响力；最后，公益行为不等于一次活动、一次捐赠，而应成为企业的一种长期战略。

任务二十四　电话促销

任务导入

促销员：“先生，您好，这里是 HR 公司个人终端服务中心，我们在搞一个调研活动，您有时间我们可以问两个问题吗？”

我说：“你讲。”

促销员：“您经常使用计算机吗？”

我说：“是的，工作无法离开计算机。”

促销员：“您用的是台式机还是笔记本电脑？”

我说：“在办公室用是台式机，在家就用笔记本电脑。”

促销员：“我们最近的笔记本电脑有一个特别优惠的促销活动，您是否有兴趣？”

我说：“你就是在促销笔记本电脑吧，不是搞调研吧？”

促销员：“其实，也是，但是……”

我说：“你不用说了，我现在对笔记本电脑没有购买兴趣，因为我有了，而且，现在用的很好。”

……接下来，你就知道我做了什么，这位促销员得到了什么样的结果。

现代生活追求快节奏、高效率，电话促销作为一种新时尚正走进千家万户。但是，电话促销最大的问题是对方的挂机，导致促销失败。怎样才能让对方不挂机，耐心地听我们讲话呢？

相关知识

24.1 认识电话促销

电话促销就是通过电话宣传产品和公司业务。电话作为一种方便、快捷、经济的现代化通信工具，正日益得到普及。随着电话的不断普及，电话促销越来越受到企业的重视，尤其是一些中小企业。

“与不正确的人对话就是在浪费时间和金钱”这是电话促销永恒不变的真理。如果电话促销人员在促销的过程中始终在和不正确的人对话，即使你其他方面做的很到位，你也不会有好的业绩。从营销学的角度上说这是客户的定位问题，在电话促销中，就是你没有找到正确的人。

电话促销的内涵：电话、信任、需求。

首先，电话促销是通过电话进行的，而不是通过面谈，此为电话促销人员与其他促销人员最大的不同。

其次，信任是电话促销的基础。人们重点强调的电话促销过程其实就是通过电话与客户建立信任关系的过程。任何生意的基础靠的就是双方建立起来的相互信任，人们经常会讲，他只与了解的、喜欢的和信任的人做生意，因此，信任是电话促销的基础。

最后，电话促销的目的是了解并满足客户需求。客户的需求有两种：个人需求和商业需求，这就要求我们要想在电话中成功地完成销售，不但要求电话促销人员能把握到客户的商业需求，还要能把握到客户的个人需求（在电话促销中，个人需求往往体现在情感的需求上），了解了客户的需求，并去满足客户的需求。

24.2 电话促销的三种形式

电话促销的形式，通常有以下三种。

（1）企业自建呼叫中心（CallCenter），通过自己的电话促销人员来完成销售。采用这种方式的企业一般规模都比较大，电话促销体系比较成熟，属于完整意义上的电话促销。

（2）企业与一些呼叫中心运营商合作，将自己的产品委托给呼叫中心进行销售，属于电话促销外包。这种形式对企业来讲好的地方就是省事，也减少了投资，在初期就将风险降到了最低。只是目前呼叫中心运营商对中国企业来讲是一个陌生的概念，这种形式还需要时间才能被大多数企业认同。

（3）企业有自己的电话促销人员，没有呼叫中心，有几条电话线，企业规模不大，销售的产品简单，易于被用户接纳，只要找到合适的用户就会成交。这是最简单的一种电话促销。

24.3 实施电话促销

企业如果实施电话促销，需要把握以下六个成功的关键因素。

（1）准确地定义目标客户。你的目标客户在哪里？哪些客户才最有可能接受你的产品或服务？这些信息一定要非常清楚，否则的话，每天打出哪怕再多的电话，可能这些电话都是徒劳无效的。池塘里面有非常多条鱼，各种各样，你希望得到哪种鱼呢？你要先观察，你想得到的那种鱼大多集中在什么地方，不要没有目标的胡乱钓鱼。在目标客户最集中的地方，去寻找客户，你能取得的效果才会更好，效率才会提高，所以一定要准确地定义你的目标客户。

（2）准确的营销数据库。有了目标客户，你还需要做一个客户的数据库，由销售代表每天从数据库中去调出自己的客户资源，然后去打电话、跟进等，这样促销效率也会有很大的提高。

（3）良好的系统支持。如果有一个客户关系管理系统来做支持，你的很多资源都可以实现共享，包括你的销售效率，你的管理效率也都会有很大的提高。除此之外，企业想实施电话促销，电话促销中非常大的挑战，就是怎么样在电话中跟客户建立起一种信任关系，这种信任关系其实基于两个层面：企业与企业的信任关系；企业与个人的信任关系。客户接受产品或服务的理由，可能是出于对企业的信息，也可能是出于对促销人员的信任。

（4）各种媒体的支持。电话促销一定要有广告、直邮方面的市场支持，尽可能地扩大产品品牌的影响力。所以，企业要想实施电话促销，一定要想尽各种办法从企业层面上把自己的产品品牌建立起来，因为建立起来以后会吸引很多有需求的客户主动打电话咨询，而这时销售代表的促销效率相应地也会有一个很大的提高。

（5）多方参与的销售流程。电话销售在很多情况下需要各个部门的配合和支持，尤其是在那些复杂销售中，电话销售人员需要和外部销售代表、售前工程师等多人协调工作，如果这个流程不清楚、不明确的话，会造成职责界定不清楚，有些事谁都可以负责，但有些事谁都可以不负责，有时会给客户一种混乱的感觉。例如，电话促销人员是负责寻找销售线索，有时电话促销人员确认是销售线索，但外部销售人员却认为销售线索并不真实，同时在跟进客户时，有时外部销售人员与电话促销人员会出现沟通上的不顺畅，可能同时会给同一个客户打电话，这都会给客户造成不良印象。所以，一定要有一个明确的电话销售流程，规范不同阶段、不同部门、不同人的职责，同时加强各个部门之间的沟通。

（6）高效专业的电话促销队伍。一个高效的电话促销队伍与几个因素有关：招聘、培训、激励、组织体系管理和计划等。拥有一支高效的电话促销队伍显然是电话销售成功与否的一个重要的因素，因为销售是由电话促销人员完成的，与客户的关系是由他们来维持的，信任关系是由他们来建立的，很多客户都是通过电话促销人员而形成对企业的第一印象的。

24.4 电话促销技巧

24.4.1 电话联系找对人

“与不正确的人对话就是浪费时间和金钱”，这是电话促销中永恒的真理。电话促销人员必须在电话接通的前三句话中敏锐的判断出电话另一端的人的“身份”，确定他是不是你要找的人，他是不是对你的产品或服务感兴趣，是不是有权决定购买你的产品或服务还是需要向上级汇报。只有我们判断准确了这些信息，我们才能为下一步的沟通打下良好的基础。

如果对上面的信息判断出现重大失误，将直接导致你这次沟通活动的失败。如果电话确定对方是与你的产品或服务无关人员，他们就是不正确的人，电话促销人员一定要迅速摆脱他们，找到正确的人。要想找对人，对方的资料相当重要。一些比较专业且效率的方式就是以购买企业名录的方式来得到企业的资料。企业名录是专门为电话促销人员开发的客户数据库。有了这类数据工具，电话促销人员就可以轻松地找到正确的人，并与其对话。

24.4.2 沟通过程透析人

当我们找对了沟通的对象，我们就是在与我们的潜在客户沟通，所以我们在沟通的前期必须通过对方的语言来透析客户的性格。针对不同性格的人我们应该采用不同的方式与其沟通。

（1）对于那些做事果断、注重效率的人，电话促销人员要注意语言简洁、具体，介绍业务要简明扼要，最好是直入主题，切忌毫无目的的语言表达，这样对方会认为是在浪费他们的时间，很可能挂断你的电话。

（2）对于那些做事比较系统化、条理化的人，电话促销人员与他们沟通时要注意语言一定要有条理，语速不要太快，强调一些事实和数据。切忌语言杂乱无章，说话太随意，这样会给客户不可靠的影响，也会导致你促销活动的失败！

电话促销不同于面对面的销售，判断一个人的性格只能是通过对方的语言表达方式、语气、语调等来判断，做好判断是一个电话促销人员必须具备的基本素质。作为电话促销人员最忌讳对不同的人采用千篇一律的促销语言和方式，那样你就不是一个合格的电话促销人员，而只是一个“录音机”。

24.4.3 介绍业务讲对话

判断对了对方的性格，我们就可以比较有信心的向对方介绍产品或服务，这是整个促销过程中最主要的环节。因此，我们介绍业务时每一句话都得是对的，是经过深思熟虑提炼出来的，不能有一句错误的话。如果出现错误的语言，对方就不会信任你，你的促销行为也不会成功。在这个环节应该坚持的原则如下。

（1）前三句话要把你的来意，以及产品或服务介绍给对方，要清楚，不要罗嗦。

（2）介绍产品或服务的语言要适当润色，要有吸引力，语气要恰当加重，以引起对方的兴趣。

（3）在语言、语气、语调等方面尽可能的配合对方，争取创造一个良好的对话氛围。

（4）在对方的专业领域沟通时，如果感觉自己的知识和能力与对方有差距，要采用请教式的语气与对方沟通，进而熟悉对方的业务，为销售自己的产品或服务做好准备。

（5）有的客户对你的产品或服务不太熟悉，你可以采用专业的语气与其沟通，加强对方对你的信任。

（6）沟通过程要做到有礼、有节。因为电话促销人员代表是公司——电话促销人员的语言就是公司的形象，电话促销人员的每一句话都体现了公司的实力和素质。不论对方是怎样的人和怎样的语言表达方式，电话促销人员都要控制好自己的情绪，做到有礼、有节，即使对方暂时不需要你的产品或服务，也要礼貌的让对方留下你的联系方式。

24.4.4 成交之前报好价

报价，一个困扰着每个电话促销人员的问题，也是一个订单成与不成的最后一道坎，这让每个电话促销人员噤若寒蝉。需要强调的是，要根据不同的人采用不同的报价方式。借用一个足球教练的话："当你不知道这样的球怎么踢时，你就向着球门踢"。同理，当你不知道怎么报价才合理时，你就按公司给你的报价单报价，最好在报价单的基础上多报点，毕竟大多数中国人有侃价的习惯。

任务小结

电话促销就是通过电话宣传产品和公司业务。电话作为一种方便、快捷、经济的现代化通信工具，正日益得到普及。随着电话的不断普及，电话促销越来越受到企业的重视，尤其是一些中小企业。

电话促销的内涵：电话、信任、需求。企业如果实施电话促销，需要把握六个成功的关键因素：准确地定义目标客户、准确的营销数据库、良好的系统支持、各种媒体的支持、多方参与的销售流程、高效专业的电话促销队伍。

电话促销的四个经典技巧：电话联系找对人、沟通过程透析人、介绍业务讲对话、成交之前报好价。

篇章测试

1. 样品赠送、包装促销、折价促销、有奖积分促销、POP 广告的含义及特点？
2. 样品赠送的派送方式有哪些？
3. 进行样品赠送促销应注意哪些操作要点？
4. 包装促销有哪些类型？
5. 进行包装促销应注意哪些操作要点？
6. 竞赛与抽奖促销的主要形式有些？
7. 如何制定竞赛与抽奖促销的规则？
8. 折价促销适用于哪些情况？

9．有奖积分促销中奖品选择应注意哪几方面问题？
10．试比较外置 POP、店内 POP 及陈列现场 POP 的形式与功能。
11．折价券的优点及缺点有哪些？
12．请说明折价券的适用范围？
13．请说明主题促销的含义及特点？
14．主题促销分为哪几种类型？
15．一个有效的促销主题应具备哪些条件？
16．实行会员制的企业，其会员应享受哪些利益？
17．网络促销的优势有哪些？
18．什么是文化促销，与文化营销有什么区别？
19．文化促销应包含哪些内容？
20．什么是现场演示？在进行演示方法设计时应注意哪些问题？
21．什么是出众的现场演示？
22．付费赠送促销中赠品的选择范围有哪些？
23．什么是 DM，DM 促销有哪些优势？
24．如何理解公益促销，有哪些类型？
25．连锁企业做公益促销应坚持什么原则？
26．广告单与 DM 有什么不同？
27．“与不正确的人对话就是在浪费时间和金钱。”你对这句话怎么理解？
28．实施电话促销需要把握的六个关键因素是什么？
29．电话促销有哪些技巧？

篇章训练

1．把冰卖给爱斯基摩人

汤姆·霍普金斯被誉为“世界上最伟大的推销大师”，他曾接受一家都市报记者采访，记者向他提出挑战，要他当场展示一下如何把冰卖给爱斯基摩人。于是就有了下面这个脍炙人口的销售故事。

汤姆：您好！爱斯基摩人。我叫汤姆·霍普金斯，在北极冰公司工作。我想向您介绍一下北极冰给您和您的家人带来的许多益处。

爱斯基摩人：这可真有趣。我听到很多关于你们公司的好产品，但冰在这儿可不是问题，它是不花钱的，我们甚至住在这东西里。

汤姆：是的，先生。注重生活质量是很多人对我们公司感兴趣的原因之一，而看得出来您就是一个注重生活质量的人。你我都明白价格与质量总是相连的，能解释一下为什么你目前使用的冰不花钱吗？

爱斯基摩人：很简单，因为这里遍地都是。

汤姆：您说得非常正确。你使用的冰就在周围。日日夜夜，无人看管，难道您不同意吗？

爱斯基摩人：噢，是的。这种冰太多太多了。

汤姆：是的，先生。现在冰上有我们，你和我，那边还有正在冰上清除鱼内脏的邻居，北极熊正在冰面上重重地踩踏。还有，你看见企鹅沿水边留下的脏物吗？请您想一想，设想一下好吗？

爱斯基摩人：我宁愿不去想它。

汤姆：也许这就是为什么这里的冰是如此……，能否说是经济合算吗？

爱斯基摩人：对不起，我突然感觉不大舒服。

汤姆：我明白。给您家人饮料中放入这种——无人保护的冰块，如果您真正感觉舒服必须得先进行消毒，不是吗？那您如何去消毒呢？

爱斯基摩人：煮沸吧，我想。

汤姆：是的，先生。煮过以后您又能剩下什么呢？

爱斯基摩人：水。

汤姆：这样你是在浪费自己的时间。说到时间，假如您愿意在我的这份协议上签上您的名字，今天晚上你的家人就能享受到最爱喝的、干净、卫生的北极冰块饮料。噢，对了，我很想知道你的那位清除鱼内脏的邻居，您认为他是否也乐意享受北极冰带来的好处呢？

【问题】

请为汤姆设计一个样品赠送方案，把冰卖给爱斯基摩人。

2. 美国的高露洁牙膏在进入全日本这样一个大的目标市场时，并没有采取贸然进入、全面出击的策略，而是先在离日本本土最近的琉球群岛上开展了一连串的广告公关活动。

他们在琉球群岛上赠送样品，使琉球的每一个家庭都有免费的牙膏。因为是免费赠送的，所以琉球的居民不论喜欢与否，每天早上总是使用高露洁牙膏。这种免费赠送活动，引起了当地报纸、电视的注目，把它当做新闻发表，甚至连日本本土的报纸、杂志也大加报道。

于是，高露洁公司在产品推广上就达到了这样的目的：以琉球作为桥头堡，使得全日本的人都知道了高露洁，以点到面，交易十分明显。

【问题】

（1）（　　）使用样品赠送促销效果明显。

A. 新品牌上市　　B. 新产品上市　　C. 大众化的消费品　　D. 差异化的商品

（2）高露洁牙膏在琉球群岛的赠送成功地利用了人们的（　　）心理。

A. 利己性　　B. 贪利性　　C. 攀比性　　D. 懒惰性

（3）你认为高露洁牙膏在琉球群岛的赠送方式可以采取（　　）。

A. 直接邮寄　　B. 逐户分送　　C. 定点分发　　D. 媒体分送

（4）如果高露洁牙膏采取逐户分送的方式，可能发生的费用有（　　）。

A. 样品费　　B. 分送处理费　　C. 宣传印刷品费　　D. 包装材料费

（5）试谈一谈在样品赠送之促销活动中如何进行效果控制？

3. 下面是三则包装促销的案例。

案例一："太太"口服液　　让女人更出色

凡购买"太太"口服液一提，即可获赠放在产品包装内的高级化妆品一套。

案例二：“福临门”食用油加护手霜，好油好手烧好菜

滋润为全家操劳一年的双手：活动期间购买福临门食用油 1 瓶，即可获赠东洋之花绵羊奶护手霜（40 克）1 支。

案例三：“红桃 K”给最爱的人，送最用心的礼

在端午期间，买红桃 K 关怀装一提即可获赠 500mL 特制绍兴黄酒一瓶，多买多送。

【问题】

（1）案例一“太太”口服液采用了（　　）的方式。

A．包装内赠送　　B．包装上赠送　　C．包装外赠送　　D．可利用包装赠送

（2）案例二“福临门”食用油和案例三“红桃 K”采用了（　　）的方式。

A．包装内赠送　　B．包装上赠送　　C．包装外赠送　　D．可利用包装赠送

（3）当同类产品激烈竞争之时，（　　）可在零售点上塑造产品差异化。

A．包装内赠送　　B．包装上赠送　　C．包装外赠送　　D．可利用包装赠送

（4）（　　）可增加赠品在零售点展示的机会。

A．包装内赠送　　B．包装上赠送　　C．包装外赠送　　D．可利用包装赠送

（5）运用包装促销在选择赠品时应遵循的原则是（　　）。

A．易于了解　　B．富有吸引力　　C．具有相关性　　D．品牌化商品

（6）试对上面三则包装促销的案例进行点评。

4．请根据下面案例，回答问题

某品牌啤酒销售商策划了一促销活动方案，名为“龙虎排行榜”，规则如下。

在一些大中型场所做一块“龙虎榜”，客人用吸管吸完一支该品牌啤酒，选出当晚所用时间最短的客人，将其名字和联系方式写到“龙虎榜”的龙下面，第二名写到虎下面。一定时间内（当晚、一周、半月或一月，根据参与人员的数量来确定）评比一次，选出“龙”、“虎”，可获取奖品。当然，当晚参加比赛的客人将可以得到一份礼品。所参加的客人自带一支青岛纯生/超爽啤酒，在固定地点参加比赛（由区域市场的相关人员预先选好地点）。

奖品配置：

最终获奖者，即“龙”和“虎”的奖品。这两个奖品可以设置高些，因为区域市场可以自行控制，根据参与人员的多少来确定兑奖时间，而且游戏配置的奖品大小直接影响到参与者的积极性。所以，在搭配该项奖品时可适当高一些，效果可能会更好。（建议：用现金的形式或一周一台微波炉；一个月一台冰箱。）

所有参加者的奖品，可根据区域市场的实际情况配置一些奖品。

【问题】

请问该活动的可取之处是什么？你认为还存在哪些问题？

5．2010 年 5 月 25 日，北京华奥商厦门前举行了“2010 华奥之夏服装设计大赛颁奖仪式”，获奖者穿上自己设计的服装，在 T 形舞台上，随着悠扬的音乐一展风采，而周围观看的群众，则把展台围得水泄不通。一位观看的女士对记者讲，在商厦自己选面料、自己设计、自己穿上表演．还可以获奖，很新鲜，有一种参与感，很过瘾。

华奥商厦是一个中型商场，在购物环境和宣传攻势上，都不能与一些新兴的大商场相匹敌。因此，华奥认识到必须以特色经营突破重围。在历史上华奥商厦就有经营纺织面料

的优势，现在经营各类面料达 2 300 多种，月平均销售 140 万元，在全市 50 余家大中型商场中同类商品销量一直居前列。所以，华奥商厦决定利用这一优势，组织一次促销活动，掀起夏季购物热潮。

这次竞赛促销活动名称为“2010 华奥之夏服装设计大赛”，凡在华奥购买面料的顾客，均可报名参加，并且在选购面料时优惠 5%，对参赛获胜者还给予奖品（实物）奖励。这项促销活动给每个消费者提供了展示才华的机会，得到了广大消费者的热烈响应，在短短 20 几天里，有众多的服装设计爱好者报名参加，送交参赛作品达 40 多件（套）。

为了保证大赛的公平性和群众性，华奥商厦没有请专家评议，而是让顾客自己评选。商场组办人员将全部参赛作品向消费者公开陈列，并发送选票，请前来购物的顾客选出自己满意的服装。陈列展览的两天内，共收到 200 多张选票。组办人员根据顾客的选票，评出各奖项的获得者。

这次竞赛促销活动收到了预期的效果。大赛期间，不仅商厦的纺织面料得到了促销，更为重要的是，在消费者心目中强化了华奥的经营特色和竞争优势，为今后华奥纺织面料的销售奠定了基础。

【问题】

（1）北京华奥商厦举办的这次“2010 华奥之夏服装设计大赛”是（　　）促销活动。

A．抽奖　　B．竞赛　　C．游戏　　D．竞赛、游戏与抽奖

（2）（　　）是一种请消费者运用和发挥自己的才华去解决和完成某一特定问题的活动。

A．抽奖　　B．竞赛　　C．游戏　　D．竞赛、游戏与抽奖

（3）竞赛促销通常需要具备三个要素（　　）。

A．奖品　　B．才华或学识　　C．参赛条件　　D．评选依据

（4）在一些西方国家，最受欢迎的大奖依次为（　　）和（　　）。

A．高额现金　　B．旅游观光　　C．赠送汽车　　D．健康消费

（5）企业促销时应注意哪些竞赛与抽奖的规则？

6. 莱克啤酒在进入上海市场时，曾采用邮寄方式送给消费者 1 元的折价券，并在折价券背面印有填字游戏题，能正确回答问题者还可以参加抽奖。

【问题】

充分发挥自己的创意，为莱克啤酒促销设计一张折价券促销实施方案。

7. 某食品公司生产鸡精、酱油、米醋和调味品。该公司的鸡精和调味品很受消费者的喜爱和欢迎，但酱油和米醋却销量一般。公司打算趁春节之际举办促销活动，增加酱油和米醋的销量。请你帮该公司设计一个折价促销方案。

8. “巴比”是一家新开的服饰店，在其开张之际，决定利用积分进行一次开业促销活动。

“巴比”推出了不同折扣商品券来吸引顾客参加“会员促销活动”，只需要在店内消费 150 元就可以获得会员资格，并可以获得 15 分的积分，同时还可获得“巴比”会员卡。凭此卡还可以参与积分，享受积分以后的一系列优惠政策。

顾客成为会员得到会员卡之后，以后每次会员来店消费均记录在“会员积分资料”里面，顾客根据消费金额可以得到不同的积分，50 元/5 分，100 元/10 分，200 元/20 分……不同的积分会享受不同的折扣或商品券。

此外，“巴比”还印制了200份会员资料册，专门准备了一个资料架，对会员资料进行编号并放在资料架上，而且每隔一段时间还会将会员的增长情况做成简单直观的图表，让顾客感到“巴比”服饰店的顾客很多，于是来参加活动的顾客也就比较踊跃了。

“积分促销”需要建立完善的会员资料，因此除了会员资料册，“巴比”还建立一个比较完善的数据库，对参与活动的顾客消费进行详细的记录，同时也记录下每次顾客积分的情况。

请问，“巴比”服饰店的哪些经验值得我们借鉴？

9. 四川成都市蕉桥镇的“梦之媚”美容院将日常生活用品与美容院的服务项目、产品进行联合促销，多年来取得了骄人的业绩。其促销的具体方式如下：

① 开设日常生活用品商店，店内设美容免费体验室；

② 凡购买达到一定金额的日用品消费者均可获得免费美容，反之亦行；

③ 店庆或大型促销活动时邀请日常生活用品的商家一起参加。

通过常年细致有效的促销工作，该“美容院”已逐渐成为该镇最有影响力和最具经济实力的美容院，拥有四层、数千平米的店面和近千人的消费群体，并取得店庆单日促销收入12万的优秀业绩。（资料来源：http://www.e-fa.org/left4/a19.html）

【问题】

（1）本案例中，“梦之媚”只所以取得如此成功，是因为采取了（　　）促销方式。

A. 免费赠品　　B. 公益促销　　C. 联合促销　　D. 会员卡促销

（2）从案例中可以看出，（　　）是联合促销的基本原则。

A. 互利互惠　　B. 团结合作　　C. 取长补短　　D. 互通有无

（3）“梦之媚”促销的类型属于（　　）的促销。

A. 不同行业间　　B. 不同品牌间

C. 制造商与经销商间　　D. 同行企业间

（4）“梦之媚”的这种促销比较适合促销（　　）的商品。

A. 高价位　　B. 低价位　　C. 中等价位　　D. 不同价位

（5）你认为“梦之媚”的这种促销应注意哪些问题？

10. 好利来创建于1992年9月，现为拥有上亿元固定资产，七千多名员工，及北京好利来企业投资管理有限公司、北京好利来工贸有限公司、北京好利来商贸有限公司等三家控股公司的大型食品专营连锁企业集团，是继肯德基、麦当劳、星巴克之后中国本土规模最大的食品连锁企业。

好利来的核心业务由两大部分组成：一是饼店连锁系统。以连锁店的形式，主营生日蛋糕、西点、中点、面包等产品。截至目前，已在全国50多个大中城市开设了500多家连锁店，建立了庞大的连锁经营体系。二是包装食品制造系统。主营产品为好利来牌月饼及其他包装食品。目前在北京和沈阳建有大型现代化食品加工厂。

多年以来，好利来一直以行业领跑者的姿态迅猛发展，2000年被中国名牌产品市场保护调查所列为国家“重点保护品牌”，2002年成为食品行业首家被中国消费者协会授予“3·15”标志的企业，通过ISO9000:2000质量管理体系认证，2003年通过HACCP食品安全体系认证，并被国家食品质量监督检验中心列为食品行业唯一一家月饼生产过程全程跟踪的企业，并批准在产品外包装上注明："国家食品质量监督检验中心产品保证"字样。2002—2004年，凭借自身强劲实力，好利来蝉联了全国月饼、蛋糕销量双冠王。

【问题】

为迎接八月十五"中秋节"的到来，好利来准备搞一次主题促销活动。

（1）一个好的促销主题就是一个（　　），要紧紧抓住消费者的需求热点。

A．由头　　B．点子　　C．卖点　　D．热点

（2）以特定节日为主题的促销活动，如（　　）。

A．春节　　B．清明节　　C．劳动节　　D．啤酒节

（3）一个有效的促销主题应符合以下要求（　　）

A．相关性　　B．统一性　　C．独特性　　D．传播性

（4）请为好利来拟订一个主题促销方案。

11．福州沃尔玛"小鬼当家"主题促销活动花絮

《东南快报》报道，2005年5月29日上午，一场以"小鬼当家"为主题的活动，在沃尔玛超市大利嘉分店和名店街的百味厨房上演。有20名小朋友，分别参加了孩子走丢找爸妈、推销粽子、当采购员、小厨师和现场命题作画等游戏活动。活动节目精彩纷呈，现场吸引了上百名顾客驻足观看。

花絮一：10分钟推销20多个粽子

"过来看一看，过来瞧一瞧，原价一斤6.5元的粽子，现在只卖5.2元。""叉烧味、鲜肉味、豆沙味……所有的口味都在这里，要买的快点过来啦！"叫卖声此起彼伏。在沃尔玛超市粽子专柜旁出现了6个小促销员，他们正在向顾客推销冷冻的粽子。当一名顾客推着购物车过来时，10岁的邱时佳赶紧冲上前，"阿姨，端午节快到了，买几个粽子回家给小孩尝一尝。"看着阿姨继续往前走，聪明的邱时佳又接着说："这里的粽子可好吃了，不信你来尝一下蒸熟的粽子。"阿姨终于停下了脚步，当邱时佳听到阿姨说要买几个粽子时，甜甜一笑，接着就拿了一个食品袋，全然不顾粽子的冰冷，将一个个冰粽子装到袋子里，随后递给电子秤旁的服务员。这些粽子有20多个，一称有两斤多重。至此，距他们开始推销粽子不过10分钟。

花絮二：通过广播智找妈妈

当日上午，8名小朋友和爸妈一起逛超市，可突然间爸妈不见了，小朋友们遇到了寻找爸妈的"难题"。起初，小朋友们还十分兴奋。"我一定能找到，"一个小朋友信心十足地说。可是跑啊跑，找啊找，小朋友们转了一大圈，却始终没见着自己爸妈的身影。已逛了好几圈的赖麒鸿小朋友依然毫无结果，刚才还透着自信笑容的他，此时正皱着眉头，用期待的眼神盯着每一个迎面而来的人，并时不时地喃喃自语道："怎么办呢？怎么办呢？妈妈，你在哪里啊？"突然间，他像是想到什么似的，快速向服务台跑去，原来他想到了一个主意，就是向服务台的阿姨求助。"阿姨，帮我找一下我的妈妈，好吗？能在广播里帮我播一下吗？我叫赖麒鸿。"在服务员的帮助下，沃尔玛的广播里传出了赖麒鸿小朋友呼唤妈妈的通知。

花絮三：揣50元当小小采购员

小朋友们揣50元钱，拿着指定的购物清单，在超市当起了小小采购员。购买的东西必须要有苹果、梨、饼干和果冻等，且购买的总金额不能超过50元。每个小朋友都要购买2

斤的小西红柿，可是货架上的小西红柿是已经打包好的。黄宏睿小朋友拿着两袋小西红柿去称，可是超过 2 斤。机灵的他赶紧将两袋小西红柿放到原处，挑了一袋大的以及一些散的小西红柿称，电子秤显示 2.1 斤。讲究购物效率的黄宏睿，将挑好的东西一一放在电子秤旁，交代服务员帮忙称。随后跑去寻找其他要买的东西，等他回到服务员身旁时，之前挑好的物品已经都称好了。而有的小朋友没有购物经验，提着篮子不懂得往哪里找。更有小朋友缺乏判断能力，原本只需购买 2 斤的苹果和梨，却挑了七八个。

花絮四："美人鱼就是记者姐姐啦！"

在绘画比赛现场，只见 6 个小朋友围坐成一桌，紧握画笔，聚精会神地画着，小手脏了，笔帽掉了，也顾不上。"怎样才能把六·一节、东南快报以及沃尔玛超市三个主题画在一起呢？"参加这组比赛的张哲婷小朋友皱起眉头，思索着。终于在比赛结束前 5 分钟把画完成了，并获得了绘画比赛的冠军。在发表获奖感言时，她说："水里的小鱼是欢乐的小朋友，美丽的人鱼就是东南快报的记者姐姐，我们大家和我的爸爸妈妈一起在水下沃尔玛超市里度过了一个快乐的六·一节。"

最后一个项目是制作水果沙拉比赛。20 个小朋友来到了位于名店街的百味厨房，在点心部黄厨师长的现场示范下，20 个小厨师各显神通。5 岁的黄炅小朋友"忙里偷闲"，把碟里自己拼凑的水果沙拉使劲地往嘴里塞，等到厨师长评比的时候，碟里的水果沙拉已被吃了一大半。还有的小朋友，也干脆边吃边做，水果沙拉成为了他们肚里的囊中之物。

快乐收场　礼物搬回家

经过 5 个活动环节的比赛，本次"小鬼当家"活动一共产生了 8 位小冠军。他们分别是 5～6 岁小朋友：赖麒鸿、黄炅、邱德昭；7～8 岁小朋友：张哲婷（两次获奖）；9～10 岁小朋友：黄宏睿、邱时佳、王艺璇。获奖者每人都得到由沃尔玛超市送出的价值 200 元的奖品，其他参赛小朋友也拿到由沃尔玛超市、百味厨房和乐百氏食品饮料公司提供的 3 份不同的纪念品。（资料来源：http://www.leadshop.com.cn/www/Walmart/Walmart_news/）

【问题】

（1）主题促销是围绕一个主题而实施的促销活动，福州沃尔玛此次活动的主题是（　　）。

A．小鬼当家　　B．推销粽子　　C．当采购员　　D．现场命题作画

（2）这一活动属于（　　）的主题促销活动。

A．以商品为主题　　B．以季节特点为主题

C．结合特定节假日　　D．以特定事件为主题

（3）在这一主题促销中注意了（　　）。

A．主题的确定　　B．内容的设计

C．时间的安排　　D．媒体的运用

（4）你认为"小鬼当家"这一主题符合（　　）要求。

A．相关性　　B．独特性　　C．统一性　　D．传播性

（5）你认为连锁企业搞主题促销的难题是什么？

12．某酒店充值会员卡促销方案

为了稳固并扩展酒店客户群体，将酒店各类产品整合推出，让客户在我酒店各岗点都可以享受贵宾般的享受，更使其对我酒店整体满意度提高，以便真正让客户享受到星级服

务之感。

（1）充值会员卡发放范围:

① 与酒店签署《商务特惠协议书》个人客户

② 预存费用在我酒店消费的客户

③ 酒店关系单位的赠卡

（2）充值会员卡类别:

① 一次性充值1万元以上为钻石卡;

② 一次性充值6千以上1万元以下为金卡;

③ 一次性充值3千以上6千元以下为银卡。

（3）充值会员卡使用的范围：餐饮部和客房部。

（4）充值会员卡在各部门的优惠:

餐饮部——出示本卡现金结账或使用本卡内充值金额结算可享受菜金（不含烟酒，饮料，海鲜。）钻石卡 9 折优惠；金卡9.5折优惠；银卡9.8折优惠。

客房部——入住客房出示本卡现金结账或使用本卡内充值金额消费将享受客房协议的执行价格。

（5）其他说明:

① 为实现全员营销，各岗点推销出去的充值卡，根据充值金额的3%予以现金奖励。

② 每张充值卡在办理时，均需向客人说明相关政策，请客人在《充值卡须知》签字确认。

③ 持卡人每年度可享受积分累计、会员特惠及酒店发放的各类消费信息。

④ 充值卡充值后，不得换取现金，遗失可补办，补办时每卡工本费 20 元，直接从卡内金额扣除。遗失会员卡所造成的损失由客户自行负责。

（6）办理手续:

填写申请登记表后，可凭相关手续到营销部办理购卡手续；规定一人一卡制，需本人使用；为保证和维护会员的利益，申请人必须真实地填写会员登记表，确认遵守充值卡须知。

【问题】

（1）该会员卡向客户提供了哪些利益？（　　）

A．价格折扣　　B．优质服务　　C．现金兑换　　D．礼品赠送

（2）你认为该方案的可行性如何，为什么？

（3）一家连锁酒店如果开展会员卡促销，你认为应该考虑到哪些因素？

13. 2011年7月5日，《北京晨报》文章：揭秘团购旅游七大陷阱

（1）低价入团要你购物。某香港团购旅游信息显示：“仅158元！原价980元香港海洋公园+迪士尼乐园三日游！包吃、包住、包车、包玩、包门票”。重庆晚报记者以游客身份核实时，得知原来需要进三个购物点。

（2）特价房限量。某网站团购产品称“挂牌价700元的客栈仅售100元”。一问，才知道需“提前7天电话预约”，而“预约是否成功以商家的最终确认为准”。

（3）使用期限有限制。某网站团购产品“原价600元的成都某酒店60元团购”，使用期限6月4日至7日，仅4天。而“某酒店仅售100元，原价400元”，后边注有小字“仅限周日至周二适用”。

（4）团购不退款。如果预订线路后想改期，对方会表示票单已进入系统，无法调剂，也不退款。

（5）无服务质量与安全保障。目前九成团购网只聚集团购，不开具发票和签出游合同，发生纠纷与意外，没有证据，维权也没根据。

（6）价格误导。酒店客房团购中，往往会在显眼处大字列明“挂牌价 2 000 元、团购价 200 元”。其实，非旺季时，酒店的前台散客价本来就很低。

（7）抵金券使用有限制。团购“旅游代金券 150 元”，但需“每 4 位客人以上参团才可抵用一张”。至于“价值 100 元的酒店住宿券，消费 300 元以上才能抵用 1 张券”、“代价券一间一夜只能使用一张”等情况则属常见。

【问题】

（1）从文章中可以看出，网络促销的优势明显，但其缺陷也很明显（　　）。

A．缺乏信任　　B．缺乏生趣　　C．缺乏安全　　D．价格敏感

（2）你认为参与网上团购的消费者有哪些特点？（　　）

A．追求时尚便利　　B．掌握消费主动权　　C．追求个性化消费　　D．贪图便宜

（3）请说说你对网上团购消费者的建议（　　）。

A．注意时限　　B．注意地点　　C．阅读条款　　D．选择网站

（4）请说说你对网上团购连锁企业的建议（　　）。

A．选择合适的产品　　B．选择合适的对象

C．选择合适的伙伴　　D．合适的结算方式

（5）实施网络促销的程序如何？

14. 关于筷子的传说

中国是筷子的发源地，以筷进餐少说已有 3 000 年历史，是世界上以筷为食的母国。筷子看起来只是非常简单的两根小细棒，但它有挑、拨、夹、拌、扒等功能，且使用方便，价廉物美。筷子也是当今世界上一种独特的餐具。凡是使用过筷子者，不论华人或是老外，无不钦佩筷子的发明者。可是它是何人发明？何时创造诞生？现在谁也无法回答这个问题，只是一些关于筷子的传说。

传说一：姜子牙与筷子

这一传说流传于四川等地，说的是姜子牙只会直钩钓鱼，其他事一件不干，所以十分穷困，他老婆实在无法跟他过苦日子，就想将他害死另嫁他人。

这天，姜子牙钓鱼又两手空空回到家中，老婆说：“你饿了吧？我给你烧好了肉，你快吃吧!”姜子牙确实饿了，就伸手去抓肉。窗外突然飞来一只鸟，啄了他一口。他疼得“阿呀”一声，肉没吃成。当他第二次去抓肉时，鸟又啄他。姜子牙犯疑了，鸟为什么两次啄我，难道这肉我吃不得？为了试鸟，他第三次去抓肉，这时鸟又来啄他。姜子牙知道这是一只神鸟，于是一直追出门去，直追到一个无人的山坡上。神鸟栖在一枝丝竹上，并呢喃鸣唱：“姜子牙呀姜子牙，吃肉不可用手抓，夹肉就在我脚下……。”姜子牙听了神鸟的指点，忙摘了两根丝竹回到家中，将两根丝竹伸进碗中学着鸟嘴夹肉，却发现丝竹嗞嗞地冒出一股股青烟，“肉怎么会冒烟，难道有毒？”

姜子牙明白了，丝竹是神鸟送的，任何毒物都能验出来，从此每餐都用两根丝竹进餐，

他老婆再也不敢下毒，而且四邻也纷纷学着用竹枝吃饭，用筷吃饭的习俗也就一代代传了下来。

传说二：妲己与筷子

这个传说流传于江苏一带，说的是商纣王喜怒无常，吃饭时不是说鱼肉不鲜，就是说鸡汤太烫，有时又说菜肴冰凉不能入口。结果，很多厨师成了他的刀下鬼。宠妃妲己也知道他难以侍奉，所以每次摆酒设宴，她都要事先尝一尝，免得纣王咸淡不合口又要发怒。有一次，妲己尝到有几碗佳肴太烫，可是调换已来不及了，因为纣王已来到餐桌前。妲己为讨得纣王的欢心，急中生智，忙取下头上长长玉簪将菜夹起来，吹了又吹，等菜凉了一些再送入纣王口中。纣王是荒淫无耻之徒，他认为由妲己夹菜喂饭是件享乐之事，于是天天要妲己如此。妲己即让工匠为她特制了两根长玉簪夹菜，这就是玉筷的来历。以后这种夹菜的方式传到了民间，便产生了筷子。

传说三：大禹与筷子

这个传说流传于北方地区，说的是尧舜时代，洪水泛滥成灾，舜命禹去治理水患。大禹受命后，发誓要为民清除洪水之患，所以三过家门而不入。他日日夜夜和凶水恶浪搏斗，别说休息，就是吃饭、睡觉也舍不得耽误一分一秒。

有一次，大禹乘船来到一个岛上，饥饿难忍，就架起陶锅煮肉。肉在水中煮沸后，因为烫手无法用手抓食。大禹不愿等肉锅冷却而白白浪费时间，他要赶在洪峰前面而治水，所以就砍下两根树枝把肉从热汤中夹出，吃了起来。从此，为节约时间，大禹总是以树枝、细竹从沸滚的热锅中捞食，如此久而久之，大禹练就了熟练使用细棍夹取食物的本领。手下的人见他这样吃饭，既不烫手，又不会使手上沾染油腻，于是纷纷效仿，就这样渐渐形成了筷子的雏形。（资料来源：http://www.xingzuo360.cn/）

【问题】

（1）中国的饮食文化包含了丰富的内容，涵盖（　　）等各方面。

A．食源　　B．食具　　C．食品　　D．服务

（2）筷子发源于中国，用筷子进餐是中国人的习惯，筷子属于（　　）。

A．食源　　B．食具　　C．食品　　D．服务

（3）餐饮消费也是一种别开生面的社交活动，正所谓“饮德食和、万邦同乐”这说明了中国餐饮文化中的（　　）。

A．精　　B．美　　C．情　　D．礼

（4）（　　）是文化促销的灵魂。

A．主题活动　　B．创新思维　　C．头脑风暴　　D．行动方案

15．杨志卖刀

北宋时期，出身名门的杨志来到东京，想补个殿帅府的职役，可高俅从中作梗，未能如愿，又因盘缠使尽，便忍痛卖掉祖传的宝刀，换些盘缠另投他处。他不好意思吆喝，就在刀鞘上插了个草标儿，别人就知道这刀是要卖的了，可并无人理会。

这时，来了流氓牛二，“你这刀卖多少钱？”杨志说：“祖上留下的宝刀，要卖三千贯。”牛二撇撇嘴，“这把破刀有什么好，卖得这么贵？”杨志便介绍道：“有三件好处：第一件，砍铜剁铁，刀口不卷；第二件叫吹毛得过，拿几根头发朝刀口上一吹，立刻断成两截；第

三件叫杀人不见血。”

牛二不信，拿来二十个铜钱，叠成一摞，对杨志拍胸脯说：“你要是能一刀剁开铜钱，我就给你三千贯！”杨志说：“这有什么。”只见他卷起袖子，瞄得准准，一刀便将二十个铜钱剁成两半。

牛二不服，在自己头上拔下一把头发，递给杨志，“你吹给我看！”杨志接过头发，朝刀口上用力一吹，那些头发真的一分为二飘过了刀口，众人喝彩。

牛二仍然不服，一把揪住杨志，“我偏要买你这把刀！”“你要买，拿钱来呀。”“我没钱！”“没钱你干吗揪住我？”杨志挣开身子，顺手一推，把牛二推了一跤。牛二爬起来，嘴里说着，“来呀，是好汉就砍我一刀。”说着就来硬夺杨志手里的刀。杨志气极了，牛二却又拳打脚踢。杨志便对众人叫道：“大家都看见的，我杨志没办法才在这里卖刀，这流氓不讲道理要抢我的刀，还打我！”牛二说：“打死你又怎么样？”说着又是一拳。打得杨志火从心上起，怒向胆边生。只见寒光一闪，流氓牛二倒在杨家的祖传宝刀下——刀刃上果然滴血不沾。

【问题】

（1）杨志卖刀的结果虽然没有把刀卖出去，但也说明了（　　）在销售中的重要性。

A．现场演示　　B．DM 宣传　　C．赠品销售　　D．体验销售

（2）故事中杨志演示了三个卖点，可见现场演示的项目须具备以下特点（　　）。

A．卖点独特　　B．效果明显　　C．气氛热烈　　D．操作安全

（3）演示要注意“一个中心，两个基本点”，一个中心是指演示要以（　　）为中心。

A．产品卖点　　B．顾客关心点　　C．操作要点　　D．讲解要点

（4）现场演示要边操作边讲解，讲解一定要遵循 FAB 法则，即（　　）。

A．属性　　B．功能　　C．作用　　D．利益

（5）自备产品进行演示促销，男生演示眼镜配置，女生演示化妆美容。事后，先由学生进行自评与互评，最后由老师现场点评。

16. 澳德巴克斯（AUTOBACS）

澳德巴克斯是日本最大的汽车用品综合服务品牌，目前在全球拥有 530 多家店铺。澳德巴克斯以汽车用品销售为核心，积极推进“年检整备事业” 和“整车销售事业”，目前澳德巴克斯已经超越了汽车用品零售店的范围，为丰富而充实的汽车生活提供综合性的服务，“精彩汽车生活尽在澳德巴克斯！”

澳德巴克斯（中国）汽车用品商业有限公司是日本澳德巴克斯集团所属中国子公司，2005 年 7 月在北京设立，目前在上海、厦门、北京、杭州、郑州有五家品牌加盟店，计划 5 年之内在中国建立 100 家店铺，使澳德巴克斯橘红色旗帜遍布全国。公司以建设中国的澳德巴克斯为目标，以全面支持汽车生活为己任，致力于为中国消费者提供全方位的“一站式服务”和汽车生活提案，让中国消费者体验更加精彩的汽车生活。

【问题】

请为澳德巴克斯（中国）汽车用品商业有限公司策划一促销方案，撰写出促销文案。

17. 一次失败的沟通

销售员：“你好，李小姐，我是平安保险的高级顾问，我这里有一个送给您的奖品，不

知道您周末可有时间，我给您送过去？”

李小姐：“你是谁？我的奖品？您怎么知道我的电话？”

销售员：“你的电话是我们公司内部数据库中的。不过像您这么有名的专科医生，有您联系方式的人一定很多。这个奖品很难得的，只占用您15分钟的时间就行，你看可以吗？”

李小姐：“什么奖品啊，到底是谁给您的电话？对不起，我很忙，没有时间，再说吧。”挂断了电话。

【问题】

从这次失败的沟通中可以看出，销售员失败之处何在？你应该从中吸取什么教训？

下 篇

促销应用

篇章目标

无论是为了迅速打开新市场、整装开业、缓解库存压力，还是为了解决流动资金紧缺、市场冷淡、打击竞争对手，而做的促销活动，首先应解决的问题是：当地市场情况及特征、当地市场的供求关系、企业在当地市场中的地位、目标消费群体及消费行为、竞争对手状况等。通过对以上的分析，合理确定促销目的、促销方式。通过本篇章的学习，试图达成以下目标。

知识目标：

- 认识促销环境对促销实施的重要性。
- 认识企业营销目标、营销文化对促销实施的重要性。
- 掌握根据促销背景、促销目的选择促销工具的方法。
- 掌握不同促销工具应用的执行策略。

技能目标：

- 能够根据促销环境、促销目标灵活选择促销方式或促销方式的组合。
- 不仅能够制订促销策划方案，更重要的是能够执行促销方案，保证促销效果。

情感目标：

- 在教学过程中，培养学生的学习兴趣，引导学生深入思考问题。
- 在教学过程中，培养学生合作学习、互相学习的能力，在合作中完成学习任务。
- 学生是学习的主体，让学生正确认识学习过程与学习结果的关系，并能够公平、公正地评价学习结果。

篇章描述

在现实的促销活动中，仅仅有理论是不够的，我们不仅要把自己培养成理论专家，更要通过市场的检验成为实战专家。因此，希望在以下案例的分析中，在充分结合理论知识和企业背景、市场现状下，找到问题所在，分析、总结、制订出一套最适合自身的促销方案。在现实的促销活动中，好的促销方案固然重要，但如何有效地将方案转化为强有效的执行力，则是促销活动成功的关键，本篇章中我们仅从连锁零售业、连锁餐饮业、连锁服务业促销活动的执行、监督与评估，对促销活动进行一一分析。

任务二十五　连锁零售业促销与分析

任务导入

2012 年 8 月 14 日，京东商城宣布：京东大家电三年内零毛利！如果三年内，任何采销人员在大家电加上哪怕一元的毛利，都将立即遭到辞退！同时表示，从当日起，京东所有大家电保证比国美、苏宁连锁店便宜至少 10%以上。

此消息一出，立刻在业内引起轩然大波，苏宁、国美积极应战。苏宁称：保持价格优势是我们对消费者最基本的承诺，并表示从 8 月 15 日起，苏宁包括家电在内的所有产品价格必然低于京东，如果发现苏宁价格高于京东，会即时调价，并给予已经购买者两倍差价的赔付。国美电器的回应则更加直接，宣布国美全线商品价格比京东商城低 5%。

商场又起价格战硝烟，可我们知道价格战不是商业竞争的唯一手段，消费者购买商品，除了要考虑价格以外，还会考虑品牌、质量、服务、环境等因素。这也给我们的促销带来极大的启示：

- 这种价格战还是促销吗？
- 企业间这样拼价格合法吗？
- 连锁企业应采取什么样的促销策略来应对商业竞争？

案例与分析

双虎家私 A 店开业促销

25.1　促销背景

成都市双虎实业有限公司始建于 1989 年，经过 20 年的发展，现在已经成为一家占地面积 1 600 余亩，固定资产数亿元，员工万余人，集设计、制造、营销为一体的现代大型家私企业。

双虎实业旗下拥有板式、实木、金属、沙发、软体等几大类别数十个系列的家具和西部超大规模的家具展厅，展厅面积 1.8 万平方米，并拥有强大的销售网络和良好的市场发展前景。双虎实业目前在全国有 20 家总经销商（区域批发商），其销售网络已覆盖全国 31 个省、市、自治区，销售网点达数千家。

双虎家私 A 店 2009 年 9 月开业，当时开业三天销量即突破 400 万元，可谓双虎开业成功的一个典型案例，谱写了家具业促销的神话。

25.2　促销方案

25.2.1　促销目标

双虎家私 A 店经营面积 2 000 多平方米，经营 a、b、c、e、n、g 等 9 个系列产品，卖场形象、经营管理、售后服务均能支撑双虎品牌的形象定位。因此，须对双虎在 A 地区的品牌形象进行升级，实现从普通品牌到强势品牌的蜕变。借助著名影星张**参与 A 店开业的良好契机，通过明星效应结合一系列塑造品牌良好形象和优化运作环境的公关活动，来实现品牌的蜕变，配合终端的营业推广，来提升产品形象和推动产品销量，以达到短期利益和长期利益的有效结合。

25.2.2　促销活动内容

活动时间：2009 年 9 月 18 日

活动主题：双虎开业庆　相约张**

活动内容：

（1）双虎家私代言人张**A 店开业新闻发布会；

（2）双虎家私携手张**，捐资助学活动；

（3）双虎家私代言人张**影迷会；

（4）双虎家私 A 店开业仪式；

（5）双虎产品特价、买赠活动；

（6）双虎家私代言人张**签售活动；

（7）双虎家私 A 区家具商圈联盟商谈会。

25.2.3　执行方案

当方案确定后，则需要对方案的实施进行统筹管理。采用 WBS（Work Breakdown Structure）项目分解法，制定活动总体流程，确定工作时间进度、人员职能分工及物料的统计工作。在活动结束后，还需对活动进行项目评估，制定产品销量分析和媒体投放评估等表格。

双虎家私 A 店开业活动项目分解：

（1）活动流程安排

当方案确定后，第一步工作将是制定活动流程表。流程表的主要功能是将方案精细化，使执行者一目了然地知道在什么时间、什么地点、做什么等问题。流程表的制定方法大多采用逻辑顺序法，即按事件的发生顺序。当方案的部分节点未确定时，可先制定框架流程表，然后在逐步对每个节点制定详细的流程分表。双虎家私 A 店开业活动项目分解表如表 25.1～表 25.3 所示。

表 25.1　双虎家私 A 店开业活动行程安排表 1

地点	事项	时间（9.18）	参与单位	交通工具	安保人员	医疗人员	备注
北京南苑机场－A 机场	接机	08：30～11：00	双虎家私、新闻媒体、张**影迷团	奥迪 A6	8 名	医生护士各 1 名	A 机场 14 号空军基地
A 机场－X 宾馆	入住	11：00～12：00	双虎家私、新闻媒体、张**影迷团				入住 X 宾馆专家公寓
X 宾馆中餐厅	午宴	12：00～13：00	双虎家私、新闻媒体、政府官员				品尝当地佳肴
X 宾馆专家公寓	午休	13：00～14：30					
X 宾馆会议厅	新闻发布会	15：00～16：00	双虎代表、新闻媒体、政府官员、影迷团、捐资者				双虎家私专卖店开业、贫困儿童助学捐仪式信息发布
泉湖小学	助学慰问	16：00～18：00	双虎代表、新闻媒体、政府官员、捐资者				前往贫困学校，慰问学生
X 宾馆专家公寓	休息	18：00～19：00					
双虎家世界	张**影迷会	19：30～20：30	双虎代表、新闻媒体、政府官员、影迷团				与各界人士进行简短的互动交流活动

表 25.2　双虎家私 A 店开业活动行程安排表 2

地点	事项	时间（9.19）	参与单位	交通工具	安保人员	医疗人员	备注
双虎家世界	双虎家私 A 店开业庆典	09：00～10：00	双虎代表、新闻媒体、政府官员	奥迪 A6	8 名	医生护士各 1 名	剪彩祝词活动
	双虎家私 A 店签售会	10：00～11：00	双虎家私客户				
X 宾馆宴会厅	午宴	12：00～13：00	双虎代表				
X 宾馆专家公寓	午休	13：00～14：30					
待定	参观景点	14：30～20：00	双虎代表				视张**先生意愿确定是否参观景点、开展娱乐项目。
X 宾馆	娱乐	20：00	双虎代表				

表 25.3 双虎家私 A 店开业活动行程安排表 3

地点	事项	时间（9.20）	参与单位	交通工具	安保人员	医疗人员	备注
X 宾馆-A 机场	送离	10：00～11：00	双虎代表、影迷团	奥迪 A6	8 名	医生护士各 1 名	

（2）流程节点细化分解

一个好的执行方案，不仅需要制定活动流程，还需要对活动流程进行细化分解，制定流程节点细分分解表。双虎家私 A 店开业活动流程节点分解表如表 25.4～表 25.8 所示。

表 25.4 “双虎开业庆 相约张**”新闻发布会流程表

时间		内容	地点
新闻发布会	14：20～14：50	嘉宾签到并进入会场	X 宾馆会议一厅
	14：50～15：00	双虎代表、政府领导、张**步入会场席主台	
	15：00～15：05	主持人宣读本次新闻发布会流程、张**A 地行程、爱心助学活动的目的及意义、会议注意事项等	
	15：05～15：30	双虎代表、政府领导、张**先生发言	
	15：30～16：00	媒体、影迷提问时间	
	16：00	新闻发布会结束	

表 25.5 “双虎开业庆 相约张**”开业庆典流程表

时间		事项	地点
开业典礼	8：30～9：00	暖场	双虎家世界 A 店
	9：00～9：05	主持人致词、介绍嘉宾	
	9：05～9：20	政府领导、双虎代表、张**先生致辞	
	9：20～9：30	剪彩仪式	
	9：30	开业仪式结束、派发礼品、邀请公众进店参观	
	10：00～10：30	张**与双虎家私顾客签名、合影。	

表 25.6 “双虎开业庆 相约张**”爱心助学流程表

时间	内容	地点
9.18		

表 25.7 “双虎开业庆 相约张**”张**活动流程表

时间	内容	地点
9.18～9.20		

表 25.8 “双虎开业庆 相约张**”张**影迷会流程表

时间	内容	地点
9.18		

（3）组织架构图

方案流程制订后，在解决了什么时间、什么地点、做什么后，就要明确由谁去做、如何去做，根据活动流程制定执行团队的组织架构。组织架构分为：总指挥、副总指挥、各分项项目组。总指挥主要对活动进行宏观的把控，副总指挥则进行微观的把控，对整个项目进行分工，各组之间的协作，对整个活动的执行管理和监控。分项组长则负责对分项内容进行分工、督导和执行管理。

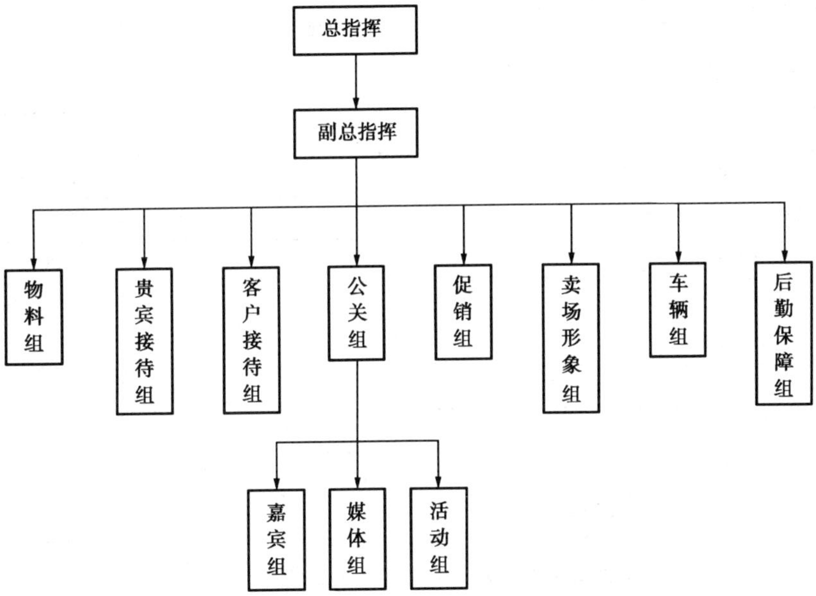

图 25.1 “双虎开业庆 相约张**”组织架构图

（4）执行要素

每一个活动，最重要的执行要素是硬件和软件，硬件指的是活动中所涉及的所有人和物料，而软件指的是如何有效的运用人和物以达到活动目的。

执行软件——项目分工、工作进度表。项目组织架构确定后，则需明确每个项目组的具体职能、工作内容和时间进程安排，以确定每个执行人员在活动中清楚自己需要做什么、如何做，并在什么时间完成。

项目分工、工作进度表的制定，便于对整个活动进行有效的统筹管理。按工作进度举行定期的沟通会，对每个项目的进展情况进行总结梳理，使每个人对整个活动的进度了然于胸，如某个点出现问题，能及时有效地作出调整，从而使活动有序有效地按既定方案实施。双虎家私 A 店开业促销活动项目分工、工作进度表如表 25.9～表 25.11 所示。

表 25.9 “双虎开业庆 相约张”项目分工、工作进度表 1**

项目组	工作内容	时间进度	负责人
总指挥	1. 统筹、管理整个项目的实施	9.18～9.20	张总
	2. 协调、调配内外部关系及资源		
副总指挥	1. 负责整个项目的管理、实施、督导、协调、跟进工作	9.18～9.20	李总
	2. 组织各组定期召开碰头会，督促、协调各组工作进度完成情况，并为各组在实施中所遇困难提供有效帮助		
物料组	1. 负责制作、采购各组所需所物料，并在规定的时间内，及时将物料输入给各组负责人	见物料完成时间表	王经理
	2. 负责除电视、报刊外的所有广告投放		
	3. 负责各组物料的维护、仓储		
贵宾接待组	1. 负责张**的活动行程安排制定	9.18～9.20	刘总
	2. 与公安局就张**行程、路线等细节制订安保方案	9.18～9.20	
	3. 负责张**的欢迎仪式及接待方案的制订	9.18～9.20	
	4. 负责张**与内外部的沟通、协调工作	9.18～9.20	
	5. 负责张**医疗组的安排工作	9.18～9.20	
	6. 负责张**接待所需物料的投放	见物料投放时间表	
客户接待组	1. 客户与会人员统计表	9.18	胡经理
	2. 客户行程安排表	9.18	
	3. 客户车辆调度排表	9.18～9.20	
	4. 负责客户到达时的接待、房间分配，餐饮、行程、送离工作的方案制订和实施	9.18～9.20	
	5. 负责客户接待所需物料的投放	见物料投放时间表	

表 25.10 “双虎开业庆 相约张”项目分工、工作进度表 2**

项目组		工作内容	时间进度	负责人
公关组	嘉宾组	1. 嘉宾邀请表	9.18	李总
		2. 嘉宾行程安排表	9.18	
		3. 嘉宾车辆调度排表	9.18	
		4. 负责嘉宾接待、房间分配，餐饮、行程、送离工作的客户接待方案制订和实施。	9.18～9.20	
		5. 负责客户接待所需物料的投放	见物料投放时间表	
	媒体组	1. 媒体邀请表	9.18	王经理
		2. 负责除电视、报刊的广告投放	见物料投放时间表	
		3. 制定公关活动媒体采访报道，进度安排表	9.18	

续表

项目组		工作内容	时间进度	负责人
公关组	媒体组	4. 新闻素材的整理、发放	9.18～9.20	
		5. 做好新闻单位与各部的协调工作	9.18～9.20	
		6. 负责新闻单位采访所需物料的投放	见物料投放时间表	
		7. 开业活动的后续报道	9.20	
	爱心助学	1. 负责与受捐助者泉湖小学，确定爱心助学活动场地布置、与会人员、学生着装、欢迎仪式、张**参观路线及安保、捐赠方式等细节及实施方案	9.18	胡经理
		2. 负责爱心助学活动所需物料的投放	见物料投放时间表	
		3. 负责对爱心助学活动的组织管理方案实施工作	9.18	
	旅游	1. 负责与旅游社确定张**参观路线及安保、导游人员等细节及实施方案	9.19	
		2. 负责爱心助学活动所需物料的投放	见物料投放时间表	
		3. 负责对张**A 地行程的组织管理方案实施工作	9.19	
	影迷会	1. 负责与双虎家世界、电视台，确定张**影迷会场地布置、与会人员、主持人名单、张**行走路线及安保、访谈内容等细节及实施方案	9.18	
		2. 负责张**影迷会所需物料的投放	见物料投放时间表	
		3. 负责对张**影迷会的组织管理方案实施工作	9.18	
	开业庆典	1. 负责开业现场的气氛布置及营造、开业仪式、文艺表演等方案的制订	9.18	
		2. 负责开业庆典所需物料的投放	见物料投放时间表	
		3. 负责对开业庆典的组织管理方案实施工作	9.18	

表 25.11 “双虎开业庆 相约张”项目分工、工作进度表 3**

项目组	工作内容	时间进度	负责人
促销组	1. 制定重点客户拜访名单	9.18	胡经理
	2. 制订拜访重点客户的工作人员及拜访计划	9.18	
	3. 制定张**影迷会客户参与名单	9.18	
	4. 对导购员及安装人员进行培训	9.18	
	5. 对张**签售环节进行组织、管理	9.19	
	6. 人员促销所需物料的投放	见物料投放时间表	
卖场形象组	1. 负责卖场装修、产品、饰品、摆放和气氛营造	每天	李经理
	2. 负责卖场环境卫生的维护、清扫工作	每天	
车辆组	1. 负责张**专车的调度安排	每天	王经理
	2. 负责经销商、嘉宾、工作人员的车辆调度安排	每天	
	3. 就车辆运辆所需物料的投放	见物料投放时间表	
后勤保障组	1. 负责张**餐饮、住宿安排	每天	王经理
	2. 负责经销商、嘉宾、工作人员的餐饮住宿按排	每天	
	3. 负责各组与酒店方的协调、沟通工作	每天	

执行硬件——物料完成、投放统计表。活动中，所涉及的人和物繁多，因此需要对其进行整合归类，明确所需物料的制作采购负责人，并按物料使用时间制定物料的完成时间，之后按项目将物料进行分类，发放给项目组，项目组按物料使用时间，提前将物料分发到位。双虎家私 A 店开业庆典物料完成投放统计表如表 25.12～表 25.13 所示。

表 25.12 “双虎开业庆 相约张”项目物料完成投放统计表 1**

制作组	物料		数量	完成时间	投放组	投放时间	投放地点
物料组	广告物料	电视广告片	3	9.15	新闻组	9.17～9.20	省、市电视台
		报刊广告	4	9.15		9.17～9.20	市日报、市晚报
		户外大牌	6	9.17	物料组	每天	双虎家世界
		道旗	50	9.17		每天	福康路
		天桥广告	3	9.17		每天	双虎家世界
		车身广告	12	9.17		每天	5、10 路公交车
		彩车广告	4	9.17		每天	福康路-昆仑路-北市街-西大街
		游行广告牌	4	9.17		每天	福康路-昆仑路-北市街-西大街
		充气拱门、充气老虎	3	9.18		每天	X 宾馆、福康路、北市街
		横幅	6	9.18		每天	北市街、福康路、胜利路、西大街
	人员物料	DM 单	50000	9.18	促销组	每天	市区
		导购员服装、工牌	24	9.18		每天	重点小区
		产品图册	10	9.18		每天	重点小区
		邀请函	46	9.18		9.18	重点小区
		礼品	46	9.18		9.19	重点小区
		折叠雨伞、双虎 T 恤	各 1000	9.18		每天	双虎家世界 A 店
		签字笔	1 盒	9.18		9.19	双虎家世界 A 店
		订货单	4	9.18		每天	重点小区
	促销物料	促销海报	500	9.18	卖场形象组	每天	双虎家世界 A 店
		特价签	50	9.18		每天	双虎家世界 A 店
		吊旗	50	9.18		每天	双虎家世界 A 店
		特价款	50	9.18		每天	双虎家世界 A 店
		饰品		9.18		每天	双虎家世界 A 店
		卫生用品	3 套	9.18		每天	双虎家世界 A 店

续表

制作组	物料		数量	完成时间	投放组	投放时间	投放地点
物料组	影迷会	口哨	300	9.18	公关活动组	9.18	双虎家世界 A 店
		主持人脚本	2	9.18		9.18	双虎家世界 A 店
		影迷牌	15	9.18		9.18	双虎家世界 A 店
		舞台及背景画面	1	9.18		9.18	双虎家世界 A 店
		音箱设备	1	9.18		9.18	双虎家世界 A 店
		LED	1	9.18		9.18	双虎家世界 A 店
		双虎沙发、茶几	1	9.18		9.18	双虎家世界 A 店
		张**影视作品集锦	2	9.18		9.18	双虎家世界 A 店
		礼品	1	9.18		9.18	双虎家世界 A 店
		鲜花	1	9.18		9.18	双虎家世界 A 店
		茶水、果盘	供四人	9.18		9.18	双虎家世界 A 店
		文房四宝	1	9.18		9.18	双虎家世界 A 店
	开业庆典	充气拱门、充气老虎	2	9.18		9.18	双虎家世界 A 店
		太阳伞	100	9.18		9.18	双虎家世界 A 店
		条幅	20	9.18		9.18	双虎家世界 A 店
		胸花	50	9.18		9.18	双虎家世界 A 店
		礼炮	8	9.18		9.18	双虎家世界 A 店
		签到台、签字笔、台卡、签名簿	1 套	9.18		9.18	双虎家世界 A 店
		舞台及背景画面	1	9.18		9.18	双虎家世界 A 店
		主持人脚本	2	9.18		9.18	双虎家世界 A 店
		茶水、果盘	供 100 人	9.18		9.18	双虎家世界 A 店
		彩带、托盘、剪刀	1 套	9.18		9.18	双虎家世界 A 店
		礼仪人员	10	9.18		9.18	双虎家世界 A 店
		演艺人员	8	9.18		9.18	双虎家世界 A 店

表 25.13 “双虎开业庆 相约张**”项目物料完成投放统计表 2

物料组	物料		数量	完成时间	投放组	投放时间	投放地点
物料组	客户接待	签到台	1	9.18	公关组	9.18	X 宾馆
		签到簿	1	9.18		9.18	X 宾馆
		签字笔	一盒	9.18		9.18	X 宾馆
		签到区背景画面	1	9.18		9.18	X 宾馆
		嘉宾证	1	9.18		9.18	X 宾馆
		礼品袋	1	9.18		9.18	X 宾馆
		房卡	1	9.18		9.18	X 宾馆
		欢迎条幅	2	9.18		9.18	X 宾馆
	车辆运输	车贴	15	9.18	车辆组	9.18	接待车
		路线图		9.18			
	其他	活动流程表	50	9.18	物料组	9.18	每位工作人员
		对讲机	13	9.18		9.18	每个项目组长
		工作证	50	9.18		9.18	每位工作人员

其他相关表格，如表 25.15～表 25.17 所示。

表 25.15 “双虎开业庆 相约张**”媒体邀请表

媒体单位	媒体人数	联系人	联系方式	行程安排

表 25.16 “双虎开业庆 相约张**”嘉宾邀请表

嘉宾姓名	嘉宾身份	联系方式	行程安排

表 25.17 “双虎开业庆 相约张**”客户邀请表

客户名称	来客姓名	联系方式	行程安排

25.3 方案分析

25.3.1 促销宣传分析

将双虎开业、张**之间的联系，即在双虎专卖店即有机会与张**亲蜜接触作为本次信息传播的核心拆求点。以黄色为主色体，群山、A 地著名景点作为主背景，体现大气、恢弘的气势。以站在双虎家私牌匾下，张**挥舞拳头、竖大拇指，来传达双虎品牌是大品牌，连张**都禁不住为其喝彩称赞。在画面右下角，以地图形式，注明双虎专卖店地理位置，比文字表达更具可视性和直观性。

电视广告方面，在地方三个电视台投入了15秒的促销广告，有效地覆盖了A地区及周边县区。广告内容以双虎携手张**爱心助学捐款活动、张**签售、产品特价信息为主。

在户外广告方面，广告的投放区域主要聚中在卖场周边，而市内各主干道和人流聚集地却缺乏投放。另外，投放周期短，从而使信息传播的覆盖面和时效性打大折扣。可充分利用卖场周边的广告资源，投放卖场广告，投放位置以消费者行进的必经之地为佳。卖场广告具有针对性强的特点，但传播范围较窄，在消费者的购买决策过程中具有一定的影响力，但对其购前的信息收集阶段具有局限性。

报刊广告具有受众面广，受众人群较为固定，但时效性差的特点。在投放报刊广告时，因报刊中信息繁多，消费者具有选择性的关注和记忆。因此，广告内容应醒目，突出活动中最具吸引力的信息，争取在第一时间引起消费者的关注。

POP陈列，在卖场周边及张**下榻的X宾馆，投放了太阳伞、充气拱门、充气老虎等广告陈列物料。投放点的辐射性不强，同时投放时间较短，同样存在信息传播范围窄和时效性不强的局限性。

DM单派发。在活动前期，组织人员统一穿着印有双虎家私的服装，在人流聚集区、各大商场、小区，向消费者赠送印有双虎家私的圆珠笔，再派发DM单，从而使受众愉快的接受。赠送印有双虎标志的广告物，对品牌的展露具有帮助。在DM单派发方面，对派发人员的监管，一定要到位。不然会造成人力和物力的浪费，同时浪费信息传播时机。

综上所述，双虎A店开业活动在广告宣传方面，虽然运用了较多媒介，但对各种媒介的优势运用不足。在电视和报刊广告方面，投放周期短、频率低；在户外广告方面，投放区域窄，在DM单派发方面人员监管力度不够，出现了派发人员消极怠工的现象。幸而因明星效应，信息的关注度和口头传播较好，对信息的传播起到了一定的弥补作用。另外，在店内POP陈列方面，对双虎企业信息的展示相对缺乏，应增加消费者对企业认知的渠道，如在专卖店放置关于企业介绍、企业实力展示方面的陈列物。

25.3.2 人员促销分析

（1）推广宣传。

在活动前期，派专人拜访重要客户，向其派发邀请函和精品图片供其参考，之后以回收产品图片为由，上门回访，从而根据其需求进行深度沟通。

在活动进行时，派优秀的导购员对重要客户进行一对一服务，从而保证了大单的签订。另外，在导购员的培训和管理上做得相当出色，这对销量的提升，起到了很大的推动作用。在进行人员促销时，一定要注意，导购人员应有统一的形象和标准，同时应具备良好的商务礼仪和专业导购技能。当消费者对品牌认知度不高时，往往会对导购员的印象、信任度嫁接到最终对企业和产品的印象和信任度上。因此，活动前对导购员的培训尤其重要。

（2）促销策略。

为快速提升产品在短期内的销量，在终端市场中，促销是最常用的手段。常有的促销方式有买赠、抽奖、折扣返点、捆绑销售、送优惠券等，其核心是通过优惠的价格和各种让利措施来吸引消费者，刺激其购买欲望，创造新的市场需求。

双虎 A 店开业促销，主要采用了买赠、特价、价格四舍五送、明星签售的促销方式。

特价产品：以利润低，即将下市的产品作为主打特价产品，争取经济型消费者，提供了 6 款特价产品供其选择。

四舍五送：对销量、利润、款式较好，价格在 5 000 元以上的中档产品，主要针对中等收入家庭，采用价格四舍五送法，如价格为 8 760 元，就送价值 500 元的礼品，如价格为 8 450 元，就舍去 450 元。这种方式即不影响产品的价值，又让消费者感觉得到了实惠。

明星合影：对高价值产品，主要针对重要客户，采用与张**合影的方式，体现对重要客户的尊重，让其个人价值得到体现，满足了渴望得到人们尊重的心理需求。

签名买赠：凡金额达到一定额度，就可与张**面对面，获得其亲笔签名的礼品。因张**的介入，使礼品的附加值大大增加，对消费者更具吸引力。

25.3.3 公关活动分析

本次双虎 A 店开业，开展的公关活动有“张**新闻发布会”、“双虎家私爱心助学活动”、“张**A 地游”、“张**影迷会”、“双虎 A 店开业庆典”、“双虎家私答谢宴会”等活动。

（1）张**新闻发布会。

本次开业特别举行了“张**新闻发布会”，并邀请了地方电视台、报社等新闻媒体单位，向其介绍、通告本次活动双虎家私爱心助学、张**行程安排等活动信息，并回答了记者的提问。

（2）双虎家私爱心助学活动。

为塑造双虎家私具有高度社会责任感的企业形象，关心支持西部的教育事业，特携手张**及社会各界爱心人士，开展了“双虎家私爱心助学”活动。受捐学校组织学校师生，统一穿着双虎文化衫，列队欢迎爱心人士的到来。双虎家私领导、张**及 A 地教育部门领导一行先参观了学校教育设施，之后在学校操场举行了现场捐赠仪式。在现场捐赠活动中，双虎家私 A 店、经销商及社会各界爱心人士捐款捐物近 10 万元。在活动中，张**的现场挥墨，将写好的字画进行拍卖，共拍得两万元，并全数捐赠给学校。本次活动中，地方多家新闻媒体单位进行了全程的跟踪报道。

爱心助学活动结束后，双虎家私及张**在市领导的陪同下，参观了当地名胜古迹。以此形式，让张**在人流聚集的公众场合出现，增加其曝光率。当地多家新闻媒体单位进行了全程的跟踪报道。

（3）张**影迷会。

与当地电视台栏目组合作，在双虎家私卖场举行了“张**影迷会”，并邀请了双虎家私客户及重点潜在客户和当地名流参与，并与张**进行互动游戏。主持人通过对张**演艺事业的交流，逐步将话题转移到双虎家私身上，并通过张**之口传达出双虎家私是一家具有社会责任感的企业形象，生产的家具款式好、质量好、环保健康，是老百姓喜爱的家具品牌。地方多家新闻媒体单位进行了全程的跟踪报道。

（4）开业庆典。

9 月 18 日，在双虎家私 A 店门前，举行了隆重热烈的开业庆典，与会的嘉宾有双虎领导、张**、A 市领导、经销商和当地各界名流，各位嘉宾在致开业贺词后，进行了剪彩仪式，此时礼炮齐鸣，双虎家私 A 店正式开业。当地多家新闻媒体单位进行了全程的跟踪报道。

开业庆典仪式结束后，双虎家私邀请市领导、新闻媒体和社会各界名流和张**一起共进午餐，席间谈笑风生，气氛融洽。

总之，本次系列公关活动，充分利用了张**的明星效应，并将明星效应的利用最大化。通过新闻发布会，借新闻媒体单位以公众新闻的方式进行报道，提升了本次活动的影响力和公信力。“爱心助学”的圆满成功，塑造了双虎家私具有爱心，具有社会责任感的品牌形象。 以“张**A 地游”方式来增加张**的曝光率，借助市民的口头传播，来扩大信息的传播面和影响力。通过邀请双虎客户参与“张**影迷会”，提升双虎客户对双虎家私的美誉度和认可度，巩固了老客户，影响了新客户。市领导、社会名流、新闻媒体的参与提升了本次活动的规模档次，提升了双虎品牌的影响力，优化了双虎品牌在当地的运作环境。通过邀请经销商参与本次活动，并与张**共进晚餐，增强了经销商对双虎品牌的忠诚度和认可度。另外值得一提的是，在张**的接待工作方面，从警车开道接送张**前往当地五星级 X 宾馆，安排人员身着双虎服装在宾馆列队欢迎张**，并安排了 8 名安保人员对张**进行全程的贴身保护等环节，无不体现了对张**的高礼遇，从而使张**对本次接待非常满意，提高了张**对双虎家私的支持和配合度，使本次活动能够顺利进行。

任务小结

从双虎 A 店开业促销成功的案例中，我们可以得到如下几点启示。

（1）良好的整合能力。对电台、户外、移动等广告媒体的整合传播，对权利资源如政府资源、社会名流资源、重点客户资源的整合利用。

（2）利用张**的明星效应，大打公关营销，极大地优化了双虎品牌在当地的营销环境：良好的品牌知晓度和美誉度、良好的客情关系、良好的社会关系、良好的行业影响力，为双虎品牌在当地的长期利益打好了基础。

（3）严格执行公司的长期营销战略计划：做大店，做大品牌。2 000 多平方米的卖场面积、款式多样的产品系列、专业化的导购队伍、完善的售后服务体系等都是双虎 A 店取得成功的重要基石。

（4）长期坚决有效地执行产品的终端价格，不随意盲目的比价格，有效地维护了产品的价值，使消费者对产品价格具有较高的信任度，因些在做促销活动时，使买赠、特价、折扣等促销手段更具吸引力和说服力，让消费者真正感到机会难得，真正得到实惠。

（5）利用张**的明星效应，通过一系列公共活动，提升了双虎品牌在当地的认可度和美誉度。在终端促销与系列公共活动进行有效的配合，如张**签售活动，邀请大客户参与影迷会等方式，提升了产品附加值和产品形象。做到了短期利益与长期利益的有效结合。

（6）专业化的导购人员保证了人员促销的有效性。统一的着服，规范的服务用语，丰富的家具知识，使导购员不仅仅是促销员，而是提升到了家居顾问的角色，这是双虎 A 店对导购人员严格培训的结果。

任务二十六　连锁餐饮业促销与分析

任务导入

2010 年 4 月 6 日，肯德基中国公司推出“超值星期二”三轮秒杀活动，64 元的外带全家桶只要 32 元，于是在全国引爆热情。但当消费者拿着从网上辛苦秒杀回来的半价优惠券，突然被肯德基单方面宣布无效。与此同时，中国肯德基发表声明称，由于部分优惠券是假的，因此取消优惠兑现。不过对此，消费者并不买账，认为是肯德基“忽悠”了大家，肯德基陷入了“秒杀门”。

- “全家桶”优惠券究竟是否涉假？
- 肯德基突然取消活动构不成欺诈？
- 你认为肯德基单方面取消活动的真实原因是什么？

案例与分析

**食品有限公司 M 店开业周年庆

26.1　促销背景

食品有限公司 M 店是该公司的一个加盟店，开业之初业绩斐然，曾在公司业绩排行中名列前茅。在开业五个月后，因为加盟主经营管理不善导致业绩下滑、客户流失、员工跳槽，顾客投诉事件频发。加盟主感到难以有较好的经济效益和大的发展前景，要求退出，希望公司接手。食品有限公司为了维护和挽回品牌的美誉度和原有顾客群，在该店开业第九个月时收回接手了该店。

但是，积重难返，经过数月的整理整顿，该店的业绩提升微乎其微。在距该店开业一周年的前一周，由该公司业务部孙经理报请经理办公会批准在 M 店进行以“周年店庆”为主题的为期二天的促销活动。

26.2　促销方案

26.2.1　店庆促销活动时间

2011 年 7 月 5～6 日，为期两天。每日店庆促销活动的具体时间：

上午 9：00～12：00

下午 14：00～16：30

26.2.2 促销地点

**食品有限公司 M 店

26.2.3 促销主题

**食品有限公司 M 店“周年店庆”

26.2.4 人员及分工

孙经理（公司业务部经理），负责活动整体策划和实施，包括促销手段的制定、DM 宣传单的制作及投放的整体安排监控、活动现场布置、活动现场整体调控。

M 店员工，负责店庆活动的具体执行，包括顾客接待、直接销售、收银、蛋糕西点制作及卫生、上货等内务处理。

临时促销人员，负责 DM 宣传单的定时定点投放、赠品分装与上货、纪念品发放及抽奖的辅助工作、其他临时性工作。

小王（公司行政部文员），负责赠品和奖品的发放及安全、抽奖箱的安全、现场顾客的引导、DM 宣传单的核对及回收。

小蔡（公司技术部裱花师），负责活动现场巨型蛋糕的现场制作及分发。

小马（公司业务部职员），负责 DM 宣传单的发放。

26.2.5 费用预算

本次促销活动预计总投入 4623.90 元，其中包括以下费用。

（1）宣传费用 1603.80 元，包括以下费用。

① DM 宣传页 10000 份（0.085 元/份），计 850.00 元；喷绘布两块（2.96m×1.50m）（10.00 元/m²），计 88.80 元。

② DM 宣传单投递费用（30.00 元/天），活动前一天 5 人发放 1 天，活动当天 3 人发放半天，计 195.00 元。

③ 宣传车一辆，使用两天（160.00 元/天），计 320.00 元。

④ 彩虹门一个，使用两天（75.00 元/天），计 150.00 元。

（2）促销费用 2605.10 元，包括以下费用。

① 奖品 675.10 元，一等奖 1 名，奖 200.00 元贵宾卡 1 张，计 200.00 元；二等奖 2 名，奖欧式蛋糕一个（88.00 元/个，按照零售价格 60%计算，52.8 元/个），计 105.60 元；三等奖 5 名，奖高档纪念杯一个（9.50 元/个），计 47.50 元；四等奖 20 名，奖寿桃蛋糕一斤（6.00 元/斤，按照零售价格 60%计算，3.6 元/个），计 72.00 元；纪念奖 50 名，奖 5 元现金券一张，计 250.00 元。

② 赠品 1780.00 元（自制食品按照零售价 5 折计算），有纪念品 500 份（0.85 元/个），计 425.00 元；桃酥（买一斤赠半斤），赠送 190 斤，计 1140.00 元；福堡蛋糕（买一斤赠半斤），赠送 70 斤，计 420.00 元；生日蛋糕（买一赠一），赠送同款生日蛋糕票约 16 张，约

850.00 元；面包（买二赠一），赠送价值约 300.00 元面包；巨型生日蛋糕 150.00 元，活动当天现场制作 1.50m×2.00m 巨型裱花蛋糕一个。

（3）其他费用 415.00 元，包括以下费用。

临时促销人员 3 人（30.00 元/人*天），计 180.00 元；包装袋 200 只（0.40 元/只），用于包装赠送的自制食品，计 80.00 元；DM 投递人员及公司协助人员交通费，共计 65.00 元；活动期间工作人员午餐费，共计 90.00 元。

26.2.6 促销效果预估

活动期间，到场顾客约 750 名，实现营业收入 3 255.69 元，其中现金消费 2 965.24 元、卡消费 120.45 元、券回收 170.00 元。

26.3 方案分析

26.3.1 店庆活动的准备不充分

从活动的立项、审批、计划到执行，基本上没有周密的思考和安排，更没有通过控制工作过程达到工作效果的意识，只是想当然地认为只要举办促销活动就一定会如何如何，盲目、盲从、茫然心理主导了本次活动的始终。

（1）DM 宣传单未能定时定量并保质保量发放完成。

活动当天上午 9：00，当顾客到达该店时尚有约 3000 份 DM 宣传单分别堆放在店内收银台、地面、快餐桌、储藏间各处。

顾客到场时，绝大多数顾客手里有 2 份或 2 份以上的 DM 宣传单，更有重复登记重复领取纪念品的状况。

临时促销人员在 DM 单投放时口碑宣传不到位，或对部分顾客没有进行有关活动内容、时间、优惠措施的口碑宣传，致使部分顾客对活动细则存有歧义。

（2）员工未经过本次活动的相关培训。

活动前，应对员工进行定员定岗、分区作业、销售话术、精神面貌、店面环境卫生、员工个人仪容仪表、活动规则等方面的系统培训。从活动现场看，员工工装混乱，店内卫生没有彻底打扫，对活动细则每个人描述不一，对优惠措施多头理解，活动现场的各项工作脱节，员工顾此失彼。

（3）产品准备不足。

截止 6 日上午 10：00，蛋糕类产品已经基本销售一空，面包类产品余货量不足 150 元，活动用小西点准备不足。

（4）赠品没有提前充分分装。

顾客到达现场时，仍有人在分装赠品，收取 DM 单抽奖兑奖及外部协调工作没有人做。致使活动开始的很突然，活动现场秩序混乱。

（5）活动现场的相关设施没有落实。

两块活动细则的喷绘布，根本就没有悬挂起来。悬挂的活动宣传条幅是公司其他店开业活动条幅，而非本次本店周年店庆活动条幅。在抽奖处的地上，有一条绸制条幅被现场工作人员踩在脚下。

26.3.2 活动现场的组织和调度不当

（1）现场一片混乱。

当顾客到达该店时，可见店员正在铺地毯、打开遮阳雨篷，最终两个雨篷仅打开一个，另外一个被放置在现场的一辆电动三轮车上。

两块有关活动细则的喷绘布没有悬挂起来，一块被铺在兑奖处的桌子上，另一块干脆被顾客铺在地上席地而坐成了临时休息的道具。

门头宣传横幅，悬挂的是公司其他店的开业促销内容，而非本次本店店庆活动的内容。

音箱在播放有关活动细则的内容时，突然被换为摇滚音乐。在播放 30 分钟后因短路音箱失声，没有后续补救措施。

DM 宣传单的投递地点，经过调整改为在店面周围 1 公里范围内的超市、菜市场、人员聚集相对较多的重点地区。

（2）人员安排不合理。

当参与活动的顾客人数达到高峰时，现场的调度和控制出现真空。兑奖处有 3～4 人、收银台 2～3 人、裱花间 2 人，现场对顾客导购、解释介绍、上货理货等岗位没有人具体负责。

（3）员工的情绪没有及时疏导安抚。

店长在现场抱怨没有得到有力支持，收银员数次同顾客因为活动规则发生争执，有的顾客最后没有达成购买，虽然引起了围观顾客的骚动但没有人及时补位安抚。

（4）工作反馈机制差。

有效工作时间过于短暂，午休时间过长，而且负责人没有利用午休时间对活动进展和员工工作进行合理的调整和重新布局，更没有对已经出现的问题进行分析总结，也没有对员工心理进行疏导，导致战斗力大幅削减。

（5）现场管理不到位。

在诸多促销措施刺激下，活动的第二天出现了顾客大幅增加的局面。但是，组织者和店长、员工显然对此准备不足，80%的产品没有及时要货补货，致使货架不仅不丰满充盈反而显得空空荡荡，导致顾客高兴来扫兴去，影响了活动的销售量。

26.3.3 活动规则制定存在瑕疵

首先，促销措施过多。入店即有赠品，前 100 名顾客赠送自制食品（第二天前 50 名），多个产品买二赠一、买一赠一，购物满十元参加抽奖等。其次，活动规则规定不明确，比如赠送的桃酥在店外领取但是赠送的面包在店内领取，面包买 2 赠 1 的规则只是针对部分品种，增加了营业员和收银员的反复解释工作，极大地消耗了员工的工作热情以及有限的精力和时间，单位时间内顾客接待率低下。还有，十元抽奖活动和其他赠送叠加累计，导致活动的盈利能力极其低下。

任务小结

无疑，这是一次失败的周年庆促销活动，失败的原因种种，但可归结为一点，没有按照 PDCA 工作流程完善各项工作，以致严重影响了促销效果。

PDCA 是能使任何一项活动有效进行的一种合乎逻辑的工作程序。P、D、C、A 四个英文字母所代表的意义如下：

P（Plan）——计划，包括方针和目标的确定以及活动计划的制订；

D（Do）——执行，就是具体运作，实现计划中的内容；

C（Check）——检查，就是要及时总结执行计划的结果，及时发现问题，找出原因，明确责任，及时解决问题，促销计划效果；

A（Action）——行动，就是对总结检查的结果进行处理，成功的经验加以肯定，并予以标准化，或制定作业指导书，便于以后工作时遵循；对于失败的教训也要总结，以免重现。对于没有解决的问题，应提给下一个 PDCA 循环中去解决。

任务二十七　连锁服务业促销与分析

任务导入

月月是一个美容师，每月业绩 10 万以上，月收入万元，经过五年的奋斗，来自农村的她在城里已经买了一套属于自己的房子。她之所以能有这么好的业绩，并不是她的销售能力有多强，也不是她的产品或项目有多好，而是她把顾客当自己的亲人去服务，而且是用心服务，站在顾客的立场上为顾客着想，为顾客提供超越期望的服务。例如，顾客每次来店，除了做指定的护理外，她都会为顾客免费做一些诸如按摩、美甲、修眉、足浴、手护等额外的服务，自己还花钱买一些小礼品送给顾客，在顾客生日及顾客孩子生日时她都会送上鲜花祝福，顾客有困难时她都会尽力帮助，令顾客特别感动。因此，她介绍的产品和服务顾客都非常认可，并愿意买单，有了大家的帮助，每个月的高业绩就不足为怪了。

通过这个示例，请大家思考这样一些问题：

- 月月从事的是美容服务业，服务促销与产品促销有什么不同？
- 月月促销无疑是成功的，其成功的奥秘何在？
- 你认为连锁服务业应该如何促销？

案例与分析

M-Y 摄影基地 3.8 妇女节活动方案

27.1 活动背景

在 3.8 妇女节到来之际，女性成为热点关注的话题。当代的女性在懂得保护自我权益的基础上，越来越独立，不论是精神上还是经济上，她们都拥有足够自我支配的能力。因此，她们也更加追求自我的张扬，个性的展示，灵魂的释放。作为艺术摄影工作室，M-Y（Memory Young）要唤起她们认识自我意识，让更多的女性发现她们自身的美，不论是少女、少妇、中年妇女也或是老年妇女，每个阶段的女人都散发出不同的魅力，我们要挖掘她们独特的美并以影像的方式呈现出来，并且让更多的女性认可这种表达方式，让她们参与到其中来，善于发现自己的美，并让 M-Y 摄影基地记录她们的岁月的痕迹，做她们幸福人生的见证人。

27.2 活动方案

27.2.1 活动主题

寻找最美的自己。

27.2.2 活动宗旨

赞美女性，宣扬女性，让她们认识到每个阶段的自己都有独特的美，每个阶段的美都可以通过富有创造力和感情的专业摄影完美的记录和展现。

27.2.3 活动目的

“寻找最美的自己”活动目的是为了扩展宣传、提升 M-Y 摄影基地知名度，让更多的人认识 M-Y 摄影基地。本次活动以女性作为主体消费者，用精美的作品和尚美的理念来打动她们，让她们对艺术摄影有更深刻的认识。

27.2.4 活动内容

（1）活动时间：2012 年 2 月 20 日～2012 年 3 月 20 日。

（2）前期宣传。

店内宣传：印制 X 展架放于店门显眼处，批量印刷宣传单派发。

合作店面推动宣传：挂放印有精美客照（经客人同意）和活动宣传文案的海报，将工作室摄影师的一些作品（包括风景、静物、人物）制作成卡贴，放在合作店面作为消费礼品。

网络论坛、微博宣传：关注微博，成为粉丝，以“寻找最美的自己”为话题，并发布一张自己满意的照片，并发送到 M-Y 摄影基地微博，便可以在 3.8 妇女节当天到店内或展台免费领取神秘礼品一份。

（3）活动优惠。

订婚纱照，赠送艺术照“寻找最美的自己”体验卡一张，内容包括：免费提供服装一套、化妆造型一次，免费提供专业文艺实景影棚拍摄基地，免费提供专业拍摄 10～15 张，免费赠送底片 5 张，免费赠送印有自己照片的精美卡贴两张（同底），免费赠送 12 寸精美版画一个。一对一全程贴心服务，只为你的美。

订婚纱照、情侣照或艺术照两套及以上，可获得以“独家记忆”体验卡一张，内容包括：订单当天就赠送专业摄影棚拍照体验，专业助理为您服务，让您拍摄只属于自己的专属照片，不花钱让您体验不一样的拍照感觉（体验时间不超过 15 分钟）；订单就送您自己拍摄体验的所有底片；订单就送“独家记忆”纪念册一本，记录您专属的独家记忆。

（4）互动环节：“你最喜欢自己身体哪个部位”互动抽奖活动（限 3.8 前）。

互动方式：制作调查卡片，填写包括顾客基本信息、最喜欢的部位、一句对未来的自己说的话等问题。活动期间只要进店或入座的客人都可以填写。3 月 8 日以前及当天的客人以手机短信方式通知她 3.8 当天来参加现场抽奖活动。活动当天采取抽调查券的方式，每小时抽一次。[注：抽奖时尽量选择意向大的客人，意向一般的调查卡作为被抽对象。工作人员在顾客填卡后在后标注“√”（意向大）、“O”（意向一般）、“X”（意向小），抽奖人整理后，按一定比例放入抽奖箱。

活动奖励：

最美奖 3 名，被抽中的顾客将成为下一季主题样片的模特，底片版权全归顾客所有。

一等奖 1 名，免费赠送价值×××的艺术照一套。

二等奖 2 名：订单就送价值×××的轻松小熊玩偶一对，价值×××的 20 寸板画一个。

三等奖 3 名，订单就送价值×××的 7 寸精美卡米拉一个，价值×××水晶摆拍一个。

27.3 活动分析

27.3.1 活动主题分析

宣传“寻找最美的自己”这个主题，用言语打动顾客，同时把工作室的理念传达出去，理念的宣传很重要，这不是一下子能体现实质价值的，是通过长期的活动的积累逐渐累积起来的，要将品牌的概念建立起来。女人没有不爱美的，没有丑女人，只有懒女人，通过不同的方式来发现不同的自己，等你老了，就有个纪念，想想你的爸爸妈妈，现在你想看看他们年轻时候的照片都看不到，不是吗？你现在觉得，好像没有必要，等你过了这个最美的时期，你想倒回来就没办法了。虽然你们自己平时也可以自己拍，但是这种专业的艺术拍摄是你们自己无法完成的，谁都不会天天来拍艺术照的，一两年拍一次留个纪念还是有必要的。

27.3.2 前期宣传分析

关于微博活动的宣传，在交流的过程中，在介绍产品差不多的时候，客人提到有什么活动的时候，可以顺带问一下客人玩不玩微博，告诉他们我们微博线上也在做活动，然后告诉他们微博活动的内容，有手机的可以当场加粉丝发活动微博，当场就送他小饰品一个。

27.3.2 活动内容分析

（1）把实惠让给顾客。如果是很注重实惠型的客人，除了介绍我们的优势以及与别家对比以外，那就加强活动对他的吸引力，把活动说得非常划算非常诱人。例如，订婚纱照送艺术照体验卡，就可以说以后怀上小宝宝了，你就可以来拍大肚妈妈照，你看我们帮你把之后的事都安排好了，划算多了，完全免费的。如果你觉得到时再考虑，你也可以拍婚纱照的当天就使用，在你订单的套系上加上这些东西也可以的，相当于免费得到这些东西，这些东西你在后面单独加的话需要花费×××元，等于就是在帮你省去这笔费用。另外，再加上“独家记忆”体验里面的内容，真的是相当划算，基本上就是在原本的基础上升值了一个价格档次。

（2）用服务和质量保证活动效果。大多数顾客除了关心摄影品质本身以外，还是最注重价格和服务质量的，尤其是对拍婚纱的顾客，一定要突出强调我们的服务，提升我们的价值，拍照不只是产品，更是一种服务体验。例如，我们的摄影棚才开放没多久，很多服装场景都是新的，而且我们是全程一对一的服务，我们的一对一服务意味着什么，就是说我们一组摄影师拍婚纱照一天只能拍一对客人，艺术照一天最多只能拍三位客人，拍照过程中，就是专门只为你服务，一切都是以你为中心的。我们不是流水化的模式，我们是创作型的，而你就是这个创作过程中的主角，我们每位客人拍出来的感觉都不一样。你希望自己一辈子最值得珍藏的婚纱照拍出来和朋友看都差不多吗？

（3）互动环节培养了忠诚的顾客。关于互动活动方面，对签下订单的顾客，尽量让其填写调查表，同时注意让气氛轻松愉快。填表的目的，一是可以比较轻松地收集到客人的资料，二是利用这个让她们对比之后有再回头的打算。例如，有些犹豫的客人，可以先说如果今天定了，就可以参加3.8节的抽奖活动，还有就是两张体验卡，本来是3.8节才能送的，如果今天你们定下来我就跟我们经理申请一下，把这个优惠提前送给你们。如果一直在犹豫，那就说，这样吧，看你们还是很有诚意的，我就给你们开个特殊后门吧，你们就先填一张我们的“最美”抽奖调查表吧，3月8日我们会有抽奖活动，本来是订了单的才能抽的，你们先填一个，到时说不定真的抽中大奖的话，就可完全免费拍一套艺术照哟！

任务小结

与有形产品的营销不同，服务营销有着自己独有的特性：无形性、异质性、不可分性、不可储存性。因此，服务营销组合除传统的4P，即产品、价格、渠道和促销外，还应包括另外3P，即人（People）、实物证明（Physical Evidence）和接受服务的过程（Process）。

概括地说，服务行业特别是连锁服务业，其成功的关键在于要做好“点、线、面”。连锁服务业的“点”，是指样板店，样板店是连锁服务业成功的关键；连锁服务业的“线”，是指连锁经营支持体系，包括营建体系、营运体系、管理体系、品牌体系、财务体系、人力资源体系等；连锁服务业的“面”，是总部可持续发展的知识经济平台，包括品牌体系、供应链体系及连锁服务的运营和掌控能力等。

篇章测试

1. 目前我国的连锁业主要涉及哪些业态？
2. 有人预测，连锁服务业是21世纪最具前景行业，你怎么看？
3. 你认为应如何提升连锁企业促销策划的执行力？

篇章训练

1. 2012年5月30日，中国最大的家电连锁企业——苏宁电器在南京召开媒体通报会，宣布从5月31日起启动跨越整个夏季的“ALL-STAR全明星派对”大型促销活动，期间将接连推出10亿会员积分回馈计划、万台银行尊享特惠机型计划以及覆盖全国的80场欧洲杯、奥运会主题巡演计划，苏宁电器实体店、易购、定制渠道将三线并发，联动促销。

苏宁夏季全明星百日促销“ALL-STAR全明星派对”将从5月31日开始，至9月上旬结束，跨度100天，将划分为四个阶段：第一阶段从5月31日持续至六月上旬，以国家家电节能补贴新政开始为契机，结合欧洲杯赛事热点，重点主打平板电视、空调，全面铺开节能家电的推广；第二阶段贯穿欧洲杯赛程及端午小长假，以家电节能补贴新政为促销推广核心，把握端午节小长假的促销时机，将整个阶段打造为夏令电器的促销季，并在全国全面启动3C暑期促销；第三阶段将以伦敦奥运会全球体育盛会为促销起点，重点打造观赛装备的促销，开始第二波平板电视、计算机、平板电脑、智能手机等视听装备促销；第四阶段在奥运结束之后，针对下半年启动的家装旺季，顺势启动全品类促销，这也是苏宁100天夏季促销的收尾阶段，而计算机、智能手机、数码的促销将持续至9月份！

这将是一场空前的卖场促销活动。

【问题】

（1）请分别为促销的四个阶段确定促销主题？

（2）通过学习国家节能家电补贴政策，请给出你对苏宁电器促销的建议？

（3）“苏宁电器实体店、易购、定制渠道将三线并发，联动促销。”这意识着线上线下统一售价，你对此怎么看？

2. 麦当劳促销，有“0”就优惠。只要出示带有“0”字样的非麦当劳优惠券，就能以9折的优惠拿下板烧鸡腿堡。不论优惠券来自哪里，是火锅店、披萨店、咖啡店，还是便利店、书店、服装店，通通适用，只要是印有“0”字样，麦当劳带来的惊喜绝对0水分！不用担心发现不了“0”字样，请睁大双眼看躲在角落的日期是不是藏着好几个“0”。日期也算？当然！只要是“0”字样，麦当劳的承诺就火速兑现，让通吃就是这么容易。

【问题】

（1）你认为麦当劳促销的这一创意如何？

（2）请为麦当劳制订一个“有0就优惠”的促销计划。

3. 西安某美容院为吸引顾客，赢得市场，推出了“先体验，后付款”的促销活动。凡在本店体验任何美容服务项目，可根据自身的感受酌情付款，最高体验价格25元。活动推出后，消费者趋之若鹜，美容院生意直线上升。一个月后美容院产品销售翻一番，顾客数量增加70%。

【问题】

（1）试对“先体验，后付款”的促销活动进行成败分析？

（2）请给出你对该美容院“先体验，后付款”的促销建议？

参 考 文 献

[1] 卢泰宏　朱翊．实效促销 SP．北京：清华大学出版社，2003
[2] 张雪飞　丁浩．成功促销技巧．北京：中国纺织出版社，2003
[3] 张自利．促销实战手册．北京：中国纺织出版社，2003
[4] 李胜利　李晶晶．店铺促销．北京：民主与建设出版社，2002
[5] 张金城．店铺促销实战手册．北京：中国大地出版社，2004
[6] 赵彬．促销手册．北京：中国华侨出版社，2002
[7] 汪劲松　赵义祥．顶尖促销术．北京：石油工业出版社，2002
[8] 靳俊喜．促销管理与策划．大连：东北财经大学出版社，2001
[9] 刘永矩．实战促销．北京：机械工业出版社，2006
[10] 白国林．细节决定旺铺．北京：人民邮电出版社，2006
[11] 祝文欣．促销实战攻略．北京：机械工业出版社，2006
[12] 邓创．美容院经典促销策略与案例．沈阳：辽宁科学技术出版社，2007
[13] 陈榴．商场促销策划手册．北京：经济科学出版社，2006
[14] 林成安．促销管理．北京：北京工业大学出版社，2004
[15] 唐•舒尔茨，著．黄漫宇，译．促销管理的第一本书．北京：中国财政经济出版社，2005
[16] 吴运亭．成功促销．北京：中国经济出版社，2006
[17] 林正修．曾新穆．邱文政．零售业促销方法与案例．北京：企业管理出版社，2004
[18] 凌宁．促销策划．北京：中国经济出版社，1996
[19] 周景姝．促销王——销售促进策划与设计．北京：首都经济贸易大学出版社，1997
[20] 陈觉．餐饮促销百例．沈阳：辽宁科学技术出版社，2005
[21] 陈泰中．商战促销兵法详解．北京：中国经济出版社，2006

反侵权盗版声明

电子工业出版社依法对本作品享有专有出版权。任何未经权利人书面许可，复制、销售或通过信息网络传播本作品的行为；歪曲、篡改、剽窃本作品的行为，均违反《中华人民共和国著作权法》，其行为人应承担相应的民事责任和行政责任，构成犯罪的，将被依法追究刑事责任。

为了维护市场秩序，保护权利人的合法权益，我社将依法查处和打击侵权盗版的单位和个人。欢迎社会各界人士积极举报侵权盗版行为，本社将奖励举报有功人员，并保证举报人的信息不被泄露。

举报电话：（010）88254396；（010）88258888

传　　真：（010）88254397

E-mail:　　dbqq@phei.com.cn

通信地址：北京市万寿路 173 信箱

电子工业出版社总编办公室

邮　　编：100036